Iris Marion Young

1949—2006

JUSTICE AND THE POLITICS OF DIFFERENCE

20世紀最重要的女性主義政治哲學家

艾莉斯・楊——著 陳雅馨——譯

正義與差異政治

Winner of the 1991 Victoria Schuck Award,
American Political Science Association

Danielle S. Allen (foreword)

給 Dave

目錄

推薦語

國外評論

這部作品絕對舉足輕重，挑戰了從柏拉圖到羅爾斯（John Rawls）以來的正義理論。

——**美國《政治學期刊》**（*The Journal of Politics*）

登峰造極之作，為正義理論家開闢了嶄新的視野。Young 對於許多需要藉由正義理論解決和闡述的議題，提出了獨到且十分有見地的見解。

——**《加拿大人哲學評論》**（*Canadian Philosophical Reviews*）

Young 極度精確且清晰地建構出「多元化」壓迫的目的，並闡述了各個群體和其受壓迫的方式。

——**《*Signs*》**

創新之作，對女性主義理論和政治思想皆有舉足輕重的貢獻，可稱得上是後現代理論對普遍性和具體性思維的評論中最令人印象深刻的闡述，也是據我所知為後現代主義的解放意涵提出的最具說服力的案例。

——**塞拉．本哈比**（Seyla Benhabib），**耶魯大學政治哲學教授**

國內推薦（按姓氏筆畫序）

民主讓我們有了選票，但並沒有帶來平等。想要在民主體制中找到實踐平等的出路，必須先理解，不平等的本身是如何多元且多樣。關心民主理論、性別政治與何謂正義的人，都不該錯過Young的這本書《正義與差異政治》！

——**范雲，臺灣大學社會學系副教授**

本書是當代差異政治與女性主義理論最重要、也最具影響力的作品之一。它的原創性奠定了英年早逝的Young在當代政治思想中的地位。本書不僅挑戰了政治思想傳統中以分配正義為基礎的正義觀，也為當代認肯群體差異的公共政策打開思想的理路。

——**黃長玲，臺灣大學政治學系教授**

正義不等於分配，空想看不到壓迫。直搗羅爾斯正義論的根基，Young論差異與正義的經典之作讓宰制與壓迫的面貌變得鮮明；由此開啟的正義之旅，再也不同。

——**陳昭如，臺灣大學法律學系教授**

本書的重要性不在於告訴讀者何謂「理想的正義社會」，而是在面對不正義的社會條件下，藉由聆聽並回應那些受到壓迫與支配的弱勢團體有聲、無聲的吶喊中，探索邁向正義社會的可能性。

——**陳俊宏，國家人權博物館籌備處主任**

《正義與差異政治》寫在美國身分政治爆發的一九八〇年代末，觸及當代社會運動和政治理論的核心議題——身分認同和分配正義的交織和拉扯。Young 的正義觀並不是由上而下的規範，而是正視所有被壓迫的邊緣群體的差異需求。這樣的觀點，在二十一世紀初的現在，不僅重要性不減，更顯得迫切而必要。

——**張君玫，東吳大學社會學系副教授**

已故政治哲學家 Young 以直視社會結構的批評角度，建立以具體改善弱勢群體處境為根本關切的政治思想。她強調的「結構性不正義」和「差異政治」，曾是多年前在芝大校園促使我認真思索社會正義與民主政治之間繁複關係的啟蒙學說；現在的我則相信，《正義與差異政治》也該是所有關心民主、文化、正義、認同甚至性別議題者的必讀作品。

——**劉靜怡，臺灣大學國家發展研究所教授**

推薦序

不馴服的正義

中央研究院人文社會科學研究中心副研究員
陳嘉銘

我第一次見到艾莉斯的時候，她正聲音宏亮、神情愉快地走進教室，她有著一張大又厚實的嘴巴，臉上掛著哲學家中罕見的大笑容，看著學生的眼神不時跳出溫暖的笑意。這真是古怪極了。芝加哥大學的師生平常多像是羅馬競技場的角鬥士，背著盾、杵著劍，全身緊繃地隨時準備說出聰明的話語。**快樂在芝大是一種像愚蠢一樣奢侈的罪惡**。這位世界最頂尖的女性主義學者和左翼哲學家卻這樣毫無防備地、快樂地、大聲地和我們打招呼。這樣看起來一點都不聰明啊——可是這也讓人太想擁抱她了。艾莉斯．瑪莉雍．楊在三年後成為了我的博士論文指導教授。

楊教我的第一門課，帶我們討論法國社會學家米歇爾．傅科對政治理論的可能啟發。她打趣地說，許多人說她愈來愈傾向康德主義了，所以她要回頭讀傅科平衡一下。我後來才逐漸能體會這句話。如果你曾經被康德感動過，篤信每個人都必須是自己的目的，不能只是他人的工具。這個感動勢必也會驅使你喜愛傅科，著迷和顫慄於他對現代規訓體制（監獄、醫院、工廠、軍隊等）和治理理性的批判，也因此你不得不回頭批評康德的普遍性理念的缺陷，而這全都是因為你太愛康德了。有些評論者將楊歸類為康德主義者，有些說她是像傅科一樣的後結構、後現代主義者。你說康德和後結構主義者不是不相容的兩個極端嗎？喔不，楊心裡一定很清楚，**如果你真正關心那些被現代制度壓迫的人們，你如何能不同時既是康德主義者又是後結構主義者？你必得兩者都是。**

如果上個世紀八〇到九〇年代論述正義的關鍵字是差異，本世紀頭十年論述民主的關鍵字無疑是涵容。當代沒有一本討論**差異**和**涵容**的著作可以跳過楊的論述。當代也沒有一位政治哲學家，將差異和涵容這兩個理念的底蘊闡明得比楊更貼近那些邊緣、無力、被剝削和歧視的人們的社會生命處境。

什麼是**差異**？每個人都有平等的權利和機會，被法律平等對待，不就已經足夠了嗎？為什麼我們還要特別關注人與人之間的差異？楊帶著說故事的語調說，從前有一個黑暗時期，人們出生就屬於不同的政治、種姓或社會階級。因為不同的階級、種族、宗教、性別、職業等身分，人們被給定不同的特權和義務。有人出生就是統治者，有人出生一輩子就是貧農。然後啟蒙時代來了，我們開始相信每個人都有一樣的理性和道德感受，人人平等，都該擁有平等的權利和機會，被法律和國家平等對待，不能因為性別、種族、宗教、階級等差異而有不同。啟蒙並不排除個人間的個性和人生計畫的差異，事實上，啟蒙之子的自由主義當然鼓勵每個人探索自己的個性，實現自己的個體性。

但是對楊來說，從關心當代正義的觀點來看，意義重大的**差異**，不是個人間個性的差異，而是每個人屬於不同**社會群集**（social group）的差異。一個人必然同時屬於許多種社會群集，她可能屬於女性、母親、原住民、每日只能聽從命令的勞工、同志、住在貧瘠的鄉村、老年、對抗污染和徵收的居民等等不同的社會群集。在此世你是**被擲入**這些社會群集裡，無法選擇屬於哪個群集。每種社會群集的產生，坐落在什麼社會位置、被社會怎麼對待，主要被動態的社會過程所形塑，不是由單方面的文化本質、生理特質或者個人決定。楊認為啟蒙社會所謂平等的制度，反而對某些社會群集帶來壓迫。**注意到人屬於不同社會群集的差異，才能夠看到自由社會仍然持續對不同的人進行不同的壓迫**。

抽象來說，差異指的是那些無法被普遍制度窮盡的人的特殊性。哲學家採取不同的路徑探討差異，有的從社會本體論、有的從對理性的批判、有的從社會反抗等等。**社會群集是楊提出來最有創見的概念之一，這是她探討差異的獨到路徑，比其他哲學家更具體和貼近我們的切身經驗**。透過這個概念，楊非常有力地說明為何在啟蒙和自由的社會，差異仍然是關鍵的正義議題。

楊的課輪到我自我介紹，我如往常用美式英文發音唸了我姓名的羅馬拼音，多數美國人無法唸出或記得我的名字，因此常會迴避叫我的名字以免困窘，這常會讓我覺得自己是美國社會裡突兀的隱形人（突兀和隱形其實相矛盾，因為矛盾因此更突兀，只好更隱形）。楊說可否請你用正確的中文發音把你的名字再講一遍，我想要試著念念看，楊跟著我念了幾次都無法準確地用中文念出我的名字，她笑著說：「Chia-Ming，**看來我還需要多多練習。**」

楊說她對政治哲學的熱情始於女性主義。在絕大多數的社會，女性生活在文化歧視、經濟剝削、無力、邊緣化和暴力威脅中；過去這些經驗被「正常化」、「私領域化」和「去政治化」，因而被理所當然的接受。沒有比去政治化更政治化的策略了。女性的禁錮來自許多看似最中性、正向、細瑣、和政治最無關的社會關係。**因此最了解政治的無非是女性**，而不是那些眼中只有物質力量的現實主義者。也因此女性主義最敏於拉下各種「去政治化」的假面具，為所有其他弱勢者的壓迫開闢出一條被看見的道路。政治不只是公領域或者政府的事。為了讓所有壓迫可能被看見，女性主義建議我們**最好將政治界定為一切可被集體重新評價和參與改變的事物，政治無所不在**。

既然政治無所不在，楊接續著說，如果我們了解壓迫在各種社會過程、關係和結構中如何產生，我們就會認知到**我們對正義的責任無所不在**。個人間的人際互動當然也是政治，我們常在人際互動中延續了某種促成壓迫的社會關係和結構。楊在公眾場合困窘、吃力、不準確地唸出我的中文名字，她教會了我什麼是社會群集（我做為一個英語不好、不熟悉美國社會，不會 small talk，沒有勞動力、來自東亞的男性）、為何政治無所不在（我和美國人的人際關係誠然是）、以及什麼是正義的責任。

你可能會懷疑，難道任何社會關係都是壓迫嗎？沒有一個正義的標準，怎麼定義壓迫？楊的分析拒絕停留在抽象層次，因為抽象對被壓迫者沒有幫助。她具體分析了所有社會群集可能面臨的五種壓迫面向：剝削、邊緣化、無力、文化帝國主義和暴力。**即使沒有清楚的正義標準，我們還是可以辨認壓迫**。

一本書成為經典的旅程常常難以預料。一九九〇年出版到現在，楊的這本名著《正義與差異政治》歷經幾次知識界的辯論，愈突顯出它掌握社會現實和規範理想的深刻和準確。快三十年了，回過頭來看，這本書開創了正義論述的新典範，對今日思索正義持續帶來衝擊。容我大膽評論，**這本書可說是摘下了九〇年代正義論述的桂冠**（如果你有興趣的話，我會說七〇年代正義論述的桂冠是美國哲學家約翰・羅爾斯的《正義論》，八〇年代是經濟學諾貝爾獎得主阿馬蒂亞・森的能力途徑）。

《正義與差異政治》這本書完整而且深刻地總結了二十世紀六〇年代以來各種新社會運動訴說的壓迫經驗和正義訴求。它像海綿般地吸收了當代歐陸哲學家關於差異、認同、排除和他者的思想精華。它集批判理論、新左派論述和女性主義於大成。它提供的分析架構涵蓋了幾乎所有追求平等和解放的當代新社會運動，包括：女性主義、各種性向、種族、原住民、族群、不同壓迫處境的工人、環境、身心障礙、各種身心疾病患者、老年、青年、民族主義、後殖民等等抗爭歧視和壓迫的運動。

我要解釋《正義與差異政治》如何開創了正義論述的新典範。讓我們先回到冷戰時期全球三個正義論述的主要典範。第一、全球一半以上人口相信的馬克思主義；第二、自由主義福利國家的理念，最好的代表性論述是羅爾斯的《正義論》；第三、柴契爾夫人和雷根總統採取的自由放任資本主義路線，代表性論述包括了羅伯特．諾齊克的自由放任主義（libertarianism）和弗烈德利赫．海耶克、米爾頓．傅利曼等經濟學家。

馬克思主義主張所有壓迫的根源來自經濟結構，在資本主義體制中，資本家掌握生產工具，工人階級的勞動被剝削，國家等意識形態只是為資本積累服務，唯有生產工具歸為公有，人類社會才能獲得解放。對楊來說，她同意許多壓迫的根源得助於資本主義體制，可是傳統馬克思主義窄化了我們對壓迫的理解。即使有一天資本主義被推翻，女性、各種性傾向、種族、原住民、精神障礙者等等社會群集面臨的壓迫仍會繼續存在，**因為它們各有獨立於生產工具私有的壓迫根源**。而且即使只論勞工，勞工面臨的不只是剝削，還包括勞動分工造成的非管理階層工人的無力、無法發展自我的處境。傳統馬克思主義也忽略了社會偏見和過程對特定群集的勞工造成的特定壓迫。舉例來說，擁有臺灣國籍的新移民女性的居家照護工作收費只能比臺灣出生的女性低，工作遇到的暴力危險、被占便宜和歧視的狀況卻遠多於她們。

楊要我們鼓勵和**認可**各個社會群集的存在。多數認同政治的倡議者從黑格爾哲學出發，主張認可弱勢的目的就是要矯正對弱勢的文化歧視。許多左派因此批評差異政治忽略了財富重分配才是正義的首要關懷。可是楊的差異政治和馬克思的親近性遠甚過黑格爾。對楊來說，認可社會群集的差異性，鼓勵他們（如上述新移民女性）團結、分享生命經驗和集體發聲，終極目的不是在文化上矯正歧視而已，而是**透過認可他們，才能幫助他們對抗更大的社會與經濟的不平等和壓迫。認可差異只是解放的工具，或者說只是解除壓迫的一部分**。楊的思路繼承了批判理論和新左論述的醇正精神，這也是晚近文化研究的最大貢獻，除了少數例外，所有的文化歧視都帶來社會、經濟和物理上的壓迫，同時所有的社會和經濟的壓迫都得助於文化歧視。**政治經濟學是文化的，而文化就是經濟**。這是楊主張的差異政治最精微獨到之處，她的精準無人能出其右。

楊對自由主義福利國家典範的批評，對準了羅爾斯提出的正義理論。羅爾斯同意有效率的市場是必要的，但是必須給予弱勢補償。他推演的正義原則要求社會合作產生的果實，必須在有效率的諸多政策中，選擇能夠分配給最弱勢者最大福利（羅爾斯的詞彙是基本善，我代以福利稱之）的政策。可是對楊來說，這樣的正義考量只考慮社會經濟體制**終端**結果的重分配，這犯了兩個錯誤，第一、人們在社會經濟**過程**遭遇的歧視、創傷和壓迫，不是事後在終端給予福利補償可以彌補。福利國家或者羅爾斯的思維，把社會經濟過程黑箱化，要我們對黑箱內部過程視而不見。但是舉例來說，低技術勞工在工作過程中的每日無力和自我發展被剝奪，社會福利如何彌補？第二、福利國家或者羅爾斯把正義的核心意涵理解為福利的重分配，把人視為福利的擁有者、生產者和消費者，而不是有血有肉、能力需要發展的**做著各種事物的人（do-er）**。人遭遇到的各種壓迫，不只是因為他該分配到的福利被剝奪，而是因為他做為做各種事物的人的能力發展和自我決定被限制或傷害。只把人視為福利分配者，看不見這些傷害。也因此，福利國家看不到人在社會經濟過程中遭遇到的各種壓迫。楊的差異政治要把這些過程打開來被看見。

冷戰的第三個典範，自由放任資本主義主張沒有政府介入的社會經濟過程就是自願和自由的，因此也完全是正義的，保護自願交易的財產權和契約就是最大的正義。這樣的思維是鼓動全球新自由主義經濟體制擴張的火爐，也構成了對今日人類社會最大的威脅。我想我就把這個功課交給讀完這本書的讀者了：楊會怎麼批評自由放任資本主義？

我們現在已經可以大致看出楊勾勒的社會正義新地景。三個冷戰典範都看不見社會過程中發生的各種壓迫，他們無法指稱新社會運動抵抗的壓迫為不義。性別、性傾向、原住民、族群、不同處境的勞工、身心疾病患者、老年、青年、環境居民等社會群集是社會過程的產物，它們不只透過社會關係和互動產生和再生，也同時在巨觀的物質、文化和社會結構（例如文化帝國主義、勞動分工、科學知識等等）的背景下產生和再生。**我們只有同時關注社會過程、分析社會關係、了解互動的變化、琢磨不同和多層次的結構，才能試著去理解某個社會群集受到壓迫的具體面貌。**

你可能會說這樣的正義樣貌太複雜了。我要以一個社會圖像幫助讀者試著不去排斥楊的新正義典範。冷戰三典範分析的是方正、對稱、均質和邊界清楚的民族共同體或者經濟體系，每個人有對稱的權利與義務，對等的利益互惠關係，這是一個井然有序、馴服的**工業**的社會圖像。可是楊的差異典範散射出來的正義社區卻是一個**都市**的社會圖像，我們不再是對稱和均質的個人，而是分屬不同群集社區，來自不同地方，背負不同歷史意識，說不同母語、擁有社會過程賦予的不同優勢或劣勢；我們不僅匿名，而且無法完全同情想像彼此的生命經驗，我們每天在轉角遭遇不熟悉的生命群集，我們都市的成員邊界也並不百分百清楚。如果我們能用這個不馴服的都市生活圖像去領會楊的正義典範，或許我們能慢慢脫離「均衡、對稱、熟悉」對我們的永恆誘惑，然後或許有一天我們能像楊一樣，和被壓迫者們一起說話。

系上的老師、學生、行政人員，楊的學者和社運朋友都著迷地喜歡楊。楊的追悼會在芝大校園的約瑟夫・邦德教堂舉行，那是一個一年中有半年被樹藤綠葉包覆，半年被白雪覆蓋，美得讓人對死亡感到溫柔的教堂。一位老師上台說，楊剛來芝大任教時，他們這些菜鳥老師組的馬克思主義讀書會冒昧邀請了她，沒有預料到名氣這麼大的楊竟然一邀即到，一位一位來自各領域的人上台敘說著類似的故事。楊的女兒說，我母親幾乎沒有拒絕過一個弱勢團體對她的邀請。我想起有一次到市中心玩耍，遠遠看到楊在一個旅館門前的走廊，和一群失業員工一起舉牌繞圈子，抗議旅館不當遣散，他們就這樣輪班繞圈抗議了一整年。我不知道楊一天有多少時間，她是系上花最多時間改學生寫作的老師，也是最願意瞭解和討論同事學術想法的人。楊不只是一位難以超越的哲學家和老師，她還是個慷慨的人。**慷慨在人類還知道什麼是高貴的古典世界時就是高貴本身，它還有另外一個名字叫做「壯美」**（magnificence）。

這是一個慷慨的人，這是一本壯美的書。

二〇一一年再版序

哈佛大學政府學系教授
丹妮兒・艾倫（Danielle S. Allen）

距離這本書一九九〇年的初版已經二十多年了，除了這本書當初面世時已然清楚顯明的哲學豐富性之外，艾莉斯・楊在《正義及差異政治》中的論述可被視為是先見之明。先見之明在於，早在二〇〇八年，當世界上的都市人口數首次超越鄉村人口數之前，這本書的結論就已經呼籲將現代城市生活做為民主理論之規範性理想的來源。而本書的哲學豐富性，則是因為楊努力將民主理論立基於異質性的基礎上，而不是立基於對同質性的幻想或希望，這使得她必須處理來自社會政治理論及哲學等跨領域的問題。

楊認為，正義是由達成非支配、非壓迫所必須的社會和制度條件所構成；這裡的非壓迫，意味著實現所有社會成員皆能共享的人類繁榮的理想。她將分配式典範置換為對正義的分析：前者專注於物質財貨的配置，後者則聚焦於為了追求正義，在決策過程、勞動分工及文化方面所做的貢獻。她尤其密切關注壓迫的課題，並將壓迫區分為五種（剝削、邊緣化、無能、文化帝國主義及暴力）；運用這個壓迫分析，她確認了那些被傳統政治哲學家們視為僅具社會性的種種現象，其實是政治性的。就這方面，她的方案或可說是為二十世紀社會運動的重要口號「個人即政治」（the personal is political）提供了一個堅實的哲學架構。為了提出一個哲學的正當理由、以便將個人與社會的現象重新構想為政治的，並且當這些構念重構受到採納時、民主政治如何能公正地運轉提出說明，楊對社會本體論、知識論、社會心理學、女性主義理論、批判理論、論述理論以及政治哲學的旁徵博引，至今仍令人驚嘆。

而其成果，則是對政治生活中群體及認同角色進行了有力而重要的概念重構——說明了在一個理想情境中如何可能讓人類欣賞、喜愛社會中存在的分化，以及在一個低於民族的層次上歸屬於一個擁有明確傳統與共享價值的群體（卻不會帶來苦難或強加的排除）所產生的經驗特殊性。楊讓我們得以想像，在任何一個既定政體中如何建立起一個由各共同體組成的共同體。於是，她同時超越了自由主義及社群主義，超越了對原子化個體或淹沒於一個同質化民族中個人的單獨關注，而去想像、並主張一種真實的平等主義：在那裡，個人不僅擁有自由主義的平等政治權利，也同時做為一個社會的——且正如漢娜．鄂蘭（Hannah Arendt）會說的、因此是一個有區別的（discriminating）——存在，享有追求繁榮昌盛的平等權利。

這並不是說一切區別（discrimination）在楊所揭示的正義標準下都是可接受的。恰恰相反。為了實現各共同體的共同體，這樣的區別只有在和給予他人自我發展及自我決定的平等機會相容時，才能被允許存在。對楊而言，這正是城市可以扮演的角色，因為在大都會中，我們看見人們學習過社會生活，選擇與那些和他們具有親近性的人們產生連結，但卻不阻礙其他人也有社會昌盛的同樣權利。在城市中（理想上），我們看見人們學習享受社會中存在的分化、而不強加排除；我們看見多樣性價值，包括增加知識的流動，甚至透過將許多不同類型的人們帶入共享生活空間而增進人們的安全感；我們看見將「不同」重新評價成是吸引力（或採楊的說法，愛欲）的來源；我們也看見一種公共性或公共領域的版本，這種版本將異質性放在一個顯要的地位，並讓那些在較欠缺多樣性的脈絡中不被聽見的經驗或觀點得以發聲。

然而，楊提出的論證並非全都是對的。二十年來，在性別史與性史上的諸多重要著作問世後，楊的某些最概括性的評論顯然過頭了。她對政治過程中群體代表制的論證，並未完整考量到她自己對個人和群體之認同流動的論證。而她在置換理想化概念下的個人、理性公民方面所下的工夫，有時顯得不只是對啟蒙的批判，而是一種手法誇大的諷刺。然而這些過度論證的缺陷，都來自於要讓政治哲學長期掩蓋的概念及現象得以現形的困難。舉例來說，這些概念及現象包括了：白人、男性、資產階級經驗及理想的特殊性；社會壓迫的政治後果；採納無法掌握例如人類心理的異質性和非一性的理性理想所帶來的社會心理後果。

楊的政治哲學建立了一個急需的架構，讓我們思考正義如何在這樣的一個現代大眾政治條件下產生：公民在一個在多數情形下彼此互不相識的脈絡中，去尋求自由及平等主義的共同體。這個新的架構要求推翻許多被普遍接受的觀念；這些觀念依賴的是與面對面政治模式密切相關的理想，甚至它們的支持者也不承認這種基本的依賴關係。總的來說，就其所具備的純粹原創性而言，《正義與差異政治》達到了卓越的成就；而本書在概念上的貢獻，讓它直到今天仍是建構一個平等主義的政治哲學時不可或缺的起點。

謝詞

本書的寫作得到美國學術團體協會（American Council of Learned Societies）的補助，以及伍斯特理工學院（Worcester Polytechnic Institute）給予學術假期的支持。

本書中的許多核心立場受到有關性別、種族、階級的富刺激性的討論所啟發，這些討論是在一九八五至八七年間於基進哲學家學會（Radical Philosophers Association）所舉行的會議中進行的。

在這本書不同的寫作階段，曾有許多同僚針對原稿中的各個部分提出批評指教。感謝榭拉·班哈比（Seyla Benhabib）、勞倫斯·布倫（Lawrence Blum）、查爾斯·艾立森（Charles Ellison）、安·佛格森（Ann Ferguson）、南西·佛萊澤（Nancy Fraser）、瑪麗蓮·費里曼（Marilyn Friedman）、羅伯特·富林懷德（Robert Fullinwider）、羅傑·戈利伯（Roger Gottlieb）、飛利浦·格林（Philip Green）、南西·哈索克（Nacy Hartsock）、艾莉森·傑格（Alison Jaggar）、威廉·馬克布萊德（William McBride）、琳達·尼考森（Linda Nicholson）、魯休斯·奧羅（Lucius Outlaw）、黛博拉·羅德（Deborah Rhode）、理查·舒密特（Richard

Schmitt）、瑪麗・善理（Mary Shanley）、詹姆士・斯特巴（James Sterba）及約翰・崔伯（John Trimbur）。與瑪莎・米諾（Martha Minow）、蘇珊・奧金（Susan Okin）、湯瑪斯・瓦騰伯格（Thomas Wartenburg）的談話增益了書中的觀點。

感謝法蘭克・杭特（Frank Hunt）善解人意、專業的編輯工作。

最重要的是要感謝戴夫・亞歷山大（Dave Alexander）；他閱讀了原稿的幾個草稿，並給予了無可取代的協助，在許多個夜晚和我討論這些觀念、傾聽我的怨言與挫折，他提供了超出一個人所能要求的知識及情感陪伴。

這本書的部分內容已經以不同形式出現在其他地方。我想要感謝允許我使用以下這些素材的出版社，它們是：

"Five Faces of Oppression," *Philosophical Forum* 19, no. 4 (Summer 1988), pp. 270-90, revised as Chapter 2.

"Impartially and the Civic Public: Some Implications of Feminist Critiques of Moral and Political Theory," in Seyla Benhabib and Drucilla Cornell, eds., *Feminism as Critique* (Polity Press and University of Minnesota Press, 1987), pp. 56-76, for some material in Chapter 4.

"Polity and Group Difference: A Critique of the Ideal of Universal Citizenship," *Ethics* 99, no. 2 (January 1989), pp. 250-74, and"Difference and Social Policy: Reflections in the Context of Social Movements, " *University of Cincinnati Law Review* 56, no. 2 (Fall 1987), pp. 535-50, both for some material in Chapter 6.

"Abjection and Oppression: Unconscious Dynamics of Racism, Sexism and Homophobia," in Arlene Dallery and Charles Scott, eds., *The Crisis in Continental Philosophy* (SUNY Press, 1990), for a portion of Chapter 5.

"The Ideal of Community and the Politics of Difference," *Social Theory and Practice* 12, no. 1 (Spring 1986), pp. 1-26, for a portion of Chapter 8.

JUSTICE
AND
THE POLITICS
OF
DIFFERENCE

正義與差異政治

引言

與左翼政治相關、以群體為基礎的新社會運動，例如婦女運動、黑人解放運動、美洲印地安人運動及同志解放運動，對於政治哲學的意涵是什麼？後現代哲學對西方理性傳統的挑戰，對於政治哲學的意涵是什麼？這些在二十世紀晚期出現的政治及理論發展，其結果如何能夠深化及拓寬傳統社會主義所訴求的平等與民主？正義是政治哲學的基本議題，這些問題也因此與正義的問題密不可分。這些新社會運動隱約訴求著什麼樣的社會正義構想？它們又是如何對抗或修正傳統對正義的看法？

是這樣的一些疑問激勵了本書的探索。為了處理它們，我研究了一些政治理論中實證主義與化約論（reductionism）的問題。實證主義的問題在於太常將應受規範性評價的制度性結構假設成是給定的；而我揭露的化約論之問題，則是現代政治理論傾向於將政治主體化約成一個整體，重視共性與相似性更甚於特殊性與差異。

我主張，與其聚焦於分配，對於正義的構想應以「支配」及「壓迫」的概念為起點。這樣的轉向帶出了決策、勞動分工，以及涉及社會正義、卻經常在哲學討論中被忽略的文化議題。它也展示出在社會關係及壓迫結構的形成過程中，社會群體差異的重要性；典型的哲學正義論一直都配合了某種社會本體論，而在這種本體論中，並無社會群體概念的存在空間。我主張，當社會群體差異存在、且某些群體擁有特權而某些群體卻受到壓迫時，為了減輕壓迫，社會正義得要求明確承認並處理這些群體差異。

雖然我討論正義、做出與正義相關的主張，但我並未要建構一個正義論。典型的正義論總是從幾個關於人性、社會本質及理性本質的一般性前提推導出適用於所有或大部分社會的正義基本原則，無論這些社會的具體形構及社會關係為何。希臘文「理論」（theoria）一字的真正意思，就是想要看見正義。為了獲得全觀（comprehensive view），它假設有一種外在於產生正義議題的社會脈絡之觀念。正義論傾向於自我支撐，因為它展示了自身基礎。做為一種論述（discourse），其目的是要整全（whole），並將正義以一整體方式展現。它是無始無終的，因為在它之前沒有來者，而未來事件也不影響其真實性或與社會生活的關聯性。

正義論者有充分的理由從產生具體正義要求的特殊社會生活環境中抽離，並採取一種依賴理性而外在於社會生活的立場。這樣一種自我支撐的理性理論將會獨立於實際的社會制度與關係，也因此可做為評價這些制度與關係的、可靠而客觀的規範性標準。人們經常假定，若是缺乏一種獨立於特殊社會經驗之外的普世規範性正義論，哲學家與社會行動者就會無法區分合法的正義要求，與社會特定偏見或圖利自我的權力要求。

然而，嘗試發展一種獨立於既定社會脈絡、又能做為正義度量標準的正義論，只會兩頭落空。如果這個理論真要有普世性與獨立性，不預設特殊的社會情境、制度或實踐，那麼它就會淪於過度抽象，而無法在評價實際制度及實踐時派上用場。如果要在評價實際上正不正義時派上用場，它就必須含有一些關於社會生活的實質前提，而這些前提通常是或隱或顯地推導自理論化工作所發生的實際社會脈絡。例如，許多人一直主張，如果羅爾斯（Rawls）的正義論要為實質結論打下基礎，就必然含有一些實質前提，而這些前提是隱約推導自生活在現代自由資本主義社會中的人們之經驗（參見 Young 1981; Simpson 1980; Wolff 1977, Pt IV）。

一個宣稱具有普世性、全面性及必然性的正義論，是將道德反思與科學知識混為一談（Williams 1985, Chap. 6）。關於正義的反身性論述不該假冒成是一種觀看或觀察模式的知識；這種知識模式的知者（knower）既是發動者，也是所知（the known）的主宰者。關於正義的論述，最初並不是萌發自好奇、驚奇感，或想明白事物運作原理的欲望；正義感的萌發並不是源自於觀看，而是如李歐塔（Jean-François Lyotard）所述，是源自於傾聽：

> 對我們而言，語言首先是某個人在說話；但在語言的遊戲中，重要的是去傾聽。語言遊戲規則處理的，是聽這件事。這樣的遊戲是公平正義的遊戲。而在這個遊戲中，一個人只有藉著傾聽才能說話。也就是說，他是做爲一個聽眾，而不是做爲一個作者而說話。
>
> （Lyotard, 1985, pp. 71-72）

儘管有關正義的日常生活論述必然會做出某些宣稱，但這些宣稱並不是在一個自我封閉系統中得證的定理，而是其他人**加諸於**某些人身上的召喚、請求或宣稱。對於正義的理性反應是始於傾聽、始於傾聽他人的呼求，而不是始於對某種事態的主張與堅持，無論其理想性有多高。對於「公義」（to be just）的呼喚，始終是處在具體的社會和政治實踐之中；它是先於、超出哲學家的。那些在傳統上尋求超越具體實踐限制而邁向普世性理論的努力，只能生產出一種有限制的概念產物；它們通常得把既定的重新塑造為必須的，才能掩飾其偶然性。

拒絕正義論並不表示迴避了對正義的理性論述。一些反思、分析及論辯模式的目標不是要建立一個系統性理論，而是要澄清概念與課題、描述及說明社會關係，以及連結並捍衛理想和原則。關於正義的反思性論述敢於主張，但目的不是要做為決定性的論證；它們是在一個政治對話中，以他者為發話對象，並等候他者的回應。在本書裡，我在批判理論的模式中參與了這樣的情境式分析及論辯。

我所理解的批判理論，是安置在歷史及社會脈絡之中的一種規範性反思工作。批判理論拒絕建構一個隔絕於特定社會之外的普世性規範體系幻想。規範性的反思工作，必須始於特定的歷史境況；除了既存事實，除了隨情境而改變的、對正義的關注之外，別無其他的起點。要以特定社會脈絡為起點進行反思，一個好的規範性理論化工作就免不了得做社會性及政治性的描述及說明。若沒有社會理論，規範性反思工作就會是抽象而空洞的，無法透過對解放的實踐關注來引導批評。然而，與將價值與社會事實分離、宣稱價值中立的實證主義社會理論不同的是，批判理論否認社會理論必須依從於既存事實。社會性的描述與說明必須是批判性的；也就是說，目標得從規範的角度來評價既存事實。若沒有這樣一種批判的立場，許多有關社會上發生了什麼、為何發生，以及誰受益誰受害的問題就不會被提出，社會理論也容易淪為對既存社會現實的再次肯認及實體化。

批判理論假定，用來進行社會批判的規範性理想，乃根植於那個受批判社會的經驗與反思，而規範本身也只能源自於此社會。但這是什麼意思呢？規範如何可能既源自於社會、又是衡量社會的尺度？規範性反思來自於傾聽受苦者的呼喊與不幸，或自身所感受到的痛苦。哲學家始終是處在社會當中，如果社會因為壓迫而分歧，她不是強化這些壓迫、就是起而抗爭。帶著對解放的關注，哲學家對既存社會境況的憂慮並不是沉思，而是懷抱著激情：對既存事實的經驗，乃關乎於欲望。這種想要得到幸福的欲望創造出一種距離與否定，開啟了討論何謂既存事實的批判空間。這個批判距離的出現，並不是立基於某些以前就發現的善與公義的理性觀念；相反地，善與公義的觀念源自於行動給既存事實帶來的欲望之否定。

批判理論是一種論述模式，投射著尚未實現、但在一特殊既存社會現實中已可感受到的規範可能性。每個社會現實都呈現了自身尚未實現的可能性，這些可能性以匱乏及欲望等形式被體現。規範及理想皆源自於渴望，那是一種自由的表達：事情不必然要如此，可以有別的樣貌。而想像力的本領，是把「它是什麼」的現實經驗轉化為「它可以是什麼」的可能性投射；想像力可以解放思想，並形成理想與規範。

這份想要、但尚未在既存現實中實現的可能性經驗，馬庫色（Herbert Marcuse）是如此描述理想從中生成的過程：

> 有一大群的概念（我們斗膽說，在哲學上至關重要的概念）在普遍與特殊之間的量化關係上預設了質性的一面，抽象、普遍的內涵似乎表明了具體、歷史意義上的潛在可能。無論如何定義「人」、「自然」、「正義」、「美」或「自由」，這些概念將經驗內涵綜合進超越了它們的特殊具現的觀念中，把它們的特殊具現成了某種要被超克的東西。因此美的概念包含了所有尚未被實現的美；自由的構想包含了所有尚未被達成的自由……。
>
> 所以，這樣的一般概念，看起來就像是透過事物的潛在可能來理解事物的特殊狀態。它們同時是歷史又是超歷史的；它們將組成經驗世界的東西概念化，並從它潛在可能的觀點對它加以概念化，根據的是它們實際上受到的限制、壓抑與否認。無論經驗或判斷都不是私人的。哲學概念是在一個歷史連續體上的普遍狀態意識之中形成發展的；是從一特定社會中的某一個體位置上被加以闡述的。思想的東西，即是歷史的東西——無論它在哲學或科學理論裡變得多麼抽象、一般或純粹。（Marcuse, 1964, pp.214-15）

在他做為社會批判的詮釋見解中，麥可·渥茲（Michael Walzer）認可了一種類似於道德反思的途徑。社會批判者會涉入、並對他或她所批判的那個社會做出承諾。她對於社會及其制度並未採取一種疏離的觀點，雖然她確實遠離它的支配權力中心。她的批判之規範性基礎來自於社會本身的理想與緊張；理想已經以某種形式存在著了，例如，在遭到破壞的被信奉的原則中，或是在挑戰霸權觀念的社會運動中。社會批判者的批判「並不一定要超然或富有敵意，因為他找到了一個批判參與的理由，在那個理想主義之中；即便它是個假設性的理想主義，也是屬於這個實際存在的道德世界的假設性的理想主義。」（Walzer, 1987, p.61）

對美國的社會支配與壓迫做出宣稱，是這本書的哲學起點。二十世紀六〇及七〇年代誕生於美國的新左翼社會運動觀念、經驗持續影響著當代政治生活，並對許多個人及組織的思想行動發揮著作用，包括：民主社會主義者、環保主義者、黑人、墨西哥裔美國人、波多黎各人及美洲印地安人運動；反對美國軍事干預第三世界運動；同志解放運動；身心障礙者、老年人、租屋者及窮人運動，以及女性主義運動。這些運動以各種方式宣稱美國社會存在著深刻的制度性歧視，但它們卻與當代哲學的正義論少有淵源。

我的目的是要以嚴格的、反思性的方式來表達這些運動的政治中所隱含一些有關正義及不正義的宣稱，並探索其意義及暗示的意涵。針對有關正義的當代情境性宣稱與現代西方政治哲學基本預設中的理論宣稱之間的不一致性，我辨別出了導出此一不一致性的若干基礎。這個計畫必須批判觀念及制度，又必須主張正面的理想與原則。我批判了支配當代哲學的一些有關正義的語言及原則，並提供具替代性的原則。我檢視了美國社會的許多政策、制度及實踐，並且說明：從強化這些制度及實踐的角度來看，我所批判的一些哲學原則如何也是意識形態的。最後，我提供了理想社會關係的若干替代性願景。

雖然我的方法源自於批判理論，但我拒絕某些批判理論者的教條。雖然我追隨哈伯馬斯（Habermas）對發達資本主義（advanced capitalism）的說明，以及舉例而言，他對溝通倫理的一般性見解，但我仍批判他對同質性公眾的隱含承諾。同時，我也受惠於幾個其他的哲學及政治理論取徑。我延伸了當代女性主義針對理性、公民身分及平等理想中隱含的男性偏見的分析，這些理想都是現代道德及政治理論的核心。我對群體差異之積極意義，及照顧而非壓抑差異的政治之研究，也從像是德希達（Derrida）、李歐塔（Lyotard）、傅科（Foucault）及克莉絲提娃（Kristeva）這類後現代作家對於差異的意義之討論中受益良多。我將一些阿多諾（Adorno）和依希嘉黑（Irigaray）的作品也納入了這個後現代取向當中，並從中挪用了對於統一性論述的批評，來分析及批判像是無私（impartiality）、普遍利益（the general good）及社群（community）這類的概念。從這些批評得到的教訓中，我導出了分殊性社會關係的替代構想。本書的分析與主張也援用了分析性道德及政治哲學、馬克思主義、參與式民主理論及黑人哲學。

近年來可看到針對這些理論取徑之好壞的許多討論，許多人會發現它們彼此是不相容的。舉例來說，最近在批判理論家之間就激烈地進行著有關現代主義與後現代主義抗衡的論辯，而女性主義理論家之間也正進行一場類似論辯。在這本書中，我不會明確地處理後設理論問題，這些問題與從事社會性及規範性理論化工作的理論取徑之評價標準有關。當社會理論家及社會批判者聚焦在這類知識論的問題上時，他們經常會將一開始引起爭議的社會議題抽象化，並賦予這個知識論工作一種內在固有的價值。本研究進行期間確實遇到了方法論及知識論的課題，但我一直認為它們干擾了有待處理的、實質的規範性及社會性議題。我並不把我所採用的任何理論取徑視為必須全盤接受或拒絕的一個整體。針對我希望做的分析與主張，每一個理論取徑都提供了有用的工具。

在第一章，我在兩個針對社會正義的取徑之間做出區別，一個是把擁有（having）當作是首要的，一個則是把做（doing）當作是首要的。當代正義論受到一個分配式典範（distributive paradigm）所支配，它傾向聚焦在物質財貨及社會地位的持有上。然而此種分配式的聚焦，也模糊了其他制度性組織的議題——這個典範通常將特殊的制度及實踐假定成是既定的。

一些分配正義論明顯想將超出物質財貨分配的正義課題納入考量。他們將這個分配式典範延伸到像是自我尊重、機會、權力及榮譽這類的非物質性財貨上。然而，在嘗試將分配概念延伸至物質財貨的範圍外、而涵蓋類似權力與機會等現象的過程中，卻導致了嚴重的概念混淆：分配邏輯將非物質性財貨也視為是可分辨的物品或大筆金錢，可在一個靜態模式下被分配給可分辨的、單獨的個人。此外，在分配式典範中所假定的物化、個人主義及模式導向，也經常模糊了支配與壓迫的課題——後者要求的是更為過程導向及關係性的概念化過程。

分配議題當然很重要，但是正義的範圍超越了分配議題，而包含了這樣的政治：潛在服從於集體決定的制度性組織之所有面向。我所主張的不是要去延伸分配概念來涵蓋全部，而是分配概念的運用應限於物質財貨的範圍內；正義還有其他重要的面向，包括決策程序、社會勞動分工及文化等等。我主張，「壓迫與支配」才是概念化不正義的基本語彙。

壓迫概念是當代解放社會運動的論述核心，這些運動的觀點啟發了本書的關鍵問題。然而，針對這些運動所理解的壓迫概念，卻一直沒有持續的理論分析。第二章透過定義「壓迫」，填補了這個社會理論的明顯空白。壓迫實際上是一組概念，我闡述了五個面向：剝削、邊緣化、無能（powerlessness）、文化帝國主義及暴力。分配不正義可能會促成這些壓迫形式，也可能是這些壓迫形式導致了分配不正義，但這些壓迫形式沒有一個可以化約成分配問題，而且它們都涉及了超出分配概念的社會結構與關係。

社會群體間會產生壓迫，但哲學和社會理論卻缺乏一個切實可行的社會群體概念。尤其在積極矯正歧視措施（affirmative action）辯論的脈絡中，一些哲學家與政策制定者甚至拒絕承認社會群體存在的現實，這種否認經常重新強化了群體壓迫。在第二章，我闡述了一個特定的社會群體概念。雖然群體並不獨立於個人而存在，但它們在社會面上先於個人，因為人們的認同有一部分是由群體親近性所建構的。社會群體反映出人們認同自己和他人的方式，導致他們和某些人有著更多連結，並把其他人當成是不同的。群體是透過彼此間的關係而識別出來的。它們的存在是流動的、經常轉變的，然而卻是真實的。

正義的概念與政治共存。政治，用漢納・皮特金（Hannah Pitkin）的話來說，「就是活動；相對大型、穩定的人民群體透過這活動決定他們要一起做什麼、要如何共同生活，並在他們權力所及的範圍決定他們的未來。」（Pitkin, 1981, p.343）羅伯托・昂格（Roberto Unger）則將政治定義為「對資源及配置的鬥爭；這些東西決定了我們務實及狂熱關係的基本條件。在這些配置當中尤其傑出的，」他觀察到，「是構成社會生活的制度及想像脈絡。」（Unger, 1987a, p.145）在這個意義上，政治考量的是潛在服從於集體評價及決策的制度性組織、公共行動、社會實踐及習慣，以及文化意義的所有面向。當人們說一個規則、實踐或文化意義是錯的，應該要改變時，他們通常就是在做一個社會正義的宣稱。相較於大多數哲學家及政策制定者中對政治意義的常見理解，這是個更寬泛的理解，因為他們傾向將政治看成是政府或正式的利益群體組織之活動。第三章我採納了新左翼社會運動的基本貢獻：在面對福利國家的自由主義將公共生活去政治化之時，他們持續努力地將制度、社會及文化生活等大片領域給政治化。

和許多批判理論家和民主理論家一樣，我批判福利資本主義國家對公共政策形成的去政治化。在做法上，福利國家把政策定義為專家的專門領域，並把衝突限制在利益群體間針對社會給付分配的討價還價。正義的分配式典範傾向去反映並強化這個去政治化的公共生活，例如放棄將決策權力的課題帶入明確的公共討論之中。而我主張，民主決策過程是社會正義的重要元素及條件。

一些女性主義及後現代作家指出：對差異的否認形塑了西方理性的結構，差異在此被視為特殊性、身體及情感的異質性，或是缺乏一個單一、未分化源頭的語言與社會關係的不可窮盡性。這本書希望表明，這種對差異的否認如何促成了社會群體的壓迫；同時，本書也主張一種承認、而非壓抑差異的政治。因此第四章主張，做為大部分現代道德論及正義論基石的無私（impartiality）的理想，其否認了差異。無私的理想，意味著應該依據相同規則來處理所有的道德情境。但在宣稱提供了一個所有主體都能採納的立場之同時，它也否認了差異。透過假設出一個統一、普世的道德觀，它形塑了理性與感覺間的二元對立。通常以反事實方式表達的無私理想，說明的其實是它的難以企及。此外，無私的理想還至少發揮了兩種意識形態功能。首先，其對於無私性的宣稱助長了文化帝國主義，方法是將特權群體的特殊經驗與觀點當成是普遍的，並加以展示；其次，其認為官僚及專家能以一種不偏不倚的方式行使其決策權力，此種信念也正當化了威權階層體系。

在第四章中我也指出，在公民公共（civic public）的理想中，可找到無私性一詞的政治對應物。批判理論與參與式民主理論雖對自由理論提出挑戰，卻也分享了自由理論的一個傾向，也就是透過構想一個普適性、一元化的政治體制來壓抑差異。這種對公民公共普遍主義理想的運作，有效地從公民身分中排除那些透過身體與感覺產生認同的人，包括女性、猶太人、黑人、美洲印地安人等。一個挑戰制度化支配及壓迫的正義構想，應該提供一個異質性公眾的觀點——這種觀點認知、並確認群體差異的存在。

將無私性做為道德理性的理想，所導致的結果就是在理論上將理性從身體及感覺中分離開來。在第五章我討論了現代社會對於身體之詆毀所具備的一些意涵。當理性主義文化運用可鄙或醜陋的身體來認同某些群體的同時，也助長了文化帝國主義及暴力等壓迫形式。根據「規範性凝視」來階層化身體的文化邏輯，會將身體安置在一個單一美學尺度上，而該尺度將某些種類的身體建構為醜陋、令人作嘔或墮落的。運用克莉絲提娃的賤斥（the abject）理論，我分析了在互動性動態及文化刻板印象對於種族、性別、同性戀、高齡者及身心障礙者的偏見及歧視中，美與醜、潔淨與汙穢等感覺所具備的政治重要性。

在我們的社會，對他者身體呈現的厭惡或焦慮反應助長了壓迫。然而，這樣的反應通常是無意識的；那些傾向以同樣尊敬的態度對待每個人的自由心態人士，也經常表現出這類反應。因為道德理論傾向聚焦在深思熟慮的行動，做為為其尋找正當理由的工具，因此它們通常不論斷非預期的壓迫之社會源頭。然而，一個正義的構想若未注意到這些壓迫的文化來源，並尋求制度性的解決辦法，就不是個妥善的構想了。我談論了一些意識覺醒及文化決策過程中的解決辦法。

受人鄙視的群體攫取了文化壓迫的工具、並為自己重新定義一個正面的形象，是這類文化變遷發生的部分原因。過去二十年來，曾經因為被標記為令人恐懼的身體而受到壓迫的人們，包括女性主義者、黑人解放運動者、美洲印地安人、身心障礙者及其他群體，均主張這類正面的差異形象。這類的群體榮光（group pride）運動是要去挑戰一種從政治及制度生活中排除差異的解放理想。在第六章，我所主張的原則與實踐不是把解放等同於社會平等，而是去承認群體差異，廣納所有群體，並促進其公共生活的參與。

平等待遇的原則一開始是做為公平兼容待遇的正式擔保而產生的。然而，此種對公平的機械式詮釋也壓抑了差異。差異政治有時意味著推翻平等待遇原則，取而代之的原則是要在公共政策及經濟制度的政策及準則中承認群體差異的存在，以便減輕實際或潛在的壓迫。我採用當代法庭辯論的例子，包括有關女性解放、雙語教育及美洲印地安人權利的平等與差異論辯；我主張，有時候承認群體的特殊權利，是促進他們充分參與的唯一方法。有些人害怕這樣的差別待遇將再次汙名化這些群體；而我表示，只有當我們持續將差異理解為對立，也就是把平等等同於相同，把差異看作是偏差、貶低時，這樣的事情才會真的發生。承認群體差異的同時，也得有一個鼓勵群體在公眾中成立自主組織的政治決策原則。這意味著要建立一些準則，以確保透過群體代表制度，每個群體的聲音都能在公眾面前被聽見。

一般原則是要促進對群體差異的留意以便削弱壓迫，在這樣的脈絡下，在當代修辭裡聽來非凡超群的肯定性行動計畫，其實也就沒那麼了不起。在第七章我支持肯定性行動計畫，但理由不是為了補償過去的歧視，而是做為削弱壓迫的重要手段；尤其是那些因為無意識的厭惡及刻板印象而導致的壓迫，以及那些預設特權者抱持中立觀點而導致的壓迫。然而，肯定性行動的討論往往展現了正義的分配式典範。此種討論關心的只有那些高報酬、高聲望的位子在群體間的分配問題，因此它會去預設一些它不會去質疑其正義的制度及實踐。我特別檢視了其中兩個這類的預設：一個是認為位子可以、且應該根據績效標準來加以分配的觀念；另一個則是階層化勞動分工，它讓某些稀缺位子得到高報酬，但大部分位子則不是那麼吸引人。

根據績效來分配位子的理想，是無私理想的一個例子。績效標準假定，技術性工作的表現有其客觀的測量及預測方式，而這些方式是獨立於文化及規範性特質的。但我主張這樣的測量方法並不存在。工作的分派涉及了特定價值及規範，而這些是無法從技術競爭力的議題中分離的；在這個意義上，它無可避免地是政治的。如果按照績效來分配稀缺位子是不可能的，那麼這些位子本身的正當性就會成為問題。階層化勞動分工把任務的定義跟任務的執行工作兩者分開，這不僅造就了支配，還產生或再次加強了至少三種形式的壓迫：剝削、無能及文化帝國主義。工作職場的民主化可以間接減輕一些不正義，但仍必須直接抨擊這種把任務定義跟任務執行做劃分的思維，才能排除專業化訓練中的特權現象，確保每一個人都能擁有具備技能發展性的工作。

那些批判自由主義及福利官僚體制的人經常訴諸一種社群理想，並視之為另類版本的社會生活。社群代表了一種共享的公共生活、互相承認及認同的理想。最終章主張這樣的社群理想也壓抑了主體和群體之間的差異。社群的推動經常和保存認同的欲望不謀而合，並在實踐上排除威脅該認同感的他者。我發展出另一種社會關係及政治的理想，它的起點是我們對都市生活的正面經驗。理想上，都市生活具體體現了四種代表異質性而非統一性的長處：沒有排除的社會分化、多樣性、情欲，及公共性。

當代美國都市其實包含著許多的不正義，距離理想狀況還遠得很。資本流動及土地使用的決定產生並複製了不正義，而這是無法被基本上只關心終態分配模式（pattern of end-state distribution）的理論所掌握的。而都市分區發展（zoning）和郊區化所產生的功能分離及群體間的隔離，又造成了額外的不正義。然而，和許多民主理論家相反，我認為增加地方自主性反而會讓這些問題惡化。以區民大會為起點的代表制機構為基礎、並從中建立起來的大都會地區政府，較能實現都市生活的規範性理想。在本書的最後，我簡短討論了本書中所提到的課題，也許可以延伸到對國際正義的思考。

為了追求一個系統性的理論，許多哲學寫作面向的讀者群都很抽象，彷彿所有人都是理智的、觀點也源自於任何一個以理智思考的人。由於我了解本書運用的批判理論是從一個特定社會的特定位置出發，因此我可以在這本著作中宣稱它既不無私、也不打算全方位。我既不宣稱替每個人說話、對每個人說話，也不打算無所不談。

我個人對政治的熱情是從女性主義開始的。從我在當代婦女運動的參與經驗，我第一次學會了辨識壓迫，並針對壓迫展開社會性及規範性的理論反思。然而，我也反對海外軍事干預運動，也反對讓這麼多人持續陷於貧窮、在家中居於不利地位的社會情境的再結構化；這些承諾及參與都補充了我的女性主義。女性主義與馬克思主義及參與式民主理論與實踐的互動，也讓我對於我在本書中呈現的壓迫與支配有著更多元的理解。

面對承認女性在階級、種族、性取向、年齡、能力和文化間差異的重要性與困難，婦女運動曾對此進行討論，這些討論引燃了我自身對差異政治的反思。當有色人種、身心障礙、年老及其他特質的女性，對於自己在女性主義論述中被排除、被無視、被刻板印象化的經驗漸漸發聲時，有關女性主義認同並尋求改變女性共通地位的假定就越來越站不住腳了。我一點也不認為這意味著女性主義的終結，因為就像許多其他女性一樣，我仍然感受到對其他女性的親近感，也就是我們所謂的姐妹情誼，即便跨越了重重的差異。然而，這個討論迫使我從聚焦專注於女性所受的壓迫，轉而嘗試了解其他受壓迫群體的社會地位。

做為一個白人、異性戀、中產階級、身體健康、還稱不上高齡的女性，我無法宣稱自己為黑人、拉丁美洲裔人士、美洲印地安人、窮人、女同志、老人，或身心障礙者說話。但激發我進行哲學反思的對於社會正義的政治許諾告訴我：沒有他們，我也無法說話。因此，儘管我個人的熱情是從女性主義開始，但我也對我所參與的和平、環保及反軍事介入運動的經驗與想法進行反思；所以我在這本書中發展出的立場，乃是從其他受壓迫群體運動之經驗與想法的反思，以及在我透過閱讀及與群體當中的人們交談所能了解的經驗範圍內產生的。雖然我不在這本書宣稱為所有以理智思考的人們說話，但我確實是站在多重立場上，以幾個當代社會運動的經驗為基礎而說話的。

對我而言，哲學家往往寧可承認他們著作中發出的聲音是特定的，而不樂於承認他們的論證所面向的受眾只是一部分的人。在這本書中我做了一些假定，也許不是所有以理智思考的人們都能接受：全人類生活境況的基本平等是一種道德價值；我們的社會存在著深刻的不正義，只有透過基本制度變革才能改正；我所提到的這些群體都受到了壓迫；支配結構以不正當的方式滲透了我們的社會。當然了，今日許多知識分子及決策者都對這些假設有著足夠的悲憫胸懷，他們希望參與針對這些假定意涵的討論，以便構思及想像社會正義。而對於那些壓根不接受假定或有所保留的人，我也希望這本書的分析及論證能夠激起一場成果豐碩的政治對話。

第 1 章
置換分配式典範

Displacing the Distribution Paradigm

對所謂的**分配**大驚小怪、並把主要的壓力放在這事上，一般來説是個錯誤。消費工具的任何一種分配都是生產條件本身分配的結果。然而生產條件的分配，則表現出生產模式自身的特徵。

——卡爾・馬克思（Karl Marx）

數以千計的公車行駛於這城市。直到三月來臨前，成千上萬有著各式膚色、年齡、職業及生活風格的人們將湧入華盛頓紀念碑附近的購物中心。到了中午，人們就會往街上移動；他們吟誦、歌唱，手中揮舞著紙漿做成的飛彈或政府官員肖像。許多人手上還拿著牌子或橫幅，上面寫著一句簡單的口號：「和平、工作、正義。」

過去十年，這樣的場景在華盛頓特區多次上演，在其他美國城市出現的次數更是頻繁。這個口號中的「正義」是什麼意思？在這個脈絡及今天許多其他的政治脈絡裡，我認為社會正義的意思是去排除已然制度化的支配及壓迫。與支配及壓迫相關的社會組織及實踐之任何面向，原則上都必須接受正義理想的評價。

然而，當代哲學的正義論卻未從如此寬泛的角度來構思正義，而是傾向去限制社會正義的意義，將其視為以道德上妥當的方式在社會成員間分配利益及負擔。在這一章，我將定義並評價這個分配式典範。雖然分配的課題對一個令人滿意的正義構想來說至為重要，但將社會正義簡化為分配，就是個錯誤了。

我發現分配式典範有兩個問題。首先，它傾向將對社會正義的思考聚焦於物質財貨的配置，像是物品、資源、收入或財富；或聚焦於社會位置的分配，尤其是工作。這樣的聚焦常常忽略了協助決定分配模式的社會結構及制度脈絡。有關決策權力和程序、勞動分工及文化的課題，對接下來的分析將尤為重要。

人們可能會同意，從分配的角度來定義正義，會導致對正義的思考過於偏重財富、收入及物質財貨；人們也會同意，類似決策權力和勞動分工結構的議題也具有同等重要性，但卻會主張分配概念不須被限制在物質財貨及資源上。理論家經常考慮到諸如權力、機會、自尊之類非物質財貨的分配課題。但這種對於分配概念的擴張，卻顯示出分配典範的第二個問題：當分配課題以隱喻的方式被延伸到非物質的社會財時，分配概念讓它們看起來就像是穩定不變的東西，而不是社會關係及過程的一個函數。

批判分配導向的理論，絕不是去否認分配議題的重要性，也不打算提出一個新的正面理論來取而代之；我的願望毋寧是置換這種對於正義的討論。這些討論將人們視為一個較大脈絡中的首要財貨持有者及消費者，包括行動、行動的決策，以及開發並運用自身能力的工具之提供。就它們服從於潛在的集體決定這件事而言，社會正義的概念包含了制度性規則及關係的所有面向，因此社會正義構想的起點應該是支配及壓迫的概念，而不是分配的概念。

分配式典範

分配式典範普遍存在於當代正義論述之中，並跨越了各式各樣的意識形態立場。透過「典範」一詞，我所指的是一組界定諸研究要素及諸研究實踐的形構：形上學預設、不被質疑的術語、特有問題、推理軸線、特定理論，及它們典型的應用範圍和應用模式。分配式典範將社會正義界定為：以道德上妥當的方式，在社會成員之間分配社會利益及負擔。其中最主要的就是財富、收入及其他物質資源。然而正義的分配式定義卻經常包括了非物質的社會財，像是權利、機會、權力及自尊。分配式典範的特點，是傾向將社會正義及分配兩者構想為同等延伸的概念。只要回顧一些重要的理論家是如何定義正義的，就可以明顯看出這種將正義與分配概念視為等同現象的普遍程度。羅爾斯（Rawls）如此界定正義：「正義的構想首先是提供一個標準，藉此評價社會基本結構的分配面向。」（Rawls, 1971, p.9）。W．G．朗西曼（W. G. Runciman）則將正義問題界定為「一個倫理判準的問題；藉此或可評價社會中諸社會財的分配。」（Runciman, 1978, p.37）。而布魯斯．艾克曼（1980, p.25）一開始把正義問題界定為決定一種稀缺資源，也就是聖經中的天賜靈糧——嗎哪（manna）的最初分配權利的問題；這種東西可以轉換成任何社會財貨。

威廉．蓋爾斯敦（William Galston）比大多數理論家都更清楚說明了對於正義的分配式理解之邏輯。他說，正義涉及了總體的持有關係。而在一個持有關係中，個人截然有別於被持有的物。他說，正義或能被界定為正當的持有（rightful possession）（Galston, p.5）。在這類持有模式中，持有主體的本質先於、且獨立於被持有的財貨；自我是基礎，且不因另類的分配而改變（參看Sandel, 1982）。而正義，就是關於在這些事先存在的個體之間進行實體配置的適當模式。又或者正如蓋爾斯敦所說的，正義是：

> 將實體恰當地分配給個人；恰當性涵括了實體的某種特質與考慮中的個體之間的關係，以及這些實體與可能的分配模式的關係。實體的範圍包括物品、品質、一個體系中的位子，甚至是人。（Galston, p.112）

正義的分配模式對哲學思考是如此地具有誘惑力，甚至對主流的自由主義框架持批評意見的人們，也持續使用排他性的分配術語來陳述正義的重心。例如大衛．米勒（David Miller）就宣稱，自由主義的正義構想往往反映了主流的社會關係，並主張一個比傳統理論所提出的更具平等主義觀念的正義構想。但是，他也把正義的主旨界定為「在人們之間分配利益與負擔的方式，而這樣的性質與關係是可以做為研究主題的。」（Miller, 1976, p.19）甚至，立場明確的社會主義或馬克思主義的正義討論，也常落入分配式典範的窠臼。例如奧諾拉．歐尼爾與艾德華．尼爾（Onora O’ Neill and Edward Nell, 1980）在社會主義的脈絡下對正義的討論，也假定社會主義正義與資本主義自由正義的首要差異，端在於不同的分配原則。同樣地，凱．尼爾森（Kei Nielsen, 1979; 1985, ch.3）所闡述的基進平等主義正義的社會主義原則，亦以分配為其根本關注。

渥澤（1983）對分配式典範保持了一種很有意思的模糊立場。渥澤主張，哲學家對社會系統中存在的不正義之批判，實際上常是在宣稱某種支配性的好處應該更加雨露均霑；也就是說，壟斷是一種不正義。他說，更恰當的作法是去批判支配的結構本身，而不只是批判支配性對好處的分配。擁有某種社會財，比方說錢好了，不應該讓一個人可以自動取得其他的社會財。如果某些財貨對取得其他財貨的支配能力瓦解了，那麼某社會群體對於某特殊物品的壟斷，也許就不是不正義的了。（參見 Waltzer, 1983, pp. 10-13）。渥澤在這裡的分析與我的關切產生了共鳴；我認為，應該把焦點放在產生分配的社會結構及過程，而不是分配本身。但同時，渥澤也重複且明白使用了分配的語言來討論正義；有時甚至是採取一種具體化且怪異的方式。比方說，他在有關家庭的篇章中討論愛與情感的公平分配。

於是，大部分的理論家都將「正義就是分配」視為理所當然。分配式典範假定存在一個可適用於所有對正義之分析的單一模式：將分配視為重要議題的那些情境，就類似於人們瓜分財貨並比較所得份額大小的那些情境。這樣的模式隱約假定了個人或其他代理人有如社會場域中的節點，而或大或小的財貨即在這些節點之中進行分配。個人乃是外在地聯結於這些他們所持的財貨；從這個典範的觀點來看，他們彼此間唯一的重要關聯，是他們所持財貨數量的比較。分配式典範也因此隱約假定了一種社會原則論；因為社會上的人們彼此間並不存在著與正義相關的內在聯繫。

分配式典範也是模式導向的。它根據在社會場域中出現的人們及財貨的終態來評價正義。對社會正義的評價所涉及的，是可互相替代性的模式間的比較，以及決定哪個模式最為公正。這樣一種模式導向的概念化，隱約假定了一個靜態的社會構想。我將在接下來兩個小節中詳細闡述我認為的分配模式的兩個問題。首先，它傾向於忽視、並在此同時還經常預設了決定物質分配的制度性脈絡；其次，當延伸到非物質的財貨及資源時，分配邏輯不甚適切地代表了它們。

預設並掩蓋了制度性脈絡的分配式典範

大部分針對社會正義的理論化工作，都聚焦在物質性資源、收入、帶來報酬的位子及名聲的分配。正如查爾斯．泰勒（Charles Taylor, 1985）所指出的，正義理論家之間的當代論辯主要是由兩個實踐性課題所激發。第一個課題是：發達資本主義國家的財富與收入分配是公正的嗎？如果不是，正義是否允許甚至是要求提供福利服務及其他的再分配措施？第二個課題是：高收入、聲望位子的分配模式是否是公正的？如果不是，積極矯正歧視措施政策（affirmative action policy）是否就意味著糾正這樣的不正義？幾乎所有我前面引用過的、以分配式術語來定義正義的作家們，都把財富及收入的平等或不平等的問題視為是社會正義的首要問題（也請參見 Arthur and shaw, 1978）。他們通常把第二組問題，也就是有關社會位子的分配正義問題歸入經濟分配的問題內，因為「更值得擁有」的位子通常也是那些收入較高、或更可能獲得資源的位子。

正義的應用討論通常也聚焦在物質財貨及資源的分配上。以針對醫療照顧的正義討論為例，其內容往往聚焦在醫療資源的配置，像是治療、精密設備或昂貴的醫療程序等等（Daniel, 1985, esp. chaps. 3 and 4）。同樣地，正義課題之所以進入環境倫理的討論中，主要是因為要考量可互相替代的政策可能如何影響自然及社會資源在個人與群體之間的分配（參見例如 Simon, 1984）。

正如我們將在第三章中仔細看到的，福利資本主義國家的社會脈絡有助於解釋這種聚焦於收入及資源分配的傾向。在福利合作社會（welfare corporate society）中的公共政治辯論主要限於課稅議題，以及在彼此競爭的社會利益群體間分配公共基金的問題。對社會不正義的公共討論往往環繞著財富及收入的不平等，以及國家可以、或應該在何種範圍內減輕窮人所遭受的苦難。

哲學家們當然有迫切理由要處理這些有關財富及資源的分配議題。在這個個人所能獲得的物質財貨數量存在龐大差異，數百萬計的人們挨餓、但其他人卻可以要什麼有什麼的社會及世界，任何對於正義的構想都必須面對物質財貨的分配問題。任何想讓這世界變得更公正的方案，都必須將提供正陷入嚴重匱乏的人們基礎物質財貨當成第一優先要務。這樣的一種訴求所考量的，很明顯是分配及重分配的議題。

但在當代的美國社會，許多對正義的公共呼籲，主要考慮的並不是物質財貨的分配。麻薩諸塞州鄉下小鎮的居民組織起來，反對在鎮上建立一個高風險的廢棄物處理廠；他們的宣傳單讓人們深信，州法認為他們這個社群無權選擇拒絕工廠，這種對待社群的方式是不公正的（Young, 1983）。俄亥俄州某城市的居民對於一個大雇主宣布關廠的決定感到義憤填膺；他們質疑，一家私人公司的決策者可以在毫無預警、也沒跟社群進行過任何協商或諮詢的情況下，就讓半個城市的人口失去工作，這樣的權力是否正當。對於可能獲得補償之討論令他們訕笑；他們宣稱，重點不是我們失去了工作所以沒有錢，而是沒有任何一個私人單位有權決定摧毀一個地方的經濟。一個正義的想法，也許會要求讓前員工和其他社群成員可以選擇把工廠買下來，由自己運作經營（Schweickart, 1984）。與其說這兩個例子是有關物質財貨分配的正義問題，毋寧說它們是有關決策權力及程序的正義問題。

黑人評論家宣稱，電視工業對黑人形象的描繪犯了極端不正義的錯誤。黑人常常被描寫成罪犯、妓女、女侍、詭計多端的毒販或做些偷偷摸摸勾當的人；他們鮮少能夠扮演有權威、有魅力或品德高尚的角色。而電視和電影只會讓阿拉伯人以邪惡的恐怖分子或財大氣粗的王子形象現身，反過來恐怖分子則幾乎總是阿拉伯人，阿拉伯裔美國人也對此感到憤怒。這類對於媒體塑造刻板印象的憤怒所導致的不正義宣稱，所針對的不是物質的分配，而是文化意象或象徵。

在一個電腦技術蒸蒸日上的年代，文書工作者組織主張沒有人應該一整天的工作時間都坐在電腦終端機前，並以受到監控的高速輸入不花腦力的一組數字。這種對於不正義的宣稱考慮的並不是財貨的分配，因為即使終端機操作員的年薪是三萬美元，他們也依舊會做出這個宣稱；在這裡，首要的正義課題關乎的是勞動分工的結構，以及做一份有意義的工作的權利。

我們的社會中有許多這類對於正義及不正義的宣稱，其主要關乎的並不是物質收入、資源或位子。聚焦在物質財貨與資源的分配理論，會不當限制了正義的範圍，因為它無法對結構與制度的脈絡進行評價。幾個針對分配理論做出這個主張的作家，尤其明確指出它無法去評價資本主義制度及階級關係。例如，艾倫・伍德（Allen Wood, 1972）在他的經典論文中主張：對馬克思而言，正義指的僅是上層結構的法律關係，而這些法律關係受到底層生產模式的制約。由於被限制在分配的範圍內，所以正義原則無法用來評價生產本身的社會關係（參看 Wolff, 1977, pp. 199-208）。

其他作家對於分配正義理論，例如對羅爾斯的理論之批判，則認為它們在預設的同時，也掩蓋了它們所無能評價的階級不平等脈絡（Macpherson, 1973; Nielsen, 1978）。伊凡・辛普森（Evan Simpson）指出，一個分配式的正義構想沒有能力把階級關係納入思考並加以評價，因為它的個人主義妨礙了其對結構現象的理解；結構現象是「從複雜的一整套個人行動中產生的微觀轉換」，是無法從任何特殊個人行動或獲得物的角度來理解的（Simpson, 1980, p. 497）。

許多對以分配為焦點的正義論做出馬克思主義批判的人做出如下結論。他們認為正義是一種資產階級意識形態的概念，因此對社會主義的規範性分析沒有用處，其他人則不同意這個說法。這個爭論充斥於許多探討正義議題的馬克思主義文獻內。我稍後將主張，對分配式典範的批判並不表示一定要放棄或超越正義論。但現在我想要關注的是一個論戰的兩邊都接受的觀點；也就是說，主流的正義論往往預設並且不加批判地去接受一個定義經濟系統的生產關係。

對於分配式典範的馬克思主義分析提供了一個富有成效的起點，但是它在太過狹隘的同時，又太過概括了。一方面，資本主義階級關係並不是社會結構或制度脈絡的唯一現象，這些結構或制度脈絡並不是分配式典範能夠去評價的。例如，一些女性主義者就指出，當代正義論預設了家庭結構，卻不去探問涉及了性欲、親密關係、養兒育女及家務勞動的社會關係要如何才能以最佳方式組織起來（參見 Okin, 1986; Pateman, 1988, pp. 41-43）。正如他們的先人，當代自由主義正義論者假定家庭是進行基本分配的單位，且個人是以家庭成員、通常是家長的身分進入正義運作的公共領域（Nicholson, 1986, chap. 4）。因此他們會忽視家庭內部的正義議題，例如在許多法律及雇傭政策中仍將傳統性別分工視為預設的前提是否公正，這樣的議題就被他們所忽視。

馬克思主義批判太過狹窄，但它們同時又過於模糊。他們對分配式典範未能就階級關係進行評價的主張過於概括，無法清楚表明什麼樣特定的非分配性議題才是重要的。舉例來說，雖然財產有時以財貨、土地、建築物或股票形式被加以分配，但定義應得權利的法律關係，以及可能的頭銜形式等等，都不是可以被分配的財貨。法律的框架是由定義實踐及權利的規則所組成，而這些權利可以決定財貨的處置。的確，階級支配是因那些決定在何處從事資本投資（即決定分配）的代理人而產生，然而形塑資本主義決策結構的規則、權利、程序以及影響力，都不是可被分配的財貨。為了了解並評價產生分配議題的制度性框架，「階級」或「生產模式」的觀念必須根據特定的社會過程與關係加以具體化。在第七章，我透過處理社會勞動分工的課題進行了一些具體化的工作。

我針對主流取向聚焦在財富、收入及位子分配的一般性批判是：這樣的聚焦忽略並掩蓋了產生這些分配的制度性脈絡；且通常來說，這些分配至少有一部分是工作或財富分配模式的結果。我們應當在一個比「生產模式」更廣的意義下來理解制度性脈絡：它包括了在國家、家庭、公民社會與職場中的任何結構與實踐，指導它們的規則與規範，以及在它們之中做為社會互動中介的語言與象徵。它們決定了人們參與決定自己行動的能力，以及開發、使用自身能力的能力；就這件事來說，它們對正義及不正義的判斷具有重大意義。

許多對於社會正義的討論不僅無視於產生分配的制度性脈絡，而且還常常預設了特定的制度性結構，但它們卻無法對這些制度性結構的正義與否進行評價。比方說，某些政治理論往往會預設出一些與社會上大多數人日常生活隔離的中央集權立法及行政機構，以及擁有政策決定及執行權的國家官員。這些理論把此類現代國家制度視為理所當然，譬如官僚機構，以及執行稅務計畫及行政服務的福利機構均屬此類（參見 Rawls, 1971, pp. 274-84）。但有關公正的政府機構組織，以及公正的政治決策方式，這類議題卻鮮少被提起。

再舉個不同類型的例子。我在第七章時會再回頭提到，當哲學家詢問有關工作及辦公室分配的公正原則時，他們通常假定這類位子是階層化的。他們假定有一個階層化的勞動分工，其中有些工作和辦公室可以擁有高度的自主性、決策權力、權威、收入及獲得資源的能力，而其他的工作和辦公室則少得可憐。然而，很少有理論會針對此種社會位子的定義及組織提出明確疑問，詢問它們是否公正。

正義的理論化工作經常預設一個特定的結構及制度背景條件，在此還能舉出許多其他的例子。而在每一個例子中，只要清楚了解這些背景條件，就能發現它們是如何影響分配的：能分配什麼、如何分配、由誰來分配，以及分配的結果是什麼。透過引用渥澤的話，我在此要「把我們的注意力從分配本身轉移到它的構思及創造：財貨的命名、意義的給予，以及集體的創造。」（Walzer, 1983, p. 7）。我的大部分討論將聚焦在非分配性課題的三個主要類別，而這些是分配式理論往往無視的：決策結構與程序、勞動分工，以及文化。

決策的課題不僅包括了誰憑藉自己的位子而擁有實質的自由或權威、或可以做出什麼樣的決策這類的問題，還包括制訂決策所依據的規則及程序。舉個例子，有關經濟正義的討論就經常刻意地不去強調做為經濟關係決定性要素的決策結構。在我們社會之中的經濟支配現象之所以發生，並不僅僅或主要肇因於某些人比其他人擁有更多的財富及收入，決策結構的因素也一樣重要。在產生經濟支配的原因中，來自公司及法律結構與程序的的因素扮演了至少是同等重要的角色，因為這些結構及程序給了某些人決定投資、生產、行銷、雇用、利率及薪資的權力，而這些決定影響了其他數以百萬計的人們。並不是所有做這些決定的人都很有錢或有特權，然而決策結構的運作，就是要再生產出分配不平等，以及加諸在人們生活中的不公正限制；我在第二章中將這些分配不平等及不公正限制稱為「剝削」及「邊緣化」。正如卡羅・顧爾德（Carol Gould, 1988, pp. 133-34）所指出的，正義理論很少把這類結構當成明確的焦點。在接下來的篇章中我會提出幾個特定的決策結構議題，並主張民主決策程序才是社會正義的要素及條件。

勞動分工可同時從分配性及非分配性的角度來理解。做為一個分配性課題，勞動分工指的是在個人及群體之間進行分配的既有職業、工作或任務。另一方面，做為一個非分配性課題，勞動分工關注的是職業本身的定義。做為一個制度性結構，勞動分工涉及的是特定位子所執行的任務範圍，任務的性質、意義及價值的定義，以及位子之間的合作、衝突和職權關係。例如，女性主義者宣稱性別勞動分工的正義同時以分配性及非分配性的形式被彰顯。一方面，女性主義者質疑位子的分配性模式的正義，因為在此種模式內，女性在最具聲望的工作中只占據了極小比例；另一方面，他們也質疑許多職業和工作被有意識、無意識地與陽剛或陰柔特質連結，例如工具性或情感性，而這本身是一個非分配性的課題。在第二章，我將在剝削的脈絡下討論勞動分工的正義。在第七章，我則考量發達工業社會中最重要的勞動分工，也就是任務定義與任務執行之間的勞動分工。

文化是我關注的三個非分配性課題中最籠統的一個類別。它包括了象徵、形象、意義、習慣的言行舉止、故事等等；人們透過這些東西表達他們的經驗並彼此溝通。儘管文化無所不在，但在有關社會正義的討論中卻值得給予其單獨的考量。人們附加在其他種類的人身上、附加在動作、姿態或制度上的象徵性意義，常常顯著地影響了人們的社會地位及其機會。在第二、四、五、六章，我會探討文化帝國主義的不正義；文化帝國主義在標記並刻板化某些群體的同時，也消除了他們自我表達的能力。

過度延伸的分配概念

針對我截至目前為止的主張，可能會有以下的反對意見。沒錯，哲學式的分配討論往往強調財貨的分配，而忽略決策結構及文化的制度性議題，反對者認為這可能是真的；但他們表示，這不是分配正義的定義之必然結果。分配正義論可以，也應該應用至財富、收入及資源配置以外的社會組織課題。的確，這個反對意見堅稱，許多理論家把分配正義的範圍明確地擴大到這類非物質財貨上。舉例來說，羅爾斯就把正義的主題視為「主要社會制度分配基本權利及責任的一種方式。」（Rawls, 1971, p. 7）對他而言，除了財富與收入的權利及責任外，無疑也包括了與決策、社會位子、權力等相關的權利及責任。同樣地，米勒也詳細說明「一個正義概念所要評價的『利益』的分配，也應當涵蓋像是名聲與自尊之類的無形利益。」（Miller, 1976, p. 22）最後，蓋爾斯敦更堅持「正義的議題不只包括了財產或收入的分配，也包括生產性任務、發展機會、公民身分、權威、榮譽之類的非物質財貨。」（Galston, 1980 p. 6; 參看 p. 116）

正義的分配式典範也許偏向把焦點放在容易被辨識的分配，像是物品、收入及工作的分配上。然而，它的美與簡潔性乃是繫於它容納任何正義課題的能力上，包括那些與文化、決策結構及勞動分工有關的正義課題。為了達成這樣的目標，分配式典範只會根據在不同代理人間進行的某些物質或非物質好處的分配來表述這個課題。任何的社會價值都可能被視為是由某些特定代理人持有特定數量的、一個或多個東西的集合來處理；而與之相較的，則是在那些代理人間進行該好處分配的、可彼此取代的終態分配模式。比方說，新古典主義經濟學家就發展出複雜精致的基模，將所有的蓄意行動簡化為最大化效用函數的問題；所有想像得到的財貨的效用，都可以在這些基模中進行量化及比較。

但是就我來看，這正是分配式典範的主要問題：它並不承認分配邏輯的應用是有極限的。分配正義論者同意，正義是用來衡量社會制度所有面向的首要規範性概念；但在此同時，他們又把正義的範圍等同於分配。這就必然會導致把分配邏輯應用到社會財上，但社會財不是物質的東西或是可量化的。把分配邏輯應用到這類財貨上，會對當中涉及的正義議題產生一種誤導性的想法：它會物化社會生活的一些面向，而這些面向應當被理解成一個規則及關係的函數，而不是被視為物品。再者，它主要是根據終態模式來概念化社會正義，而不是聚焦在社會過程上。此種分配式典範隱含了一種具有誤導性或不夠完整的社會本體論。

但是，為何社會本體論課題對正義的規範性理論化工作來說是重要的呢？任何針對社會的規範性宣稱都對社會本質做出了假設，但通常只會是模糊的假設。正義的規範性判斷總跟某樣東西有關，但若沒有社會本體論，我們就不會知道那是什麼。分配式典範隱約假定，社會判斷是有關個人擁有什麼、擁有多少，以及這個數量如何與他人所擁有的東西進行比較的事情。這個對於持有（possession）的關注，往往排除了對下述問題的思考：人們正在做什麼事情、根據什麼樣的制度化規則來做、他們做的事及擁有的東西如何受到構成他們位子的制度化關係的構作，以及他們所做的事結合起來所產生的效果又如何對他們的生活產生了遞迴效果。在進一步展開這個論證之前，讓我們先來看看將分配式典範應用到正義論者經常討論的三個非物質財貨的例子：權利、機會及自尊。

我之前引用羅爾斯時大略談到了有關「權利及責任」分配的正義，而談論分配權利的絕不僅限於羅爾斯一人。然而「分配權利」的意思到底是什麼？人們可能會說對一份可分配的物品、資源或收入的份額擁有權利。但在這樣的狀況中，被分配的是那個物品，而不是那個權利。不是指資源或東西、而是像言論自由權或接受陪審團審判權的權利分配，可以是什麼意思？我們可以想像一個社會中，有些人被賦予了這樣的權利、其他人則無，但這並不表示有些人擁有一定「數量」或「份額」的物品，其他人則擁有的比較少。此外，如果我們改變這個情況，讓每個人都擁有這樣的權利，也不表示先前享有特權的群體就必然要像所得重分配那般，讓出一些他們的言論自由或接受陪審團審判的權利給剩下的社會成員。

把權利想像為持有，是徒勞無功的。權利是關係，不是東西；它們透過制度化方式所定義的規則，規定了人們在彼此相互關係中可以做的事情。與其說權利指的是擁有（having），不如說權利指的是做（doing），指的是讓行動可以發生、或是對行動進行制約的社會關係。

對於機會分配的談論，也涉及了同樣的混淆。如果機會（opportunity）這個詞指的是可能性（chance），我們就可以用意義的方式來談論機會的分配，談某些人比其他人擁有更多的機會，其他人則一點機會也沒有。當我去參加嘉年華會時，我可以買三個敲倒丘比特娃娃的可能性（chance），但我朋友可以買六個，那麼她就比我有更多的可能性；但若要談到其他機會（opportunity），事情就會很不一樣了。詹姆士・尼寇（James Nickel, 1988, p. 110）把機會定義為「結合了不可逾越障礙的不存在與（內在或外在）手段的存在之事態，這些手段給了人們克服尚存障礙的可能性（chance）。」在此意義下，機會是一種賦能狀態（condition of enablement）；除了個人的自我概念及技巧之外，通常還牽涉到社會規則及社會關係的形構。

在日常語言中我們會談到某些人比其他人擁有「更少」機會，我們也許因此而被自己誤導了。當我們這麼說時，這些機會聽起來就像是可以分離的財貨，會因為被人給出去或保留著而增增減減；儘管我們心知肚明，機會是無法被分配的。機會是賦能的概念，而不是持有的概念；與其說它指的是擁有，不如說它指的是做。一個人如果不是被約束住不能做事，並且也生活在一個被賦予做事能力的條件下，他／她就擁有機會。在這個意義下，擁有機會定然常是指物質的擁有，像是食物、衣服、工具、土地或工具。然而，被賦予能力或受到約束，則更直接指涉支配一個人行動的規則與實踐、在特定的社會關係脈絡中他人對待一個人的方式，以及更廣義的結構性機會——這是由眾多行動及實踐的匯集而產生的。把機會說成是被人持有的東西，是沒有意義的。因此，根據人們是否擁有機會來評價社會正義，必然涉及的不是對分配性後果之評價，而是對在相關情境中賦能或制約個人的結構之評價。（參看 Simpson, 1980; Reiman, 1987）。

來思考一下教育機會這個例子。提供教育機會定然是指分配特定的物質資源，例如金錢、建築、書籍、電腦等等，而且也可合理認為資源越多，提供給教育體系中的孩子的機會也就越廣。但是教育主要是發生在一個複雜社會關係脈絡中的過程。在美國的文化脈絡中，男童與女童，工人階級孩童和中產階級孩童，黑人孩童與白人孩童，他們經常並不擁有同等的賦能教育機會，即便有同樣數量的資源投入到他們的教育也是如此。這並不是要說分配與教育機會無關，而是說機會比分配概念涵蓋的範圍更廣。

最後再舉一個例子。許多書寫正義的作家會認為，如果這個社會要成為一個公正的社會，自尊就是社會中所有成員都須擁有的最大好處，同時他們也會談論自尊的分配。但是自尊的分配到底是什麼意思呢？自尊不是個實體或可以測量的集合體，它無法被從貯藏室拿出來打包；最重要的是，它無法像是一個附著在其他方面不變的物質上的可分離屬性一樣，從個人身上分離。自尊所講的不是一個人的所有物或他擁有的特質，而是她／他對於她／他的整體處境與生活展望所展現的態度。雖然羅爾斯談到自尊時並未將它說成是個可分配的東西，但他確實提到分配性配置為自尊提供了背景條件（Rawls, 1971, pp. 148-50）。在許多境況下，某種可分配物質的持有也許會是自尊的一個條件；然而自尊也涉及了許多非物質條件，無法被化約為分配性的安排（參看Howard, 1985）。

人們自尊的多寡，可能會肇因於他們如何定義自己及他人如何看待他們、他們花費時間的方式、或他們在自己的活動中所擁有的自主性及決策權力，原因不一而足。這些因素有些是可以用分配性術語加以概念化的，但其他的就沒有辦法。舉例而言，自尊做為文化的一個函數，其重要性和其做為財貨的一個函數至少是一樣的，在稍後的篇章，我會討論文化帝國主義的一些要素，其傷害了美國社會中許多人的自尊。但這裡的重點是：沒有一種形式、且不是所有自尊的條件都可透過有意義的方式想像成個人所持有的財貨；它們毋寧是關係及過程，而個人的行動乃是鑲嵌於其中的。

以下這些，就是將分配概念擴大至物質財貨或可測量的數量、而涵括非物質價值時會出現的一般性問題。首先，這樣做會將社會關係與制度性規則給實體化。一項可辨識且可讓渡的東西，必定是可分配的。此外，分配式典範所隱含的社會本體論將首要地位賦予了物質而非關係，按照這一點，分配式典範往往會將個人想像成一個社會原子，在邏輯上優先於社會關係及制度。正如蓋爾斯敦在我之前引用的文字中所說的（Galston, 1980, p.112），將正義想像為個人之間的財貨分配，牽涉到在分析上將個人與這些財貨分離開來。將個人視為一種屬性可附著於上的物質，這樣的一種原子化構想，並無法察覺在許多面向上，個人認同及能力本身就是社會過程及關係的產物。社會並不只是把財貨分配給可以跟社會毫不相干、單純作自己的個人，而是在個人的認同與能力中構成了這個人（Sandel, 1982; Taylor, 1985）。然而，在分配的邏輯中，很難有空間把個人的賦能或所受的約束想成是他們彼此之間關係的函數。正如我們將在第二章中看見的，這樣一種原子化的社會本體論忽視或掩蓋了「社會群體」在理解正義課題上的重要性。

其次，分配式典範必然以模式的方式來概念化所有正義的課題。它隱含了一種靜態的、忽視過程的社會本體論。在分配式典範中，個體或其他代理人只是社會場域中不動的節點，一包包或大或小的財貨在他們中間分派著。人們可以比較人們擁有的包裹的大小、比較整體模式與其他可能的分派模式，並透過這些比較來評價正義。

羅伯．諾紀克（Robert Nozick, 1974, chap. 7）主張，這樣一種透過靜態或終態方式來看待正義的途徑，不恰當地漠視了歷史。他主張，透過終態取徑來看待正義，就像是認為社會財貨是神奇地出現並獲得分配的。它們忽視了創造財貨及產生分配模式的過程，並認為這些過程對於評價正義是無關緊要的。對諾紀克而言，只有過程才對分配的評價具有重大意義。如果個人從一開始就透過公正方式而有權享有一定的東西，並進行自由交換，那麼該分配的結果就是公正的，無論結果是什麼。這種應得權利論（entitlement theory）和其他理論之共同點，是一種持有式的（possessive）個人主義社會本體論：社會只由擁有社會財「持股」（holdings）的個人所組成，這些社會財持股會因個人生產或契約交換而增減。這個理論沒有考慮進去的是個人行動的結構性效應，此結構性效應不是他們能夠預見或有意為之的；而如果他們可以，他們也不會同意的。然而諾紀克對於終態理論忽視社會過程的批判，仍是恰當的。

當一個正義論採納了狹窄的靜態社會本體論後，接著就會產生重要而複雜的結果。安東尼・紀登斯（Anthony Giddens）宣稱，一般來說，社會理論缺乏對社會關係的一種時間性的概念化（Giddens, 1976, chap. 2; 1984, chaps. 3 and 4）。行動理論家從帶有意圖、目標及理性的行動主體之觀點，發展出對社會關係的精密複雜理解，但他們卻傾向從日常生活的時間之流中抽離，而去談論孤立個人的孤立行為。對正義論來說，這意味著忽視制度對正義的重要性。另一方面，結構主義與功能主義社會理論則提供了辨識及說明社會規律性及大型制度模式的概念工具。然而，因為這些理論也從日常互動的時間之流中抽離，因此也傾向將這些規律性及模式實體化，並往往無法將它們與對個人行動的理解相互連結。對於正義論而言，這意味著將制度從選擇及規範性判斷中分離。紀登斯提到，只有認真看待過程的社會理論，才能理解社會結構與行動之間的關係。個人並不首先是財貨的接收者或屬性的載體，而是具有意義及目標的行動者；會一起行動、彼此對抗，或基於彼此間的關係而行動。我們是帶著對既存制度、規則及大量行動所產生的結構性後果的知識而行動的，而這些結構是透過我們行動的匯集而實現並再生產出來。社會理論應將行動概念化為結構的生產者及再生產者，結構只存乎於行動；另一方面，社會行動則將那些結構及關係當作背景、媒介或目標。

在傳統社會理論中可看見的這個弱點，在正義的分配式典範中也可以看得到。我不同意諾紀克的看法，即認為終態模式對於正義的問題是無關緊要的。有一些分配必須要受到質疑，無論它們是怎麼發生的；因為它們抑制了某些人活下去的能力、活得健康的能力，卻又給了某些人資源讓他們可以去強迫別人。評價分配模式經常是質疑正義的一個重要起點。然而，對於許多的社會正義課題而言，重要的不是某個特殊時刻的某個特殊分配模式，而是長此以往的某種規律分配模式的再生產。

舉例而言，倘若人們一開始就假設所有高地位、收入及決策權力的位子都應該以相稱數目分配給女性和男性，那麼只有極少數的公司高層管理者是女性的現象，或許就不會涉及不正義的問題。我們身處在這樣的社會變遷脈絡中：越來越多女性得以進入公司管理階層，取得商業文憑的女性數目也有顯著增加；但正因如此，不正義的問題才會變得至為明顯。即便更多女性取得了商業文憑，許多公司的內部政策也以鼓勵女性職業生涯為目標，但這種讓女性只能聚集在底層、而男性則爬到高層的經理人位子分配模式卻仍維持不變。假定正義最終意味著女性平權，這個模式就令人百思不解、坐立難安了。我們想要問：這裡發生了什麼事？為什麼即便擁有著面對並想改變它的有意識的努力，這個一般模式仍被再生產出來？要回答這個問題，就必須評價一個由各式各樣的規則、態度、互動及政策所形成的矩陣；它做為一個社會過程，生產並再生產了那個模式。一個恰當的正義構想必須能理解並評價過程，也能理解並評價模式。

人們也許會提出異議，說這個理解混淆了是什麼造成了某個特殊分配的經驗性課題，與這個分配是否公正的規範性課題。然而，正如在底下的篇章中將明顯看見的，秉持著批判性社會理論的精神，我並不接受此種經驗性及規範性社會理論之間的區分。儘管在經驗性及規範性陳述之間確實存在著區分，而它們各自需要的理由的種類之間也存在著區分，但沒有一個要去評價現存社會的規範性理論可以避開經驗性的探究，也沒有一個對社會結構及關係的經驗性調查可以避開規範性判斷。對於社會正義的探問必須考量實際分配的脈絡及原因，以便對制度性規則及關係做出規範性判斷。

於是乎，分配式典範的模式取向往往會導致自制度性規則及關係中抽離，結果就是無法對它們進行評價，因為若社會過程及個人行動累積造成的非意圖結果沒有得到檢視，社會結構及制度性脈絡的許多面向就無法得到澄清。舉例來說，正如我們會在第二章中看到的，如果沒有透過更時間性的取徑來看待社會現實，一個正義論就無法將剝削概念化；而剝削做為一個社會過程，會使某些人的勞動單向性地支撐了其他人的特權。

分配權力的談法有什麼問題

我一直主張，把權利、機會和自尊這類的社會價值當成是可分配的，這樣的做法掩蓋了這些價值的制度及社會基礎。有些正義論者也許會這樣回應我對於分配式典範的批評：有問題的其實不是財貨，而是社會權力；然而分配式典範可以讓這些課題彼此不相衝突，方法是給予權力的分配更多關注。我當然同意我提到的許多議題都因為有關社會權力的分配式典範而被混淆或掩蓋了；然而，儘管權力分配是個常見的談法，我認為這個例子特別清楚地呈現出當分配概念被延伸到物質財貨以外時，所產生的誤導及不良影響。

分配正義論者對於如何處理權力有不同的看法。有些人明顯將權力從他們理論的範圍內排除。米勒（1976, p.22）就是個例子，他聲稱權力的問題不等同於社會正義的問題，但其與正義及不正義的原因有關。雷諾・朵金（Ranald Dworkin, 1983）在他對於平等的討論中顯然就擱置了權力的課題，而選擇只考慮福利，以及財貨、服務、收入等分配的課題。

然而，其他的哲學及政治理論家清楚地將權力的問題納入正義概念的範圍內。許多人會同意，一個正義論必然不只會與終態模式有關，也會與產生分配的制度關係有關。他們處理這類問題所採取的形式，是在一個社會或是特定的制度性脈絡中評價權力的分配。

從分配的角度來談權力是如此稀鬆平常，以至於無法引起什麼特別的注意。接下來這段引自威廉・康諾利（William Connolly）的《政治論述的用詞》（*Terms of Political Discourse*）的文字就是個例子：

> 當一個人談到權力結構時，他想要傳達的意思是：首先，至少在某些領域中，權力乃被不平等地分配；第二，在一個領域中擁有較多權力的人，也可能在好幾個重要領域中擁有權力；第三，這樣的一種分配是相對持久的；第四（但不一定），在受到審視的體系下，權力分配與收入、地位、特權、財富分配之間的關聯，並不只是隨機。（Connolly, 1983, p.117）

儘管是常見的做法，但我必須指出，將權力帶入分配的邏輯下是曲解了權力的意義。以分配式術語來概念化權力，意味著暗自或明白地將權力想成是某種個人代理人所持有的、數量或多或少的東西。從這個角度來看，一個權力結構或權力關係，將被描述成這個東西的分配模式。這樣的一種權力模型存在著許多問題。

首先，將權力視為個人的持有物或屬性，往往模糊了權力是一段人際關係而不是一件東西的事實（Bachrach and Baratz, 1969）。儘管權力的行使有時會仰賴於某些資源的持有，錢、軍事裝備等等，但這類資源不應跟權力本身混淆在一起。權力存在於權力行使者與其他人的關係中，透過這段關係，他或她傳達了意圖並得到默許。

其次，分配式權力典範的原子論式偏見，會造成只關注特殊的代理人或擁有權力的角色，或是只關注那些有權力的代理人或角色的權力施加對象。甚至當他們承認權力的關係性性質時，理論家們還是經常將權力當成是種二價關係（dyadic relation），即有權者及無權者的模型。這種權力的二價模型遺漏了一個更大的代理人及行動結構，而此結構在一段權力關係的兩個代理人之間發揮著中介作用（Wartenburg, 1989, chap. 7）。只有當多數第三方代理人支持並執行有權者的意志時，一個代理人才能擁有支配另一代理人的制度化權力。舉例來說，我們可以說一個法官與犯人之間有權力關係，但唯有在一個由各種實作（由獄卒、警衛、記錄員、行政人員、假釋官、律師等實行者執行）構成的網絡之脈絡中，這樣的關係才可成立。許多人必須克盡職守，才能讓法官的權力成為現實，而這些人當中有許多人甚至從來沒與法官或犯人直接互動過。分配式典範將權力理解為特殊個人或群體的持有物，這樣的看法忽略了第三方的支持及中介功能。

對於權力的分配式理解，將權力視為某種可以交易、交換及分配的東西，此般理解忽略了支配的結構性現象（Hartsock, 1983）。所謂的支配，我指的是排除人們去參與決定自身行動或行動條件的結構性或系統性現象（參看 Wartenburg, 1989, chap. 6）。支配必須被理解為結構性的，這是因為人們所經驗到的制約，通常都是多數行動者的意圖或非意圖性產物——讓法官得以行使權力的那些行動即是一例。當我說權力與支配具有結構性基礎時，我並不否認有權者及支配者乃是個體。在一個支配系統中，可以辨認出有些人是比較有權力的，而其他人相對上則比較沒權力。然而，對於權力的分配式理解，遺漏了有權者制訂及再生產他們權力的方式。

支配的結構性運作必須被理解為一個過程，其資源為有權者之憑藉。然而，從分配的角度對權力進行概念化，只能將權力關係建構成模式。正如湯瑪斯．瓦騰伯格（Thomas Wartenburg, 1989, chap. 9）所主張，將權力概念化，成為關係性而非實質性的現象、成為透過許多在立即的權力二價體外的許多人生產及再生產出來的，這樣做可將權力關係的動態性質呈現為一個持續的過程。但對於權力的分配式理解，模糊了權力只存在於行動的事實，正如傅科所說的（Foucault, 1980, p.89; 參看 Smart, 1983, chap. 5; Sawicki, 1986）：

> 相形之下，必須始終牢記於心的是，如果我們不是採取一個遙遠的距離來看待權力，就會看到：那個在人們之間做出區分的，將人們分爲絕對持有並持續擁有權力者、以及無權並服從於權力者的，並不是權力。權力必須被分析爲一種會循環的，更確切地說是一種只會透過某種連鎖（chain）形式運作的東西。它不曾落腳在此處或彼處，不曾停留在某人手中，不曾像是件商品或財物一樣被人持有。權力是透過一個宛如織網的組織而被運用的。在織線間循環的不只是個人；他們總是同時經歷、並行使著自己的權力（Foucault, 1980, p. 98）。

反之，分配的邏輯則讓權力變成一座機器或工具；只要一機在手，即可隨心所欲地發動，並獨立於任何社會過程之外。

最後，對於權力的分配式理解傾向於構想一個支配體制，權力在此集中於少數人手中，就像是財富一樣。假設這樣的狀況是不公正的，那麼要求權力重分配的呼聲就會出現，而這將讓權力分散及去集中化，好讓少數個人及群體不再擁有全部或絕大部分的權力。對一些支配體制而言，這樣的模型也許是適合的。然而，正如我即將在下兩章中主張的，這並不適合用來理解在當代福利合作社會中運作的支配及壓迫，因為這些社會目擊了此般諷刺的情境：權力明明廣泛分散，但社會關係卻受支配及壓迫的嚴密界定。當權力被理解為「生產性」的，是一種動態的互動過程之函數，而這過程乃鑲嵌在規定的文化及決策情境中時，那麼就可以說許多廣泛分散的人們都是無法「擁有」權力的權力代理人，更別說是擁有特權了。若不從結構性的角度將權力及支配理解為過程，而將之理解成分配模式，那支配及壓迫在這些社會中的存在及性質就無法被識別出來。

將不正義定義為支配與壓迫

權力、權利、機會及自尊的分配模型是如此地不管用，因此人們不應該從財富、收入及其他物質財貨的分配模型來構思正義。有關正義的理論化工作應該將分配的概念明確限制在物質財貨，例如物品、自然資源或金錢上。正義的範圍比分配課題更加廣泛。雖然也許還有其他非分配性的正義課題，不過我在這本書中主要關注的還是決策、勞動分工及文化的課題。

現代的政治思想大幅窄化了正義的範圍，因為它是延續自古代及中世紀的思想。古代思想將正義視為一個整體社會的德性，以及一個培育個人美德、促進公民幸福與和諧的有序運作制度。現代政治思想放棄了一種概念，即社會中存在著一種與人類本質的正當目的相符之自然秩序。為了尋求個體的解放，使人類能夠定義「他」自己的目的，現代政治理論也將正義的範圍限縮在這群自我定義的個體之間的分配課題及行動的最小管制（Heller, 1987, chap. 2; 參看 MacIntyre, 1981, chap. 7）。

雖然我幾乎不打算回歸到龐大厚重的柏拉圖式正義論上，但我依然認為超出既往的限制範圍，將對正義的理解拓展到當代哲學論述上是一件要事。艾格妮絲・海勒（Agnes Heller, 1987, chap. 5）在被她稱為不完整的倫理—政治性正義概念中，提出了這樣一個較寬廣的構想。根據她的構想，正義並不等同於分配原則，更別說一些特殊的分配模式了。這樣的正義太過狹窄，也太過實體化。正義毋寧是評價制度性規範與規則的一種觀點、原則與程序。透過發展哈伯馬斯的溝通倫理，海勒指出，正義基本上是種公民的美德，這些人審慎思考他們在自己制度及行動中所面臨的、以集體形式出現的難題與課題，並在沒有支配或壓迫的情況下，秉持著互惠互利及對差異的相互容忍態度——正義是這樣的人所具有的德性。她提出了下面這個對社會或政治規範的正義之測試：

每個有效的社會及政治規範和規則（每條法律）都必須符合這個條件：爲了每一個個體需求的滿足，該法律（規範）之普遍奉行所必然預見的結果及副作用要能被每個相關的人接受；對於該規範可以實現自由及／或生命的普世價值的宣稱也要能被每一個個體接受，無論他們所全心相信並爲之付出的價值爲何。（Heller, 1987, pp. 240-41）。

在這本書的討論過程中，我將針對鑲嵌在基進性民主理想中的公民身分、同意及普適性觀念提出幾個關鍵問題，這種理想是哈伯馬斯、海勒及其他人所提出的。然而，我認可並且追隨這個從溝通倫理衍生出來對正義的一般性構想。這裡要談的正義觀念從原本只關注分配模式，轉為注重審議及決策過程中參與的程序性課題。原則上，一個規範要能稱為公正，每個遵循這個規範的人都要能在該規範所考量的範圍內有效地發表自己的意見，並能在沒有強迫的情形下對它表示同意。一個社會狀況要能稱為公正，它必須讓每個人可以滿足自己的需求並行使他們的自由；於是正義就必須讓所有人都能夠表達自己的需求。

就我對它的理解，這個正義概念與政治概念是不謀而合的。正如我在引言中所定義的，政治包含了潛在服從於集體評價及決策的制度性組織、公共行動、社會實作與習慣，以及文化意義的所有面向。在這個兼容性的意義上，政治當然與政府及國家的政策與行動有關，但原則上也可以涉及任何其他制度脈絡中的規則、實作及行動（Mason, 1982, pp. 11-24）。

我已經指出，正義的範圍比分配廣泛得多，且在這個意義上涵蓋了所有可稱為政治的事物。這與本章一開始提到的那類正義主張的意義是一致的。當人們主張某個特殊規則、實作或文化意義是錯的，應該被改變時，他們通常就是在作一個社會不正義的主張。這些主張有些跟分配有關，但也有許多是指向社會制度抑制或解放人們的其他方式。

有些作家會贊成，對於社會制度的規範性評價來說，只談分配實在過於狹隘，但又宣稱超越對分配的關注必然導致超越正義本身的規範。例如泰勒（1985）就將分配正義的問題與規範性問題區分開來，後者涉及社會的制度性框架。正義規範幫助解決在一個特殊制度脈絡中有關應得權利或應得懲罰（deserts）的爭議，然而它無法評價制度性脈絡本身，因為該脈絡體現了某種對人類本質及人類善性（human good）的想法。根據泰勒的看法，當分配正義規範應用於全部社會結構並被用來評價基本結構時，在理論及政治討論中就會產生困惑。舉例而言，左派及右派立場的社會批判者都控訴我們的社會存在著深刻的不正義，但是根據泰勒的看法，無論哪方都是根據某個規範性觀點來發言，該觀點乃涉及了建構不同制度形式的方案，而這些制度形式必須與對人類善性的特定思考相符；是以這個方案超越了僅僅是把正義原則說明清楚而已。

從一個稍微不同的角度出發，謝拉．班哈比（Seyla Benhabib, 1986, pp.339-36）指出，一個根據是否免於支配、符合需求、提供解放的條件來評價制度的規範性社會理論，必然會超越現代傳統所理解的正義概念。因為這個較廣泛的規範性社會理論除了必然會批判形式權利及分配模式之外，也必然會批判文化及社會化，因此它也必然會將正義的問題與美好生活的問題混為一談。

我對於這兩個討論抱持著諒解的心情，也對邁可・桑德爾（Michael Sandel，1982）的相關主張抱持著同樣的心情：他主張承認正義的「界線」及概念化自我規範性面向的重要性，那些自我的規範性面向乃存在於正義界線外的社會脈絡之中。然而，雖然我也認同這些作家對分配正義的自由主義理論的一般性批判，但我看不出有任何理由要和泰勒及桑德爾做出一樣的結論，即認為這些批判揭露了正義概念的界線，而一個規範性社會哲學必須超越這些界線。此外，在某程度上我也不能同意泰勒和班哈比的意見，即這樣一個較為寬廣的規範性社會哲學是將正義的問題與美好生活的問題混為一談。

正如我之前在本章中提到的許多其他作家一樣，泰勒假定正義與分配是共存的，因此更廣泛的制度性脈絡課題就必須有其他的規範性概念。許多主張正義不過是種資產階級概念的馬克思主義理論家也抱持著相似立場。規範性理論家將關注焦點放在決策、勞動分工、文化及財貨分配以外的社會組織的課題上，但他們是否將之稱為正義課題則是個人的選擇。我只能為我自身的選擇提出實際的理由。

自從柏拉圖以來，「正義」這個詞就喚起人們對於良序社會的嚮往，並持續在當代政治討論中產生這類迴響。對於正義的訴求仍然有能力可以喚醒人們的道德想像，刺激人們以批判的觀點來檢視自己的社會，並且追問如何能夠讓社會帶來更多的解放與賦能。我認為，那些興致盎然地助長此種解放性想像、並將之延伸到分配問題以外的哲學家，應該對正義這個詞提出要求，而不是放棄它。

在某個程度上，海勒、泰勒和班哈比的看法是對的，他們認為一個擴大的正義構思的後現代轉向——令人回想起柏拉圖及亞里斯多德的正義所涵蓋的範圍——結果必然會比起自由主義正義概念更關注於目的之定義。然而，這並不表示把正義的問題和美好生活的問題混為一談。對個人自由的自由主義許諾，以及隨之帶來的對美好的定義的多元性，在任何擴大的正義構想中都必須被保存下來。將正義的概念限制在形式性、工具性原則的現代思考，意味著促進對目標的個人自我定義，或正如羅爾斯所稱的「生活計畫」的價值。當我轉換主要聚焦於分配的正義思考、以便將所有服從於集體決策的制度及社會關係包含進來時，我並不是在暗示正義應該包含在它範圍內的所有道德規範。我只想繼續使用在這個意義上的社會正義來指稱制度性條件，而非個人或群體的偏好或生活方式。

在後現代世界中，任何規範性理論家都會面對一個兩難。一方面，我們用來表達及正當化規範的方式是訴諸於某些價值，而這些價值乃是源自於某個對於美好人類生活的構想。在某個意義上，任何的規範性理論都明示或暗示了某個對人類本質的構想（參看 Jaggar, 1983, pp. 18-22）。

但另一方面，這似乎表示我們要拒斥的正是某種人類本質的觀念，並視之為一種誤導或具有壓迫性。

任何對人類本質的定義都是危險的，因為它會貶抑或排除某些可被接受的個人欲望、文化性格或生活方式。然而，規範性的社會理論在陳述自身對公正制度的願景時，很少去避免明示或暗示地對人類做出預設。即便分配式典範帶著一種個人主義式的社會構想，也就是把個人欲望和偏好視為理性論述領域之外的私事，它還是假定了某種相當特定的、對於人類本質的構想。它隱約地將人類定義為首要的消費者、欲望者、財貨的持有者（Heller, 1987, pp. 180-82）。C．B．麥克佛森（C. B. Macpherson, 1962）主張，最早的自由主義理論家在預設了這樣一種持有式的個人主義人性觀時，也將新興的資本主義社會關係中那貪得無厭的價值給實體化了。相較於一毛不拔的新教徒祖先，當代資本主義更依賴於普遍的放縱式消費，它預設了一種對人類的理解：將人類視為是首要的效用極大化者（Taylor, 1985）。

在分配式典範下指導規範性社會理論化工作的人觀，只是腦海中的一個意象，並不是一個有關人性的完善理論。但分配式典範所必然導出的靜態社會關係圖像，以及單獨的個人乃先於社會財前形成並與其有別的想法，這兩者都讓這個想像顯得有說服力。而同樣地，當用一個更關注權力與決策結構等課題、範圍更廣更為過程取向的對社會的理解來置換這個分配式典範時，這個想像也會轉變成對於人類的不同預設。如果讓它變得太過具體，這樣一種想像的轉向也可能會跟消費主義式的意象一樣具有壓迫性。然而，只要我們所訴諸的價值具有足夠的抽象性，它們就不會貶抑、排除任何特殊的文化或生活方式。

人們當然是持有者也是消費者，任何對於正義的構想都應該假定滿足物質需求、生活在舒適環境及享受樂趣的價值。但是若將人類是實踐者（doer）、行動者也考量進去（Macpherson, 1973; Bowles and Gintis, 1986），就能幫助置換這個分配式典範。身為實踐者及行動者，除了財貨分配的公平性之外，我們還尋求促進許多社會正義的價值，包括：在社會認可的環境中學習及使用令人產生滿足感的廣泛技巧；參與制度的形成及運作過程，並因參與而贏得讚賞；與他人遊戲及溝通，以及在其他能夠聆聽的脈絡中表達我們的經驗、感受及對社會生活的觀點。當然了，許多分配正義論者也可能承認並肯定這些價值。然而分配的框架導致這些價值受到忽視，也無人去探究促進這些價值的制度性條件。

這就是我理解正義及構成美好生活的價值之間連結的方式。正義不等同於這些價值在個人生活中的具體實現；也就是說，正義並不等同於美好生活本身。社會正義關乎的，是一個社會對於實現這些價值所必須的制度性條件之容納及支持程度。美好生活中所包含的這些價值可被非常概括地化約為兩大類：一、開發及運用個人能力、表達個人經驗，亦即「自我發展」的價值（參看Gould, 1988, chap. 2; Galston, pp. 61-69）；二、參與決定個人行動及個人行動的條件，亦即「自我決定」的價值（cf. Young, 1979）。這些價值假定每個人在道德上都是同等可貴；就這層意義上來看，它們都屬於普世價值，因此正義必須促進這些價值的普遍推廣。而對應這兩類一般性價值，亦有兩種定義不正義的社會境況：一是壓迫，對「自我發展」的制度性束縛；二是支配，對「自我決定」的制度性束縛。

壓迫存在於系統性的制度過程中，這些過程會阻礙某些人在社會認可的環境中學習並使用那些使人產生滿足感的廣泛技巧；壓迫也存在於制度化的社會過程中，抑制人們與他人遊戲及溝通的能力，或在其他人能夠傾聽的脈絡中表達自身感受及對社會生活觀點的能力。儘管壓迫的社會境況經常包括物質的剝奪或不當分配，但其也與分配以外的課題有關，我將在第二章中說明。

支配存在於制度性條件中，這些制度性條件抑制、阻礙了人們參與自己行動或自己行動條件的決定過程。如果其他人或群體可以單方面決定他們行動的條件，無論是直接決定、或是透過他們行動的結構性結果而決定，那麼人們就是生活在一個支配結構底下。支配的對立面就是徹底的社會及政治民主。在第三章中我會討論一些決策課題，這些課題是當代福利國家政治所無視的；我將說明，為何社會反抗運動經常聚焦在支配的課題而不是分配上。

正如在之後的章節中將清楚看到的，我認為壓迫與支配的概念雖有重疊，但我們仍然有理由區分這兩者。壓迫通常包括或帶來了支配；意思是，壓迫束縛了受壓迫的人們，迫使他們必須遵守其他人所訂立的規則。然而，我在第二章中討論到的每一種形式的壓迫，也包括了不是由支配關係所直接產生的壓抑。此外，該章會清楚看到，不是每個受到支配的人也都受到壓迫。階層式的決策結構，讓我們社會的大部分人在生活中的某些重要面向上都受到支配；然而在這些人之中，有許多人都得到顯著的制度化支持，可以開發並運用他們的能力，也有能力自我表達並被聆聽。

第2章

壓迫的五張臉孔

Five Faces of Oppression

沒看見窗玻璃的人，不知道自己沒看見；而那些因為被放在不同位子上而看見窗玻璃的人，卻不知道別人沒看見它。

當我們的意志藉由我們以外的其他人展現出的行動而得到遂行時，我們不會浪費時間和注意力去詢問他們是否同意。我們所有人都是這樣的。我們把全副的注意力，都放在這件事的成功上。只要他們聽話，他們就不會得到我們的關注……。

強暴是對愛情的莫大諷刺，強暴發生時同意不見了。強暴後，壓迫是人類存在的第二層恐懼。壓迫是對順服的莫大諷刺。

——西蒙娜・韋伊（Simone Weil）

我提倡一種賦能性（enabling）的正義構想。正義不應只指涉分配，也應指涉開發及實現個人能力、集體溝通及合作所必須的制度性條件。在這個正義構想底下，不正義主要指的是兩種阻礙能力實現（disabling）的束縛形式：壓迫及支配。雖然這兩種束縛包含了分配模式，但它們也包含了一些無法被輕易歸入分配邏輯的事情：決策程序、勞動分工，以及文化。

許多住在美國的人不會選擇「壓迫」這個字眼來命名我們社會中的不正義。但另一方面，對當代解放社會運動，包括社會主義者、基進女性主義者、美洲印地安人運動人士、黑人運動人士、同志運動人士這些人而言，壓迫又是政治論述的核心範疇。進入以壓迫為核心範疇的政治論述時，牽涉了採取一種分析及評價社會結構與實踐的一般性模式，而此分析模式與支配美國政治論述的自由主義式個人主義語言之間，是完全無法相互比較的。

對於我們之中那些至少認同其中一項運動的人來說，要為其提出一個重要的政治方案，必須先說服人們壓迫論述能用來理解許多我們的社會經驗。然而，我們對這項任務毫無準備，因為我們沒有清楚理解壓迫的意義。雖然我們發覺這個詞經常運用在因美國基進社會運動而大量出現的各種哲學及理論文獻中，但對於這些運動所使用此概念的意義，幾乎找不到直接的討論。

在第一章，我根據自身理解，就壓迫概念在二十世紀六〇年代以來美國新社會運動中的使用方法做了些說明。我的出發點是希望對這些運動所聲稱的受壓迫群體之境況做出反思，尤其是墨西哥裔美國人、波多黎各裔人及其他說西班牙語的美國人、美洲印地安人、猶太人、女同志、男同志、阿拉伯人、亞洲人、高齡人士、工人階級，以及身心障礙人士。我的目的是要將這些多元政治運動所使用的壓迫概念之意義系統化，並提出規範性的論證，以釐清這個詞語所要指稱的不公正。

顯然，上面提到的群體並未遭受同樣程度及同樣方式的壓迫。在最一般性的意義上，所有受壓迫的人都受到了抑制，無法輕易開發及運用自己的能力、表達自己的需求、想法及感覺。在這個抽象意義上，所有受壓迫的人都面臨了同樣處境。除此之外，在任何一個更特定的意義上，想去定義一組單一的標準以便描述上述群體所遭受的壓迫境遇，是不可能的。因此，理論家及運動人士嘗試去找到一個共通描述，或所有這些群體受到壓迫的基本原因，然而他們的努力經常只會引發關於誰受到的壓迫更根本或更嚴重的、徒勞無功的爭辯。這些群體成員在某些脈絡中使用壓迫這個詞來描述他們處境中的不正義，而那些脈絡指出壓迫事實上是一整群的概念與境遇。我將之分為五個範疇：剝削、邊緣化、無能、文化帝國主義及暴力。

在這一章中，我會一一說明上述這些形式的壓迫。每個也許都引起或造成了分配的不正義，但所有這些壓迫所牽涉到的正義課題都超出了分配的範圍。根據一般的政治用語，我認為壓迫是一種群體處境。因此在說明壓迫的意義之前，我們必須先檢視社會群體的概念。

壓迫做為一個結構性概念

許多人不會使用壓迫這個詞來描繪我們社會中存在的不正義，理由之一是他們不是透過和新社會運動一樣的方式來理解這個詞。在它的傳統用法上，壓迫的意思是統治階級所實施的暴政，因此許多美國人會同意基進人士將壓迫一詞用在描述種族隔離政策下美國南方黑人的處境。而傳統上，壓迫也帶有征服及殖民支配的強烈意涵。就像希伯來人在埃及受到了壓迫，在西方，壓迫一詞的許多用法都援引這個範式。

主流的政治論述會使用壓迫一詞來描述我們以外的社會，通常是共產主義或據稱是共產主義的社會。在這樣一個反共產主義的修辭中，該詞同時蘊含了暴政及殖民主義等意涵。對反共產主義陣營而言，共產主義代表的正是少數統治者在一整群人身上實施的無情暴政，以及征服世界、讓現在享受著獨立自主的人們也生活在該暴政下的那股意志。在主流政治論述中，用壓迫來描繪我們自己的社會並不是正當作法，因為壓迫是由「大寫的他者」（the Others）滲透進來的一股邪惡。

然而，二十世紀六〇、七〇年代的新左派社會運動改變了壓迫概念的意義。在它的新用法中，壓迫指的是一些人所蒙受的損害與不正義，但他們的遭遇並不是受暴虐強權所迫，而是一個立意良善的自由社會之日常實踐所導致。一個統治群體對另一個群體的暴政——正如我們在南非看到的，當然必須被稱為壓迫了。但壓迫也指對群體的系統性束縛，而不必然是一個暴君有意為之的結果。在這個意義上，壓迫是結構性的，而不是少數人的選擇或政策造成的結果。它的原因根植於不受質疑的規範、習慣及象徵中，根植於制度性規則及遵守這些規則所造成的集體結果之底層假定中。正如瑪麗琳・弗萊（Marilyn Frye）所指稱的，壓迫是「一個使某群體或某一類人喪失流動性或降級的力量與障礙的封閉結構。」（Frye, 1983a, p.11）在這個擴大的結構性意義下，壓迫指的是某些群體所蒙受到的巨大而深刻的不正義，而這些不正義常是未被意識到的假定，立意良善的人在日常互動中的反應、媒體與文化刻板印象，以及官僚階層制和市場機制的結構性特質。簡言之，也就是日常生活的正常過程。我們無法藉由擺脫統治者或制訂一些新的法律來排除這些結構性壓迫，因為壓迫是在重要的經濟、政治及文化制度中被系統性地再生產出來的。

壓迫的系統性特質，意味著一個受壓迫的群體不需要有一個互相關聯的施壓群體。儘管結構性壓迫涉及到群體間的關係，但這些關係並不總是符合某一群體受到另一群體有意識且蓄意壓迫的基本範式。傅科（1977）指出，要理解權力在現代社會中的意義及運作，我們的眼光必須超越權力做為「主權」（sovereignty）的權力模型，即統治者與臣民的二價關係；我們要去分析的是權力的行使，也就是經常是自由且「合乎人性」的教育實踐、官僚行政、生活消費品及藥物等的生產及分配所產生的影響。許多個人有意識的行動日復一日對壓迫的維持及再生產做出了貢獻，但這些人通常只是做自己的工作或過自己的生活，並不了解自己已經成了壓迫的代理人。

我的意思並不是說在一個壓迫體系內，個別個人都不是有意去傷害受壓迫群體中的他者。被強暴的女性、被毆打的黑人少年、關廠工人、在街上被人騷擾的男同志，他們都是一些可辨識的權力代理人有意圖行動下的受害者。我的意思也不是要否認某些特定群體是其他群體受壓迫下的得利者；只要其他人持續受到壓迫，他們就有利可圖。確實，對於每個受壓迫群體，都有一個群體相較於那個群體而言得到了特權。

自六〇年代以來，壓迫的概念就一直在基進人士間流行著，部分原因是馬克思主義企圖將諸如種族主義及性別歧視化約為階級支配或資產階級意識形態所導致的影響。一些社會運動主張，種族主義、性別歧視、年齡歧視、恐同情結都是獨特的壓迫形式，各自有其別於階級的動態，即便它們可能跟階級壓迫相互作用。近十年來，社會主義者、女性主義者及反種族主義活動人士經常展開討論，而從這些總是十分激昂的討論中，浮現出一個共識：我們的社會中有許多不同群體受到壓迫，且沒有一個單一的壓迫形式可以被賦予非正式的或道德上的首要地位（參見Gottlieb, 1987）。同樣的討論也導致人們公認，群體差異以多樣化的方式超越了個人的生活，而這可能意味著同一個人在不同面向上的特權與被壓迫經驗。只有透過對壓迫概念的多種說明，才能掌握這些洞見。

因此，我在下面提供了五種對於壓迫的說明。這是一組有用的範疇與區分，我相信它是全面性的，因為它涵蓋了所有新左派社會運動所稱的受壓迫群體，以及它們遭受壓迫的方式。從對這些群體處境的反思中，我導出了這五種不同的壓迫形式。由於各種因素或多重結合的因素建構了不同群體所受到的壓迫，使得這些壓迫是不可化約的。我相信我們無法給予壓迫一個基本定義。然而，要用這一章所闡述的五個範疇來描述任何群體所受的壓迫，及其與其他群體所受壓迫的相似性與差異性，都是很恰當的。但首先我們必須問的問題是：群體是什麼。

社會群體（social group）的概念

壓迫指的是使一個群體陷入無能為力或逐漸弱化的結構性現象。但是，什麼是群體？在日常話語中，我們會根據女性與男性、年齡群、種族和族群、宗教群體等社會群體來區分人群。這種社會群體並不單純只是人們的結合，而是更為根本的、與這些被描述為屬於各自社群的人們之認同交織在一起。它們具有某種特定的集體性，會對人們彼此理解及自我理解的方式帶來特定影響。然而，無論是社會理論或哲學，都不曾對社會群體提出一個清晰、成熟的概念（參見 Turner et al.. 1987）。

一個社會群體是由人們組合起來的集體，他們在文化形式、實踐或生活方式上有別於至少一個其他的群體。由於彼此相似的經驗或生活方式，一個群體的成員間具有一種特殊的親近性，而相較於那些不認同該群體的人，這又促使他們彼此間有更多的交往，或對不同人採取不同的交往方式。群體是社會關係的一種表達；一個群體只能在與至少一個其他群體的關係中存在。也就是說，群體認同的出現，是因為人們在社會集體的相遇與互動中經歷到生活方式及交往形式上的一些差異，即便他們都自認屬於同一個社會的成員。

舉例而言，若美洲印地安人的交往範圍內只有自己人，那麼這個群體就會將自己當成是「人民」。但與其他美洲印地安人群體相遇後，就會創造出一個差異意識：他者會被命名為一個群體，而第一個群體也會開始將自己視為是一個群體。但社會群體的出現並不只是由於不同社會間的相遇，社會過程也會在單一社會中區分出不同群體。比方說，勞動的性別分工就在所有已知的社會中創造出男性及女性的社會群體。他們所做的或是經驗到的，讓每個性別的成員都對同群體中的其他人有某種親近性；這些實踐與經驗亦將他們與另一個性別區分開來，即便每個性別的成員都認為自己與另一個性別的成員間有許多共通點，也都認為他們是同一個社會的成員。

典型的政治哲學沒有為一個明確的社會群體概念留下任何位置。當哲學家與政治理論家討論群體時，往往會從聚集模型（model of aggregates）或社團模型（model of associations）來構思群體，而這兩種模型都是方法論上的個體主義概念。因此要達到一個具體的社會群體概念，一個有用的做法是將社會群體與聚集（aggregate）及社團（association）兩相對照。

聚集是指依據任何屬性對人們所做的分類。人們可以根據不拘多寡數目的屬性而被聚集起來——眼睛顏色、他們開的車、居住的街道。有些人將社會中擁有情感及社會顯著特質的群體詮釋為聚集，也就是根據膚色、生殖器官或年齡等特質而對人們進行的專斷分類。喬治．夏爾（George Sher）即是一例，他將社會群體視為聚集，並以聚集分類的專斷性為由，認為不須特別關注於群體：「人們有多少種結合就有多少個群體；我們主張給予種族、性別及其他高能見度群體平等待遇，但若不把同樣的主張歸給其他群體，就不過只是種厚此薄彼。」（Sher, 1987a, p.256）

但像黑人或女性等「高能見度」的社會群體，與聚集是不同的，也不僅僅是「人們的結合」（參見 French, 1975; Friedman and May, 1985; May, 1987, chap. 1）。一個社會群體並不是主要由一組共享的特質來定義的，而是藉由一種認同感。將美國黑人定義為一個社會群體的主要原因，並不是他們的膚色；舉例來說，有些人的膚色相當淺，但卻自我認同為黑人。雖然在將自己或他人分類到所屬的某個社會群體時，客觀屬性有時是必要條件，但將群體定義為一個群體的原因，是對於特定社會地位的認同、該社會地位所產生的共同歷史，以及自我認同。

社會群體不是外於個人而存在的實體，但它們也不只是根據那些外於或附屬於個人認同的屬性、而對他們進行的一種專斷分類。承認社會群體的現實並不會如某些人可能認為的那樣，會將集體物化。透過群體成員自認所屬的文化形式、社會情境及歷史，群體意義部分地構成了人群認同，因為這些意義不是被強加在他們身上就是由他們自己打造，或兩者皆是（參看Fiss, 1976）。群體的真實並不是物質的真實，而是做為社會關係形式的真實（參看 May, 1987, pp. 22-23）。

道德理論家及政治哲學家在忽略群體時，往往更常一起忽略的是社團，而不是聚集（例如French, 1975; May, 1985, chap. 1）。我用社團這個詞來指涉以正規方式組織起來的機構，例如俱樂部、公司、政黨、教堂、學院或工會。不同於聚集模式，社團模式認為群體是透過特殊的實踐及結社形式來定義的。然而它和聚集模式有同一個毛病：聚集模式設想個人先於集體而存在，因為它將社會群體化約為附著於個人身上的一組特質；而社團模式也隱約將個人設想為在本體論上先於集體。個人組成，或者說構成了群體。

一個社會關係的契約模式適合用來構想社團，但是不適合用來構想群體。一群人構成了社團，做為已經形成的個人聚在一起創建社團，並建立起規則、職位及辦公室。人們和社團之間的關係通常是自願性質；即便不是，這個人通常也已經進入了社團。而個人先於社團，也是因為這個人的自我認同和自我感之建立往往被視為是先於社團成員的身分，並相對獨立於這個身分。

但在另一方面，群體也構成了個人。一個人特殊的歷史感、親近或分離感，甚至這個人推論、評價及表達感受的模式，都是部分地由她或他的群體親近性所構成。這不表示這個人沒有個人風格，或是無法超越、拒絕群體的認同。這也不會妨礙個人擁有許多獨立於這些群體認同的面向。

我在上一章曾指出，存在於許多當代正義論底層的社會本體論是方法論上的個人主義或原子論。它假定個人在本體論上先於社會而存在。這個個人主義式社會本體論往往伴隨著一種視自我為獨立的規範性自我構想。真正的自我是自主的、統一的、自由的、自我締造的，無涉歷史及隸屬關係，並完全為了自己而做出人生規劃的選擇。

後結構主義哲學的主要貢獻之一，是揭露了一個統一而自我締造的主體性之形上學幻象，它把主體當成自主性的根源或某種潛在的本體，性別、國籍、家庭角色、知識傾向等屬性都可附著其上。以這種方式設想主體，也就意味著將意識設想為外於且先於語言及社會互動的脈絡，而主體則進入此脈絡。近來幾個哲學流派針對這個根深蒂固的笛卡兒式假設提出了挑戰，拉岡式心理分析及受其影響的社會及哲學理論就是個例子，它們把自我構想成語言學定位的成就（an achievement of linguistic positioning），而這個語言學定位是在與他人、與他們混合認同的具體關係中被脈絡化的（Coward and Ellis, 1977）。這個自我是社會過程的產物，不是它們的根源。

哈伯馬斯從一個相當不同的角度指出，一個溝通行動理論也必須挑戰「意識的哲學」，這個哲學將有意圖的自我（ego）視為社會關係的本體論根源。溝通行動理論所構想的個人認同不是一個根源，而是語言的、實踐的互動產物（Habermas, 1987, pp. 3-40）。正如史蒂芬・亞伯斯坦（Stephen Epstein）所描述的，認同是「一種社會化的個體感（a socialized sense of individuality），一種關乎個人與社會分類關係的自我感受內在組織，也結合了對其他人所持有之自我觀的體認。認同是關係性的組成，方法是透過與重要他人的密切往來（及吸納結合）及與社群的融合。」（Epstein, 1987, p. 29）群體分類及規範是個人認同的重要構成要素（參見Turner et al., 1987）。

一個人加入了一個社團，即便這個社團的成員身分從根本上影響了他的生活，但他並不會像身為北美洲印地安人納瓦霍族人一樣，以該身分來定義自己的認同。另一方面，群體親近性有著海德格所稱的「被拋擲性」（thrownness）：當一個人**發現自己**是一個群體的成員時，他總是以完成式的方式來體驗這件事。由於我們的認同與他人如何識別我們有關，認同藉此得到界定；因此，他人識別我們是根據我們所屬的群體，而群體早已與特定屬性、刻板印象及規範連結在一起。

從群體親近性的被拋擲性出發，不必然表示人們無法離開原本所屬的群體而進入新的群體。許多女性一開始自我認同為異性戀，後來卻成為女同志。而任何人只要活得夠長，都會成為老人。正因為人們在群體親近性上體驗到的這類變化是以個人認同轉變的形式出現，是以這些例子說明了被拋擲性。群體親近性的拋擲性也不必然表示人們就無法為自己定義群體認同的意義；那些認同一個群體的人，還是可以重新定義群體認同的意義與規範。事實上，在第六章中我將說明受壓迫群體如何設法對抗他們所受到的壓迫，方法正是透過從事這類的重新定義。但目前的重點是，當人們發現的群體認同是給定的，接下來他們會以某種特定方式接受它。儘管群體會自然形成，但它們從來不是人為建立的。

我已經說過，群體只存在於和其他群體的關係之中。一個群體可能被外人視為一個群體，但那些被如此識別的人卻對自己是一個群體沒有任何特殊意識。有時一個群體會存在，只是因為另一群體排除了某類人並為其貼上標籤；在他們共同遭受壓迫的基礎上，那些被貼上標籤的人才會慢慢了解到，原來自己是屬於一個群體的成員。以受納粹控制的法國維琪政府為例，那些已然同化、是以無特殊猶太認同的猶太人被其他人標記為猶太人，並獲得了特殊的社會地位。這些人「發現」自己是猶太人，於是形成了群體認同及彼此間的親近性（參見 Sartre, 1948）。對個人的生活而言，他或她的群體認同也許絕大部分只是個背景或視域；只有在特殊的互動脈絡中，才會變得顯著起來。

當以聚集模式去設想群體時，有些人會認為社會群體是令人反感的虛構故事，將任意屬性加以本質化。從這個角度來看，偏見、刻板印象、歧視待遇及排除問題的存在，是因為有些人錯誤地相信群體認同會對群體成員的能力、性情或德行造成差異。這個對人們及彼此間關係的個人主義式構想，往往把壓迫等同於群體認同。從這個觀點來看，壓迫是當人們在群體中被分類時會發生的事情，因為當他人以一個群體來識別他們時，他們就被排除及鄙視了。因此，消滅壓迫就必須消滅群體；人們應該被視為個人來對待，而不是群體成員；應允許人們自由地過自己的生活，而不受刻板印象或群體規範所束縛。

這本書反對這樣的立場。儘管我同意個人應該用自己的方式自由地實現自我人生規畫，但為此否認群體的真實性，是很愚蠢的。儘管存在著地方性依附及先賦認同衰微的現代迷思，但在現代社會中，群體分化一直是種流行。隨著市場及社會行政管理增加了全球性的社會互賴網，以及越來越多人在城市與國家中以陌生人的身分相遇，人們保留並更新族群、所在地、年齡、性別及職業的群體認同，並在相遇的過程中形成新的群體認同（參看 Ross, 1980, p. 19; Rothschild, 1981, p 130）。甚至當人們屬於受壓迫群體時，群體認同對他們往往仍是重要的，他們也經常對群體中的他人產生一種特殊的親近感。我相信，群體分化是現代社會過程中一個既無可避免、也同時可取的面向。我將在後面的篇章主張，社會正義要求的不是要消弭差異，而是一個能夠促進群體差異的再生產、對群體差異的尊重，同時不產生壓迫的制度。

雖然有些群體是因遭受壓迫而形成，而特權及壓迫的關係形成了許多群體間互動的結構，但群體分化本身並不具有壓迫性。並不是所有的群體都受到壓迫。在美國，羅馬天主教徒是個特殊的社會群體，他們有獨特的實踐及彼此間的親近性，但他們不再是個受壓迫的群體。一個群體是否受到壓迫，必須視它是否符合底下我將討論的五個條件中的一個或數個條件。

視群體是虛構故事的觀點，確實蘊含了重要的反決定論或反本質主義直覺。根據不可改變的基本性質來概念化群體差異，經常是犯下壓迫罪行的主因，因為這些本質決定了群體成員應該得到什麼、可以做什麼，並讓群體徹底排除彼此到它們之間毫無相似性或共同屬性的地步。若要主張在社會群體差異存在的同時不產生壓迫是件可能的事，就必須用一種關係性、流動性高得多的方式來概念化群體。

雖然親近性及分化的社會過程產生了群體，但它們不會給予群體一個實質的本質。一個群體的成員並不會有著共同本性。此外，在過程的面向上，群體是流動的；它們會形成也會消失。舉例來說，許多社會及歷史時期都存在著同性戀行為，然而直至二十世紀，男同志或女同志才被視為是特殊群體，並且也如此自我認同著（參見 Ferguson, 1989, chap. 9; Altman, 1981）。

最後，萌生自社會關係及社會過程的群體差異，經常是彼此交互橫切的。尤其在一個大型、複雜、高度分化的社會中，社會群體本身並不是同質性的，而是在自己的分化中映射出更廣大社會中的許多其他群體。以今日的美國社會為例，黑人並不是個簡單而統一、有著共同生活的群體。就像其他的種族及族群一樣，他們也在年齡、性別、階級、性取向、地區及國籍上產生了分化；這些之中的任何一個，都可能在一個既定脈絡中成為顯著的群體認同。

這個將群體分化視為多重、交互橫切、流動及不斷變化的觀點，隱含著另一個對於自主、統一的自我模式的批判。在像我們這樣複雜而高度分化的社會中，所有人都有著多重的群體認同。此外，這些各式各樣群體的文化、觀點，以及特權和壓迫關係，也可能是不一致的。因此，由群體親近性和關係所部分構成的個別個人，不會是統一的；他們自己本身也是異質、而不必然首尾一貫的。

壓迫的臉孔

剝削

馬克思剝削理論的核心功能是去解釋：在法律及規範認可的階級界線不存在的情況下，階級結構如何能夠存在。在前資本主義社會，支配是赤裸裸的，透過直接的政治工具而實現；而在奴隸及封建社會，部分定義階級特權的方式是擁有占有他人勞動產品的權利。這些社會皆以自然優越性及劣等性的意識形態，來正當化階級界線。

另一方面，資本主義社會移除了傳統由司法強制執行的階級界線，並促進了個人擁有法律自由（legal freedom）的信念。工人自由地與雇主締結合約並收取薪資；沒有正式的法律或習慣機制可強迫他們為該雇主或任何雇主工作。於是，資本主義的謎團出現了：當每個人都擁有形式上的自由時，怎麼還會有階級支配呢？為什麼在擁有生產工具的富人、以及為這些人工作的多數人之間，始終存在著階級界線？剝削理論回答了這個問題。

如果我們假定市場中的貨品是根據其價值而進行交換，那麼資本主義力量及財富的基礎——利潤為何存在，就是一個謎。價值的勞動理論揭穿了謎底。每個商品的價值都是一個生產所須工時的函數。勞動力是商品，在被消費的過程中會生產出新的價值。利潤來自於所投入的勞動價值與資本家所購買的勞動產出價值之間的落差。之所以有利可圖，只是因為資本擁有者占有了所有已實現的剩餘價值。

近年來，馬克思主義學者參與了大量有關價值勞動理論可行性的爭論，而這個對於剝削的理解所倚賴的正是價值勞動理論（參見 Wolff, 1984, chap. 4）。以約翰・羅默（John Roemer, 1982）為例，他發展的剝削理論聲稱保存了馬克思理論的理論及實踐目的，但並不假定價值及價格之間的區分，也不受限於一個抽象、同質的勞動概念。我在這裡的目的不是要參與技術性的經濟學爭論，而是要指出在對壓迫的構想中剝削概念的所在位置。

馬克思的剝削理論缺乏明確的規範性意義，即便對於工人受到剝削的判斷很清楚地在此理論中同時具有規範性及描述性的力量（Buchanan, 1982, chap. 3）。麥克佛森（1973, chap. 3）以一種更明確的規範形式重新建構了這個剝削理論。資本主義社會的不正義存在了這樣的事實：有些人會在控制之下、根據特定目的、為了其他人的利益而運用自己的能力。透過生產工具的私人擁有權，以及配置勞動力及購買力的市場，資本主義系統性地將一些人的權力轉移給其他人，並藉此增強後者的權力。根據麥克佛森所述，在這個權力轉移的過程中，資產階級取得並維持從工人身上榨取利益的能力。不只是權力從勞工身上轉移到資本家，工人權力的衰微更甚於被轉移的數量，由於遭受物質上的剝奪及控制權的喪失，工人因此被剝奪了自我尊嚴的重要元素。因此，正義概念要求消除讓這個轉移過程得以發生並強致執行的制度形式，用一個讓所有人都能開發並使用自己能力的制度形式來取而代之；這個新的制度形式不但不會抑制，而且還能加強他人身上能力的同樣發展及運用。

因此這個剝削概念所要表達的核心洞見是：壓迫的發生是透過一個穩定的轉移過程，在這過程中某個社群的勞動成果被穩定地轉移給另一個因此受益的社會群體。階級界線的不正義不只存在於某些人擁有大量財富、而其他人幾乎一無所有的這個分配事實上（參看 Buchanan, 1982, pp. 44-49; Holmstrom, 1977），剝削還會制定社會群體之間的結構性關係；有關什麼是工作、誰為誰做什麼、工作如何酬報的社會規則，以及占有工作成果的社會過程，兩者運作並制定了權力與不平等的關係。這些關係透過系統性過程而被生產及再生產出來，在這過程中無產者的能量持續被消耗，以維持並增加富人的權力、地位及財富。

許多作家強而有力地主張馬克思主義的剝削概念太過狹窄，無法涵蓋所有的支配及壓迫形式（Giddens, 1981, p.242; Britten and Maynard, 1984, p.93; Murphy, 1985; Bowles and Gints, 1986, pp.20-24）。更有甚者，馬克思主義的階級概念並未說明重要的性別及種族壓迫現象。這是否表示性別及種族壓迫是非剝削性的，而我們應該為這些壓迫保留完全不同的類別？還是我們可以擴大剝削的概念來涵蓋其他剝削方式，譬如也就是一個群體勞動及能量的耗費讓另一個群體受益並再生產出他們之間的支配關係這樣的剝削方式？

女性主義者在說明取性別壓迫是部分來自於權力以一種系統性、單向性的方式從女性身上轉移到男性時，一直都沒有太大困難。女性受到的壓迫，不只是在被男性從特權活動中排除後所導致的地位、權力及財富不平等。男性的自由、權力、地位及自我實現之所以可能，正是因為有女性為他們工作。性別剝削有兩個面向，一是物質勞動成果被轉移給男性，一是滋養性的、性欲的能量被轉移給男性。

以克莉絲汀．蝶兒飛（Christine Delphy, 1984）的討論為例，她形容婚姻是種階級關係。在婚姻中，女性的勞動讓男性得到好處，卻沒有因此得到對等的報酬。她清楚說明剝削不是存在於女性在家中做的那種工作，因為那可能包含了各式各樣的任務，而是存在於下面這個事實：她們是為某個她們賴以為生的人執行這些任務。因此，舉例來說，在世界上大多數的農業生產體系內，都是男人把女性生產的財貨帶到市場上販賣，而往往是男人得到了地位及這份勞動的所有收入。

透過性—情感生產（sex-affective production）的概念，安．佛格森（Ann Ferguson, 1979; 1984; 1989, chap. 4）識別出女性能量轉移給男性的另一種形式。女性提供男性及孩童情感上的呵護，給予男性性欲方面的滿足，但身為一個群體，女性從男性身上所接收到的情感呵護及性欲滿足卻相對稀少（參看 Brittan and Maynard, pp.142-48）。女性的性別社會化過程，讓我們比男性傾向於更去注意互動的動態，這讓女性善於針對人們的感受給予同理心及支持，以及緩和互動時的緊張。不論男性或女性都傾向將女性視為他們個人生活中的養育者；而女性則經常抱怨，當他們向男性尋求情感支持時卻得不到回應（Easton, 1978）。此外，異性戀的規範是以男性愉悅為導向，結果就是許多女性在她們與男性的性互動中幾乎得不到什麼滿足感（Gottlieb, 1984）。

大多數性別剝削的女性主義理論專注於家父長制家庭的制度性結構。然而最近，女性主義者也開始探討在當代職場中及透過國家制定的性別剝削關係。卡羅・布朗（Carol Brown）主張，隨著男性逐漸擺脫他們對孩童的責任，許多女性變得依賴國家維生，因為她們得持續負擔幾乎全部的育兒責任（Brown ,1981; cf. Boris and Bardaglio, 1983; A. Ferguson, 1984）。這創造出一個對於女性勞動的新剝削體制，而中介者就是國家機構，她稱之為公共家父長制。

在二十一世紀的資本主義經濟體，有越來越多的女性進入職場工作，職場成為另一個重要的性別剝削地點。大衛・亞歷山大（David Alexander, 1987）主張，典型的女性工作包括以性別為基礎的任務，這些任務要求性勞動、養育、照顧他人身體，或是減緩職場的緊張。透過這些方式，女性的能量在工作中被消耗，以便強化其他人的地位、取悅或寬慰他們——通常是男人；而這些以性別為基礎，諸如服務生、文書工作者、護理人員及其他照顧者所提供的勞動經常受到忽視，並只收到低於應得的報酬。

要言之，女性在馬克思主義的意義上所受到的剝削，是根據她們身為薪資勞工的程度。有些人主張，女性的家務勞動也是由家庭所得薪資涵蓋的一種勞動，它也代表著一種資本主義階級剝削形式。然而，做為一個群體，女性遭遇了特殊的性別剝削形式；在這之中，她們的能力及權力經常在受到忽視、不被承認的情況下被消耗掉了：包括讓男性從事更重要且更具創造性的工作、強化他們的地位或他們周遭的環境，以及提供他們性或情感的服務。受益的通常是男性。

而種族，至少和階級或性別一樣，也是一種基本的壓迫結構。那麼種族有特殊的剝削形式嗎？無疑地，美國的種族化群體，尤其是黑人及拉丁美洲裔人士，是經由資本主義超級剝削（superexploitation）而受到壓迫，這種超級剝削乃肇因於將技術性、高報酬、參加工會的工作保留給白人的區隔性勞動市場。超級剝削是否讓做為一個群體的白人得到好處，還是只有資產階級受益，為此存在著廣泛的分歧意見（參見 Reich, 1981），而我不打算在此進入這場爭論。

無論以何種方式回答有關種族化群體的資本主義超級剝削問題，從剛才討論過的性別特殊形式加以類推，是否有可能將某種具種族特殊性的剝削形式概念化呢？我認為**體力**（menial）勞動的分類也許能為這樣的概念化提供一個工具。在詞源意義上，「體力」即指僕役的勞動。在有種族主義的地方，就有一個多少帶點強制性的假定：受壓迫種族群體的成員是、或應該成為那些特權群體成員或部分成員的僕人。在最白人種族主義的社會，這表示許多白人都有黑皮膚或黃皮膚的家庭幫傭，而在今天的美國，在私人家事服務領域依然維持著顯著的種族結構。然而在今天的美國，許多的服務勞動已經是公共的了：只要去一家好的旅館或餐廳，任何人都可以享受僕役服務。僕役常常要伺候企業高階主管、政府官員及其他高地位專業人士的每日（及每夜）活動。在我們的社會，依然存在著要用黑人及拉丁美洲裔人來擔任僕役工作的強大文化壓力——旅館侍應、腳夫、客房服務員、餐廳雜役等等。這些工作意味著能量的轉移；透過這樣的轉移，伺候者加強了被伺候者的地位。

然而，體力勞動通常指的不只是服務業工作，它也指任何卑屈、非技術性、低報酬性的工作，這些工作缺乏自主性，從事者必須聽從許多人所下的指令。體力工作往往是附屬性的，被用來協助其他人的工作，是那些其他的人因為做了那份工作而得到主要的認可。舉例來說，在建築工地工作的勞工要聽焊接工、電工、木工及其他技術工人的使喚，也是這些人在工作完成之後得到認可。在美國，明顯的種族歧視一度將體力工作保留給黑人、墨西哥裔美國人、美洲印地安人及華人，今天，體力工作仍傾向與黑人和拉丁美洲裔勞工連在一起（Symanski, 1985）。我提供體力勞動這個分類做為一種在種族上具有特殊性的剝削形式，以及一個需要進一步探討的臨時性分類。

剝削的不正義最常被放在分類模式中來理解。舉個例子，雖然布魯斯・艾可曼（Bruce Ackerman）沒有對這個概念提出明確定義，但是他似乎用「剝削」這個詞來表示一種對財富、收入及其他資源的嚴重不平等分配，並且是以群體為基礎、在結構上持久而穩固的不平等分配（Ackerman, 1980, chap. 8）。約翰・羅默的剝削定義則更狹窄、更嚴格：「當體現在他能收到的任何一批財貨中的勞動量（在社會淨生產的可行分配中）少於他所消耗的勞動時，一個施為者就是被剝削的。」（Roemer, 1982, p. 122）這個定義也將制度性關係及過程的概念焦點轉移到分配結果上。

傑佛瑞・雷曼（Jeffrey Reiman）主張，這樣一種對剝削的分配式理解，將階級過程的不正義簡化為階級所擁有的生產性資產之不平等的一個函數。根據雷曼的看法，這忽略了資本家與工人之間的力量關係，也就是造成問題的不平等交換是發生在強制性結構之中、而這些結構並未給予勞工足夠選項的這個事實（Reiman, 1987; 參看 Buchanan, 1982, pp. 44-49; Holmstrom, 1977）。剝削的不正義存在於讓能量從一群體轉移到另一群體的社會過程之中，不平等分配因而產生；剝削的不正義也存在於社會制度讓少數人得以積累、卻束縛了更多人的方式之中。財貨重分配無法消除剝削的不正義，因為只要制度化的實踐及結構關係維持不變，轉移的過程就會重新創造出利益的不平等分配。要在產生剝削的地方帶來正義，就必須對制度及決策的實踐進行重新組織，改變勞動分工，並在制度、結構、文化等方面採取類似措施。

邊緣化

在美國，越來越多的種族壓迫是以邊緣化、而非剝削的形式發生。邊緣人是指涉那些勞動體系無法或不會去使用的人。不只在第三世界資本主義國家，就是大部分的西方資本主義國家也一樣，有越來越多的底層階級人群被永久圈禁在社會邊緣人的生活中，他們之中的大多數人身上都有種族標記——拉丁美洲黑人或印地安人、黑人、東印度人、東歐人或歐洲的北非人。

然而邊緣化的宿命絕不只有種族標記群體而已。在美國，有令人汗顏的高比例邊緣化人口：高齡人士，而越來越多那些年紀不算太大卻被解僱，也無法找到新工作的人亦加入了此一行列；年輕人，尤其是黑人或拉丁美洲裔，那些無法找到第一或第二份工作的人；許多單親媽媽和她們的孩子；其他非自願失業者；許多有身心障礙的人士；美洲印地安人，尤其是那些住在保留區的人。

邊緣化也許是最危險的壓迫形式。一整個分類的人群被剝奪了有用地參與社會生活的機會，因此容易遭到嚴重的物質剝奪，甚至被滅絕。邊緣化經常導致物質剝奪；這當然是不公正的，尤其是在一個其他人過著富裕生活的社會。當代發達資本主義社會原則上已經認知到邊緣化所導致的物質剝奪不正義，並採取若干步驟來應對，包括提供福利給付及服務。然而福利國家的持續性絕不是可以放心的事，而且在大多數的福利國家社會，尤其是美國，福利重分配並未消除大範圍的苦難及剝奪。

然而，邊緣化所造成的傷害，並不僅限於可透過重分配社會政策加以應對的物質剝奪上。在分配以外，有兩類的不平等與發達資本主義社會中的邊緣性有關。首先，福利的供給本身就會產生新的不正義；方法是透過剝奪那些福利依賴人口的權利與自由，而這些權利與自由是他人所享有的。其次，即便物質剝奪會因福利國家的介入而多少減輕些，但邊緣化仍是不正義的，因為它不讓人們有機會用社會定義及認可的方式來運用自身能力。我將依序說明這兩類不平等。

傳統上，自由主義總是堅持所有理性自主施為者都應享有同等的公民身分權利。早期的資產階級自由主義明確地將所有那些理性能力成問題或尚未完全發展的人，以及所有無法自立的人從公民身分中排除（Pateman, 1988, chap. 3; 參看 Bowles and Gintis, 1986, chap. 2）。於是窮人、女性、瘋子和智能低下者，以及孩童就被明確地從公民身分中排除出去，這些人中有許多都被安置在以現代監獄為模型而建置出來的機構中：救濟院、瘋人院及學校。

今日幾乎已經很難在隱瞞眾人的情況下，將不能自立的人從平等的公民身分權利中排除了。由於他們依賴官僚化機構所提供的支持或服務，因此老人、窮人及身心障礙者不得不接受警察及福利官僚機構相關人士的施恩、懲罰、人格貶抑及任意的對待。在我們的社會，成為一個依賴人口，意味著人們能以正當的方式迫使他服從來自社會服務提供者及其他公共、私人行政人員經常是任意且具侵略性的權威；這些人是邊緣人必須遵守的規則之執行者，因此從另一方面來說，這些人也有權影響他們的生活處境。為了滿足被邊緣者的需要，在社會科學學科的協助下，福利服務機構往往也會建構需求本身。醫療及社會服務專業者知道什麼對他們的服務對象是好的，而邊緣人及依賴者自己卻沒有權利聲稱知道什麼對自己是好的（Fraser, 1987a; K. Ferguson, 1984, chap. 4）。於是，在我們的社會中——正如在所有的自由社會中——依賴就意味著一個人有充分的理由可以暫時取消另一個人在隱私、尊重及個人選擇方面的基本權利。

雖然依賴在我們社會中生產出不正義的處境，但依賴本身不必然是壓迫性的。我們無法想像在一個社會中，一些人不會至少在某些時候需要依賴著另一些人：孩童、病人、產後恢復期的女性、身體虛弱的老人、抑鬱或有其他情感方面欠缺的人，他們都有道德上的權利去依賴他人取得生活必需品或支持。

女性主義道德理論的一個重要貢獻是去質疑一個根深蒂固的假定，即一個人必須是自主、獨立的，才能擁有道德施為能力及充分的公民資格。女性主義者揭露了這個假定潛藏的不當個人主義思維源自於對社會關係的特殊男性經驗，即重視競爭以及單獨成就（參見 Gilligan, 1982; Friedman, 1985）。女性對社會關係的經驗既來自於女性典型的家庭照顧責任，也來自於許多女性從事的有償工作種類，因此女性經驗傾向於承認依賴是一種基本的人類處境（參看 Hartsock, 1983, chap. 10）。儘管在自主性模式中，一個公正社會會儘可能給予人們獨立的機會，但女性主義模式對正義的願景乃是無論依賴者或獨立者都能獲得尊重，以及決策的參與機會（Held, 1987b）。依賴不應該成為剝奪選擇及尊重的理由，且如果能有一個不那麼個人主義的權利模式成為主流，那麼邊緣人所經歷的許多壓迫就能獲得減輕。

不會因為一個人有了遮風避雨的地方和食物，邊緣化就不再是壓迫了。舉例來說，許多老人都有足夠財產能過著舒適的生活，但仍會因他們的邊緣地位而持續受到壓迫。即便邊緣人生活在尊重他們自由及尊嚴的機構中，擁有舒適的物質生活，但邊緣性所帶來的不正義仍然以無用處、無聊、缺乏自尊的形式出現。我們社會中大多數具生產性且受到認可的活動，都發生在組織化的社會協力（social cooperation）的脈絡中；若不讓人們有機會參與這類社會協力的社會結構及過程，就是不公正的。因此，儘管邊緣化肯定會帶來嚴重的分配正義課題，但它也涉及了文化、實踐和制度化條件方面的剝奪，使人們無法在受到認可的、互動的脈絡中運用自己的能力。

邊緣化的事實衍生出正義的基本結構性課題，尤其是有關兩個方面的連結適切性問題，一方面是參與社會合作的生產性活動，另一方面則是消費資力的取得。隨著沒有任何減輕跡象的邊緣化之增加，一些社會政策分析者引進了有關「社會薪資」（social wage）的觀念，即一個保證由社會提供的、與薪資制度脫鉤的收入。然而，重新建立生產性活動的結構去應對參與權利的問題，意味著要在薪資制度之外組織起某些具社會生產力的活動（參見 Offe, 1985, pp. 95-100），方法是透過公共就業或自營的集體企業。

無能

正如我已經指出的，馬克思主義階級觀念很重要，因為它協助揭露了剝削結構：有些人之所以有權力、有財富，是因為他們從別人的勞動中獲益。基於這個理由，我拒絕某些人所宣稱的，傳統的階級剝削模式無法掌握到當代社會的結構。這個社會上大多數人的勞動增加了相對少數人的權力，現況依然是如此。撇開他們與非專業勞工的差異不論，大多數的專業勞工仍然不是資產階級的成員。專業勞動要不是參與了向資本家的剝削性轉移，要不就是為這樣的轉移提供重要的條件。專業勞工所處的階級位置是模棱兩可的；這是真的，正如我將在第七章中主張的，他們也從對非專業勞工的剝削中得到了好處。

宣稱資本家及工人階級之間的區分不再適合用來描述我們的社會，是錯誤的；但階級關係從十九世紀以來就一直維持不變的說法，也同樣是錯誤的。一個適切的壓迫構想不能忽略反映在「中產階級」和「工人階級」通俗區分上的社會分化經驗，這是由專業者與非專業者間的社會分工所建立起來的分化結構。專業者與非專業者相比是擁有特權的，這是由於他們在勞動分工中所在的位置，及該位置所帶來的地位之故。而除了剝削之外，非專業者還遭受一種我稱之為無能的壓迫形式。

在美國，正如在其他發達資本主義國家一樣，大部分的職場都不是根據民主原則組織起來的；公共政策決策的直接參與極為罕見，大部分的政策施行都是透過階層化的方式進行，官僚及公民只能被迫接受規則。因此，這些社會中的大多數人並不會規律地參與影響他們生活及行動條件的決策過程；而在這個意義上，大部分人都缺乏有影響性的權力。在這同時，正如我在第一章中所主張的，現代社會中的支配是透過許多代理人的廣泛分散的權力而實現的，這些代理人在其他人的決定中扮演了中介角色。情況到了一個地步是，有許多人相較於其他人是擁有某種權力的，即便他們缺乏決定政策或結果的權力。所謂無能的人，就是那些甚至在這個中介意義上都缺乏決定權威或權力的人；那些權力行使在他們身上，但他們卻不是行使權力的人。是以無能者處於一種情境：他們必須遵守指令，但卻幾乎沒有下指令的權利。無能也指涉在勞動分工中的職位及其伴隨的社會地位，這個社會地位讓人們很少有機會開發及運用他們的技能。無能者只有很少的工作自主性，甚至沒有；在他們的工作中只能運用極少的創造力或判斷力，沒有技術上的專門知識或權威；他們自我表達的方式笨拙，尤其是在公開場合或官僚性的環境，而且也得不到尊重。無能指的正是桑內特與考伯（Sennett and Cobb, 1972）在他們著名的工人階級男性研究中描述的那種壓迫情境。

要表述這個無能的地位，或許用負面的方式最好：無能者缺乏權威、地位及專業者會擁有的自我感受（sense of self）。專業者的地位特權有以下三個面向，若缺乏這三個面向的地位特權，會造成對非專業者的壓迫。

首先，取得並從事一門專業往往代價高昂，且必須循序漸進。要成為專業者通常必須接受大學教育並取得專業性知識，而這意味著要在工作中運用象徵及概念。專業者經歷了進步的歷程，一開始是取得專業知識，接著在專業進步的過程及地位的提升中也感受到自己的進步。相形之下，非專業者的生活在某個意義上是無能的——他的生活缺乏讓能力循序漸進開發的方向性，也缺乏獲得認可的管道。

第二，雖然許多專業者都有人管理他們，且他們無法直接影響許多決策或許多人的行動，但大多數都享有相當的日常工作自主性。此外，專業者通常對他人擁有一些權威——不是他們監督的勞工，就是外圍組織或客戶。相較之下，非專業者則缺乏權威，且無論是在工作、或是做為消費者—顧客的生活中，他們都經常要遵從專業者的權威。

雖然是基於「勞心」與「勞力」工作的勞動分工，但「中產階級」與「工人階級」之間的區分指的並不只是工作生活中的區別，而是幾近社會生活所有面向上的區別。專業者與非專業者在美國分屬不同的文化。這兩群往往居住在分隔的街區甚至不同市鎮，而這過程本身就是由都市計畫者、區域規劃官員及地產商在其中扮演中介。這些群體往往對食物、裝潢、衣著、音樂及假期有著不同品味，也經常有不同的健康及教育需求。每個群體的成員的社會化過程，大部分都是和同一身分群體中的其他人一起進行。雖然在代際之間會有某些群體間的流動，但專業者的孩子多半會成為專業者，非專業者的孩子則不會成為專業者。

於是，第三，專業者的特權會延伸至職場以外的整體生活方式上。我把這種生活方式稱為「值得尊敬」。以尊敬方式待人是指準備好聆聽他們所要說的話、做他們所要求的事，因為他們有某種權威、專業知識或影響力。在我們社會中，可敬的規範與專業文化之間有著特殊的連結。專業服飾、談吐、品味、行為舉止，所有這一切都會透露出可敬的訊息。一般而言，專業者也會期待得到他人的尊敬。在餐廳、銀行、旅館、房地產公司，以及其它這類的公共場所，還有在媒體上也是一樣，專業者往往都比非專業者得到更受尊敬的待遇。因此，當非專業者要貸款或找工作、買房、買車時，就經常得試著讓自己在這些處境裡看起來「很專業」、「值得尊敬」。

這種專業者值得尊敬的特權，在種族主義和性別歧視的動態中表現得特別赤裸裸。在日常交往中，有色人種男女必須證明自己是值得尊敬的。一開始他們常無法得到陌生人的尊敬待遇，包括維持尊敬的距離與態度；然而，一旦人們發現這個女人或那位波多黎各男人是大學教授或企業高階主管時，他們常會對她或他表現得更為尊敬。另一方面，工人階級白人男性則常先得到尊敬的待遇，直到人們發現他們的工人階級地位為止。在第五章，我將更仔細地探討值得尊敬的理想典型之文化基礎，及其壓迫意涵。

我已經討論了幾種和無能有關的不正義：抑制個人能力的開發、缺乏工作生活中的決策權力、因個人地位而遭受的不尊敬待遇。這些不正義都會導致分配結果，但它們在更根本上是勞動分工的事。因為無能而產生的壓迫，使人對於做為所有工業社會基礎的勞動分工——即計畫者及執行者之間的社會分工——產生了質疑。我將在第七章更仔細地討論這個分工。

文化帝國主義

剝削、邊緣化及無能，全都指向了因社會勞動分工而產生的權力與壓迫關係——誰為誰工作、誰不工作，以及工作內容如何定義一個相對於其他位置的制度性位置。這三個分類指向了限定個人物質生活的結構及制度關係，包括但不限於他們能取用的資源，以及他們擁有或不擁有開發及運用他們能力的具體機會。這些種類的壓迫是與他人有關的、具體權力方面的事——誰從誰那裡獲利、誰是可有可無的。

近來的群體解放運動理論家，尤其是女性主義及黑人解放理論家，也十分關注另一種不同的壓迫形式；追隨著盧格妮絲及史柏曼（Lugones and Spelman, 1983），我稱這種壓迫為文化帝國主義。對文化帝國主義的經驗，指的是體驗到一個社會的支配性意義如何用刻板印象來認知一個人所屬的群體，並將之標記為大寫的他者，在此同時讓此人所屬群體的特殊觀點消失於無形。

文化帝國主義牽涉到某個支配群體之文化及經驗的普遍化，以及它做為規範的確立。有些群體有著排他性或是優先權，得以取用南西・佛萊澤（Nancy Fraser, 1987b）所謂的一個社會的詮釋和溝通工具。結果就是這個社會的支配性文化產品，也就是那些最廣為散播的文化產品，用來表達了這些群體的經驗、價值、目標及成就。總在不知不覺中，支配群體就會將自身經驗投射成普遍人性的表徵。而文化產品也表達了支配群體對這個社會所發生事件及要素的觀點與詮釋，包括這個社會中的其他群體——只要他們達到了任何的文化地位。

然而，與其他群體的相遇，也可能會挑戰支配群體宣稱的普遍性。是以，透過讓其他群體接受其支配性規範的評價，支配群體就能重新強化自身的地位。結果，女性相較於男性、美洲印地安人或非洲人相較於歐洲人、猶太人相較於基督徒、同性戀相較於異性戀、工人相較於專業者，這類差異大都被重新建構為偏差及劣等。由於只有支配群體的文化表現得以廣泛散播，他們的文化表現就變成是正常或普遍的，也讓人難以辨覺。基於對自身文化表現及認同的正常性，支配群體在面對一些群體展現出的差異時，就將其建構為欠缺及否定。這些群體於是被標記為大寫的他者。

在文化上受到支配的人所經歷的，是一種弔詭的壓迫：當他們被刻板印象標記出來的同時，也被變成了看不見的一群。身為顯眼而偏差的存在，受文化帝國主義化影響的人被印上了某種本質的戳記。刻板印象將他們圈禁在某個以某方式附著於他們身體的本性當中，是以這個本性無法被輕易否認掉。這些刻板印象在社會中滲透得是如此之深，以至於人們不會注意到它們是可議的。就像每個人都知道地球繞著太陽旋轉一樣，每個人也都知道男同志都濫交、印地安人都是酒鬼、女人都很擅長帶小孩一樣。而另一方面，白人男性、就他們逃脫了群體標記這件事來說，就可以是個獨立個體。

那些生活在文化帝國主義下的人發現，自己被一個支配意義所組成的網絡從外面定義、定位及安置了；而他們所經驗到的這個支配意義網絡，是從別的地方產生出來的，是從那些他們既不認同、也不認同他們的人那裡產生出來的。其結果是支配文化對這個群體的刻板印象化及劣等化印象必須被群體成員內化到一種程度，至少是他們被迫對受這些印象影響的他者行為做出反應。這為文化上的受壓迫群體創造出一種杜波依斯（W. E. B. Du Bois）稱之為「雙重意識」的經驗：「感覺始終是透過他者之眼注視著一個人的自我、感覺一個人的靈魂被某個世界的捲尺丈量，一個以饒富興味的蔑視與憐憫目光觀看著的世界。」（Du Bois, 1969[1903], P.45）當一個被壓迫主體拒絕符合這些具貶抑性、客體化、刻板印象化的自我圖像時，這種雙重意識就出現了。儘管主體渴望被認可是個人，有活動的能力，充滿希望與可能性，但她從支配文化中得到的論斷，卻只是她是不一樣的、被標記的，或是劣等的。

做為一個被刻板印象化的大寫他者，被支配文化定義為偏差的群體有著不同於支配群體的文化，因為身為大寫他者的身分地位創造了支配群體無法共享的特殊經驗，而文化上的受壓迫群體經常也在社會生活上被隔離，並在社會勞動分工中占據了特殊位置。這類群體成員會彼此表達他們的特殊群體經驗、對這個世界的詮釋，並發展自己的文化使其永存不朽。於是雙重意識出現了，因為一個人發現自己的存在被兩種文化定義著：一個是支配的文化，一個則是從屬的文化。他們在共享對社會生活的相似經驗及觀點時，也能夠肯定並確認自己的文化；因此，即便是被文化帝國主義化的群體中的人，也經常可以維持一種正面的主體性感受。

文化帝國主義牽涉到的弔詭，是在經驗到自己是隱形的同時，又被標記出來、視為不同。當支配群體無能肯認體現在他們文化表現中的觀點是一種觀點時，此種隱形性就產生了。這些支配性的文化表現經常只留下一點點空間給其他群體的經驗，充其量只是提到或涉及到他們，而且是以一種刻板印象化或邊緣化的方式。因此，這就是文化帝國主義的不正義：受壓迫群體自身的經驗，以及對社會生活的詮釋，幾乎找不到可以觸及支配文化的表現空間；同時這個支配文化卻將自己的經驗，以及對社會生活的詮釋加諸於受壓迫群體。

在隨後的幾章中，我將更完整地探討文化帝國主義對社會正義的理論與實踐所造成的後果。第四章詳盡闡述一個主張：文化帝國主義乃是部分地透過支配群體宣稱其觀點及經驗為普遍或中立的能力而實現的。在第五章，我追蹤了文化帝國主義在十九世紀的運作：當時透過科學分類，它將某類身體視為是偏差或退化。我探討對某些群體身體的價值貶抑，如何仍然制約著群體之間的日常互動，儘管我們已將這類針對身體的評價逐出推論意識（discursive consciousness）之中。最後在第六章，我討論最近在文化上受壓迫的人為了奪回對自身的定義進行的鬥爭，並主張群體差異具備的正面意義。我將在這一章以論述證明，正義要求我們為這樣的差異創造出政治空間。

暴力

最後，許多群體會遭遇系統性的暴力壓迫。某些群體的成員終其一生都知道他們必須恐懼針對他們個人或財產的任意、無緣無故的攻擊；這些攻擊沒有特定動機，目的只是為了破壞、羞辱或摧毀這個人。在美國社會，女性、黑人、亞洲人、阿拉伯人、男同志及女同志，都生活在這類的暴力威脅之下；而至少在某些地區，猶太人、波多黎各人、墨裔美人，以及其他說西班牙語的美國人也必須恐懼這類暴力。針對這些群體的身體暴力發生的頻率令人震驚。美國性侵害危機處理中心（Rape Crisis Center）網絡估計，有超過三分之一的美國女性在一生中曾經歷過性侵未遂或真的被性侵。曼寧．馬瑞伯（Manning Marable, 1984, pp.238-41）將一九八〇至八二年間在美國針對黑人的大量種族暴力及恐怖事件製成了一張表，他引用了數十個由執勤中的警員針對黑人所犯下的嚴重毆打、殺害或強暴事件——這些事件中的涉案警員都獲得無罪釋放。更甚者，在一九八一年，至少有五百件記錄在案的白人青少年針對黑人的隨機暴力案件。另外，針對男女同志的暴力事件不僅隨處可見，在我書寫本書的過去五年間更不斷增加。儘管針對這些及其他種族或性方面標記群體成員的身體攻擊十分令人不安，但我也將犯行較不嚴重的事件納入這個分類，包括騷擾、恐嚇，或僅為了貶低、羞辱或污名化群體成員而做的譏諷嘲弄。

考慮到這類暴力在我們社會中出現的頻率，為何正義論通常對此默不作聲？我認為，這是因為理論家通常不把這類暴力及騷擾事件當作是社會不正義。沒有一個道德理論家會否認這類的行為極端錯誤；但他們可能會想，除非所有的不道德都是不正義，否則為什麼這類行為應該被詮釋成社會不正義的癥候？暴力行為或情節輕微的騷擾是由特殊的個人所犯，他們經常是極端主義者、偏差分子或心智不穩定的人；那麼，如何可以說他們牽涉了我說過正是正義這個主題所要處理的那些制度性課題？

暴力之所以會成為壓迫的其中一個面向，與其說是因為這些特殊行為本身（儘管這些行為經常極端可怕），不如說是環繞著它們的社會脈絡；這個脈絡讓這些行為成為可能、甚至是可接受的。讓暴力成為一個社會不正義的現象、而不僅只是個人道德錯誤的，是它的系統性特質，是它做為一個社會實踐的存在。

暴力是系統性的，因為它鎖定一個群體的成員，只是因為他們屬於該群體。舉例而言，任何女性都有理由恐懼強暴；而不論一個黑人男性做了什麼來逃脫邊緣化或無能的壓迫，他終其一生都明白自己會遭受攻擊或騷擾。暴力的壓迫不只存在於直接的受害，而是存在於所有受壓迫群體成員共享的日常知識當中；他們知道自己之所以**容易成為暴力的目標**，僅僅只是因為他們的群體認同。正是因為活在這樣一種自己、家人或朋友可能受到攻擊的威脅之下，才剝奪了受壓迫者的自由與尊嚴，並無端耗損了他們的能量。

暴力是一種社會實踐。它是一種社會給定，每個人都知道暴力會發生，且會再度發生。它始終在社會想像的視域之中，即便是對那些不曾犯下暴力行為的人而言也是如此。根據主流的社會邏輯，某些情境相較於其他情境更容易「邀請」（called for）這樣的暴力。讓一個想搭便車的女性上車，會讓許多男性因此興起強暴的念頭；許多異性戀的男大學生，會有在寢室地板騷擾或戲弄一個男同志的想法。暴力行為經常是幾個人一起從事，在全部都是男性的團體裡尤是如此。而有時候，侵犯者會出去尋找毆打、強暴或奚落戲弄的對象。這幾類有規則可循、社會性，且經常是預謀的特性，讓針對群體的暴力成為一種社會實踐。

此外，群體暴力是被容忍的；就這層意義上，群體暴力接近於正當合法。第三方經常覺得群體暴力不足為奇，因為它頻繁發生、且始終存在於社會想像的地平線上。即便是被抓住，那些針對群體做出暴力或騷擾行為的人經常也只得到輕微的懲罰，甚至免受懲罰。到了一種程度，甚至可以說社會將他們的行為視為是可接受的。

隨機、系統性暴力的一個重要面向，是它的非理性。這種排外暴力與國家暴力或統治階級的鎮壓不同。鎮壓性暴力有其理性的動機，儘管多半是邪惡的：統治者用它做為一種強制工具以維持自身權力。而許多對種族主義、性別主義或恐同暴力的解釋，都試圖將其動機說成是為了維持群體的特權或支配。我不否認對暴力的恐懼經常得以讓被壓迫群體順從，但我不認為排外暴力是由理性所驅動的；對罷工者的暴力就是一例。

相反地，強暴、毆打、殺害及騷擾女性、有色人種、同志及其他被標記群體，這些侵犯行為都是由恐懼或對這些群體的仇恨所驅動。有時候動機也許只是簡單的權力欲，想讓那些被標記為弱勢的人群受到傷害，因為在社會事實上，他們之所以被標記為弱勢，正是因為他們容易遭受暴力。若是如此，就權力欲動機必須視群體暴力的社會實踐而定來說，這個動機就是其次的了。暴力所造成的對他人的恐懼或仇恨，至少部分地牽涉到施暴者本身的不安全感；它的非理性顯示無意識的過程在起作用。在第五章，我將討論這個透過將某些群體定義為醜陋或令人憎惡的身體、從而讓某些群體令人害怕或厭惡的邏輯。我提出對某些群體的恐懼與恨意之心理分析解釋，說明這與認同失落的恐懼密切相關。我認為這樣的無意識恐懼至少可以部分說明我在此稱之為暴力的這種壓迫。它也可以用來部分解釋文化帝國主義。

此外，文化帝國主義本身也與暴力有交集。受到文化帝國主義壓迫的人也許會拒絕支配性意義，並試圖主張自身的主體性。或者，他們也可能指出以下的事實：他們的文化差異，可能會揭穿支配文化隱含的普遍性宣稱的謊言。而這樣一種對霸權文化意義的挑戰所產生的刺耳聲響，也可能成為非理性暴力的源頭。

暴力是一種不正義形式，而對正義的分配式理解似乎沒有足夠能力去掌握之。這或許就是為什麼對正義的當代討論鮮少提及暴力。我主張針對群體的暴力是制度化、系統性的。甚至到了某種程度，制度及社會實踐會鼓勵、容忍或使針對特殊群體的暴力犯行得以發生；這些制度及實踐是不公正的，應該被改革。這樣的改革也許需要資源或位置的重新分配，但大體上只能透過改變文化印象、刻板印象，以及改變在日常生活手勢中被尋常地再生產出來的支配及憎惡關係。我將在第五章中討論這類改變的策略。

標準的運用

將壓迫建構成一個一致現象的社會理論，通常要不是遺漏了連理論家都認為受壓迫的群體，就是遺漏了讓這些群體受到壓迫的重要方式。舉例來說，黑人解放理論家及女性主義理論家即以令人信服的口吻主張馬克思主義將所有的壓迫化約為階級壓迫，因此遺漏了黑人及女性所受到的特殊壓迫。透過本章說明的方式來增加對壓迫的分類，可使社會理論避免這類化約論所產生的排除及過分簡化效果。

我避免一些其他人用來增加壓迫分類的方式，亦即透過為每個受壓迫群體，來建構一個對它們各自壓迫系統的說明，這些壓迫系統包括種族主義、性別歧視、階級歧視、異性戀主義、年齡歧視等等。將每個群體的壓迫視為一個一致而有別的結構或系統，會出現雙重問題。一方面，這種構思壓迫的方式無法容納不同群體所受壓迫的相似及重疊之處；另一方面，它又錯誤地把所有群體成員的處境呈現成是一樣的。

我已經詳細說明了壓迫的五張臉孔：剝削、邊緣化、無能、文化帝國主義和暴力，這樣的範疇區分是避免這類排除及化約的最佳方式。他們的功能是做為一個決定個人和群體是否受到壓迫的標準，而不是一個完整的壓迫理論。我相信這些標準是客觀的標準。當對某些人深信自身群體受到壓迫、但其實並非如此時，它們提供了一項駁斥的工具；而當其他人懷疑一個群體受到壓迫時，它們也可以做為說服的工具。每個標準都能被操作化；每個標準都能透過對可觀察行為、地位關係、分配、文本及其他文化製品的評量而加以運用。我不會去幻想這類評量是可以價值中立的，不過這些標準還是可以做為一項工具來評量一個群體受到壓迫的宣稱，或是將有關一個群體是否或如何受到壓迫的爭論判定為不法。

只要這五個境況中出現任何一個，就足以說一個群體受到了壓迫。但是不同的群體壓迫會展現出不同的結合形式，群體中的不同個體也是如此。被當代社會運動指稱受到壓迫的群體，如果不是全部、也幾乎都遭受了文化帝國主義的壓迫。而它們所經歷的其他壓迫則各有不同。舉例來說，工人階級受到剝削與無能的壓迫，但若受雇者是白人，就不會遭遇到邊緣化與暴力的壓迫。另一方面，男同志並未因同志身分而遭受剝削或無能的壓迫，但他們卻經歷嚴重的文化帝國主義及暴力壓迫。同樣地，猶太人和阿拉伯人做為群體，亦是文化帝國主義及暴力的受害者，雖然這些群體中的許多成員也因剝削與無能而受苦。老人受到邊緣化及文化帝國主義的壓迫，有身心方面障礙的人也是同樣境況。而做為一個群體，女性遭受到以性別為基礎的剝削、無能、文化帝國主義及暴力的壓迫。美國種族主義讓許多黑人及拉丁美洲裔人士承受邊緣化的壓迫，並讓更多人生活在風險之中，即便這些群體中的許多成員已經逃脫了那樣的境況。以上這些群體的成員，經常承受著全部五種形式的壓迫。

將這五個標準運用到群體的處境，讓壓迫的比較成為可能，同時又能不將壓迫化約為一個共通本質，或宣稱某個壓迫比另一個壓迫更為根本。人們可以比較某種特殊壓迫形式出現在不同群體中的方式。舉例而言，雖然不同群體常以同樣的方式體驗到文化帝國主義的運作，但還是有著重大不同。人們可以比較群體所遭遇到的壓迫的結合方式，或是這些壓迫的強度。於是，透過這些標準，人們得以可信地宣稱一群體比另一群體受到更多的壓迫，而不會將所有壓迫化約到一個單一的尺度上。

為何一個特殊的群體會以某種方式受到壓迫？這五種壓迫形式之中，是否有任何的因果連結？這一類的因果性或解釋性問題，就不在這個討論範圍之內。雖然我認為一般社會理論占有一定的位置，但因果解釋必須始終是特殊的、且是歷史性的。因此一個特殊群體為何會以某些方式受到壓迫，若要對這問題提出解釋性的說明，就必須追溯歷史及特殊社會關係的當前結構。這類具體的歷史性及結構性解釋，將顯示出一個群體所經歷的不同壓迫形式之間的因果連結。舉例來說，在文化帝國主義中，白人男性對黑人或女性做出刻板印象的假定，並拒絕承認他們的價值，就會為這些人帶來邊緣化及無能的壓迫。但文化帝國主義並不總是會產生這些效果。

我將在隨後的篇章中以不同的方式探討本章說明過的這些分類。第四、五、六章將探討文化帝國主義的影響。這幾章構成了一個擴充的論證，指出現代政治理論及實踐錯誤地普遍化了支配群體的觀點；而修正這類文化帝國主義的最佳方式，是關注並肯定一個政治實體中社會群體的差異。第七、八章也運用了文化帝國主義的分類，但是焦點更集中在剝削及無能的社會關係。

第3章
起義及福利資本主義社會

Insurgency and the Welfare Capitalist Society

可能很缺乏公共課題，但這不是因為問題、衝突、對立或其他事情不存在了。不帶個人色彩的、結構性的變化並不會讓問題或課題消失無蹤。它們在許多討論中不見蹤影，是由於意識形態的理由，調控的方式首先是知識分子是否偵測到問題並將其陳述為可能公眾的潛在**課題**，以及各種人的**麻煩**。

——C·萊特·米爾斯（C. Wright Mills）

對批判理論而言，規範性反思誕生於特殊的社會脈絡；針對這個社會脈絡中的社會及政治衝突，哲學的目標是要提供分析、分類及評價。然而，這類出現在一個情境化社會脈絡中的規範性反思，在這些衝突方面並不是中立的，而是尋找潛藏於制度中未被實現的解放可能。而這些解放的可能性，也被這些衝突之中的社會運動視為追求的目標。

福利資本主義社會是一種社會脈絡，許多針對正義的理論化工作在其間發生。在這一章中，我主張正義的分配式典範符合這類社會中公共論辯的基本公式。利益群體多元化的過程將公共衝突基本限制在分配上；生產組織、公共及私人領域決策結構，以及授予身分地位或讓不利條件再度強化的社會意義，這些課題都不再被提起了。這種對於公共論辯的限制已經導致許多作者宣稱福利資本主義社會是去政治化的。

透過它的福利導向，福利資本主義社會將公民建構為顧客—消費者，並澆熄他們主動參與公共生活的熱情。我主張正義的分配式典範在意識形態上的運作再次強化了這種去政治化的過程。

然而，這種福利資本主義式公共論辯定義的霸權並非沒有受到挑戰。自二十世紀六〇年代起，大部分西方資本主義國家興起的社會運動就開始質疑福利國家將公共論辯限制在分配上的作法，並尋求政治化（politicize）擁有和控制過程、決策、文化生產、日常生活的個人關係，以及受到管理的工作生活及社會服務。雖然有時福利資本主義社會過程能成功約束新社會運動的起義需求，將之限制在利益群體多元化的可管控範圍內，但這些運動經常在界線之外的地方爆發，產生出民主化參與公眾的願景。我將一個正義構想的社會基礎定位在這些尋求減少、消除支配和壓迫的運動之中。民主既是社會正義的要素，也是條件。

西方福利資本主義社會的規範性原則

福利資本主義制度傾向打破國家活動公領域及私人企業經濟活動私領域之間的區分。政府公開而普遍地負起責任，並管理、分配經濟過程中產生出的利益。在這同時，公司法人、公會及其他社團之類的私人機構則開始在組織、權力和規模上跟政府漸趨相似。政府機構和服務單位則反過來，自己扮演起半自主性公司法人的角色（參看 Unger, 1974, pp.175-76）。

福利合作社會至少體現了三個重要的原則，是更早期、更自由放任的自由主義資本主義大體缺乏的。原則一，經濟活動應該受到社會的或集體的管制，目的是為了最大或集體的福祉；原則二，公民有權享有社會提供的一些基本需求之滿足，在私人機制無法有效運作之處，國家有義務制定政策來滿足這些需求；原則三，形式平等及非個人（impersonal）程序，這與更為專斷且個人化的權威形式及更強制性的取得合作形式大異其趣。雖然這些原則都遇到了一些挑戰，但至少就原則而言，它們還是得到了廣泛的接納。

原則一：在一個和現代資本主義經濟體目前樣貌一樣複雜、相互依賴的經濟體內，一個人或一間公司的決策可能影響著眾多其他人的活動；若不讓經濟活動受到一些社會控制，那是全然非理性的作法。大多數西歐國家都會採取某種由政府負責管理的經濟計畫形式。雖然在美國，經濟協調和管制較不那麼中央集權化，也較不明顯，但人們仍是相當接受政府對經濟的管制。在西方資本主義國家，這類的政府管制與經濟協調跟一些人所堅稱的「溫和社會主義」（creeping socialism）還有很大一段距離，因為它的明確目的是要促進私人資本積累的最適條件。然而，當公民的生存及福祉是如此地依賴經濟連結時，經濟活動應受某些一般性公共控制，而福利資本主義社會的管制肯定了這份期望；就這樣的情況來說，此管制還是有其正面的價值。

無論和當代修辭有多麼違和，在發達資本主義大政府中的主要受益者，是私人企業；為了持續獲得福利，它們變得擺脫不了對政府的依賴。為了促進資本積累的長期利益，政府於是創造制度並發展政策。為了這個目標，聯邦政府會透過稅收政策、貨幣政策、關稅、進出口貿易政策、舉債、對自身支出水準的管制，以及農場及企業補貼等方式對經濟系統進行管制；有時候地方政府也會如此。政府逐漸擔起私人企業所需的教育及勞動力訓練成本及管理，研發費用的成本也由政府負擔。諸如有效率的生產及分配所需的許多運輸及傳播基礎建設，還有其他的基礎設施服務，現在經常由政府行政單位來負擔、維持及管理。為了肩負起生產的社會成本，像是可能破壞其他企業獲利的污染之控制等等，政府承擔了許多責任。此外，在福利合作社會，政府是私人企業產品的主要消費者，譬如軍事用品、提供大量行政機關及辦公室的物資、住房、高速公路和其他公共工程建設等等。

原則二：當私人機制無法有效運作時，國家有義務滿足需求；這個原則也許比第一個原則還具爭議性，但卻在所有的發達資本主義社會中被廣泛接受。在福利國家制度發展前僅有的公民權利，是形式上的自由主義政治權利，也就是保護自由、獲得法律規定正當程序的權利，及法律之前人人平等、投票權、擔任公職權利等等。福利國家對外散播了經濟權、或接受權（right of recipience）屬於公民權利的構想。即便當採行撙節措施，政治氣氛挑戰了滿足公民需求的社會服務的想法時，滿足生活基本需求的口頭承諾仍然維持著。舉個例子，一九八五年美國國會通過的葛萊姆預算平衡法案（Gramm-Rudman budget balancing bill）就保障了一些最基本的收入補助方案，讓例如未成年子女家庭補助計畫（AFDC）和食物券等等不受國會授權的自動減支影響。

福利國家的作為也讓普通平民獲益，並改善他們的生存及生活品質。社會安全、失業保險、健康補助、住房保障，以及直接的收入補助這類的應得權利方案（entitlement program）都是為了滿足某些公民的需要。過去三十年來，美國稅收政策的某些面向已經發揮效果，將所得從中產階級及上層階級重新分配到窮人手上，雖然最近的稅務改革又逆轉了這個潮流。中產階級本身也從大學學貸及房屋抵押貸款的稅額減免中獲得好處。對教育和訓練的支持，就如同平等機會法案的施行般，皆創造出一些可受僱勞工，並透過一些限制去消除種族及性別歧視。此外，市、州和聯邦行政機構還提供了大量工作機會，這對擴大黑人、拉丁美洲裔人士、美洲印地安人和女性的專業就業機會尤其重要。產品品管也提供消費者顯著的保護。

福利合作社會中政府作為的這兩個面向——支持資本積累、滿足普通平民的需求——會彼此強化。滿足公民需求的應得權利方案必須透過稅收來支付，因此會需要採行擴張性經濟。於是在私人企業的條件下，社會福利方案需要政府對經濟的管制及基礎設施的支持。教育和訓練方案對身處其中的個人有利，也對雇用這些個人的企業及行政機關有利。

原則三：福利資本主義社會也以體現形式平等和程序論（proceduralism）的價值為目標，因為它反對更為專斷且個人化的權威形式，以及更強制性的取得合作形式。在這類社會中，大型的官僚機構指揮著大多數的集體活動。官僚機構有別於其他形式社會組織，它們根據非個人的規則來運作，而這些規則一體適用於所有的個案。理想上，官僚組織中的人們擁有或沒有地位、特權、權力或自主性，是根據他們在該勞動分工中的位置，而不是因為他們出生的個人特質、家庭人脈等等。根據官僚機構的價值觀，位置是根據績效來分派的。官僚機構的這些成就，是社會組織歷史上重要的正面發展。但我這樣的說法，暫時撇開了官僚組織所加速形成的新的支配形式；這部分我將在下面予以討論。

福利國家的制度及實踐透過兩種方式協助保存了資本主義制度。從結構上來說，這些制度和實踐為生產和積累創造了有利的條件，幫助提供技術性勞動力，並透過政府直接消費及對一般消費者的收入補助擴張市場對財貨的需求。就政治上而言，福利國家政策提供了重要的正當化功能，方式是透過鼓勵人民效忠這個體系，甚至到了為他們提供物質的地步，或至少也持續做出提供物質的可靠承諾。

福利國家的出現是漸進式的，且讓人想起大部分福利國家政策都是針對富人及有權人士展開激烈的民眾鬥爭後才爭取到的；然而，這跟福利國家的一般性功能主義觀點其實並不相左。舉例來說，若沒有群眾運動對國家與社會提出需求，美國今天的收入補助政策就不會存在了，而這些運動提出的呼籲經常遠比他們實際達到的更為激進。正如皮溫與克勞沃（Piven and Cloward, 1982）主張的，這些民眾鬥爭及所帶來的改革顯著地降低了十九世紀以來經濟課題與政治行動之間的隔絕狀態。此外，一方面是強調必須積極有力地反對消減政府支持的福利措施，另一方面則強調福利資本主義制度的形式必須改變，好讓它們不再支持壓迫及支配；就這兩方作為來看，它們也並非是不一致的。

福利資本主義社會的去政治化

整體來說，福利資本主義社會是更為人性的，相較於讓「看不見的手」為所欲為的資本主義社會來說；後者對投資、產品品質或是工作條件沒有任何的社會管制，對老者、貧者、病者也沒有提供社會支持的給養。然而在這同時，更多的私人經濟活動被納入了公共政策的範圍內，公共事務變得越來越去政治化（參見 Habermas, 1987, pp. 343-56）。社會衝突與討論被大幅限制在分配課題上；而組織及生產目標的背景性課題、位置與決策程序，以及其他這類制度性課題，在此都不是需要被處理的問題。是以，利益群體多元化的功能，就是用來解決分配衝突的工具；因為這樣的分配是個既不公平、也去政治化的過程（Cohen and Rogers, 1983, chaps 3）。

根據多種分析，新政（New Deal）改革開始將階級衝突給制度化，這過程完成於一九五〇年代初期。在這個福利資本主義體系中，資本家與工人達成了一個交易。企業和政府對工人需求做出讓步，這些需求包括集體協商權力、更多休閒時間、更高薪資、社會安全及失業津貼，以及改善物質生活和勞動人民安全的相似措施。而做為回報，工人們也放棄一些要求，包括對生產進行再結構化、控制企業或整體經濟的目標及方向，或對服務的管理擁有集體控制權。從那時起，社會衝突就被限制在對整體社會產出的分配性份額的競爭上。每個人都同意經濟成長是政府和商業活動的首要目標。為了把他們所要儘可能爭食的社會派餅做大，政府和企業就得擁有權威，做它們判斷要促進經濟成長必須做的任何事情。

這個把衝突限於分配課題、不去質疑生產及決策結構的交易，發生在私部門以及國家部門。在私部門，二戰結束後勞動公會暗自同意將他們的需求限制在分配課題上，也就是薪資、工作時數、津貼、假期時間等等，而不提出諸如工作條件、對生產過程的控制，或是投資優先性的課題（Bowles and Gints, 1982; 1986, chap. 2）。國家對集體協商的管制再次強化了這個沒有明言的協議，並鮮少讓工作過程及工作組織等課題進入協商議程。

在聯邦和州政府，政策課題大體限制在資源的配置和社會服務的供給上，一切都必須服從於促進經濟成長的絕對命令。衝突僅在範圍狹窄的分配性議題上發生：減少赤字是否必須增稅？富人是否應該比其他人付更高比例的所得稅？應該將基金用來購買武器，還是花在公共住宅和高速公路上？哪一種撥用方式會製造出更多的工作機會？政府的基本目標已被給定，限制在既存權力、財產及應得權利的結構之內，而且不會進行討論。「政策被導向了一個方向，也就是以個人和集體消費為目的之分配剩餘的最佳方式，而不是更核心的問題——即控制這個過程、以實現社會需求及全部人類潛能的最佳方式。」（Sith and Judd, 1984, p. 184）

在經過協議的經濟成長絕對命令下，將衝突及政策限制在分配性課題，這點在地方政治最明顯不過了。絕大部分的自治市裡，由地方公職、生意人及官僚組成的聯盟有效地運作，將表達出來的公民利益導入土地使用決策的體系中，而該決策系統則受促進投資的絕對命令所約制（Elkin, 1987; Logan and Molotch, 1987, chap. 3）。正如我將在第八章中討論到的，城市本身的國家權力被日益剝除，變得只能在福利國家和企業之間搖尾乞憐。

透過將衝突與政策討論限制在分配性議題，福利資本主義社會將公民主要定義為顧客——消費者。不像早期資本主義運作建立在低薪資及工人階級的樽節，福利國家資本主義要求高度的消費，以便維持經濟成長動能。企業廣告宣傳、大眾文化媒體及政府政策三者合謀，鼓勵人們將自已認定是個消費者，將他們的能量放在他們想要的物品上，並根據政府在提供財貨及服務方面的表現來評價他們政府的表現（Habermas, 1987, p. 350; Walzer, 1982）。這樣一種顧客—消費者導向的公民權利讓公民變得私人化，也讓人民控制或參與的目標變得日益困難或是毫無意義。

在福利資本主義社會，利益群體多元化的過程是解決有關分配的政策衝突的工具。顧客—消費者公民及法人行動者組織起來，促進在接受政府財方面的特殊利益：石油遊說集團、無家可歸者維權人士、貨運業利益群體、醫師遊說集團、消費者維權人士等。新的政府計畫經常創造出原本並不存在的利益群體。政治遊戲是透過市場類比來加以定義的。各式各樣的利益彼此爭搶著人們的忠誠；那些聚集了最多成員、最多錢的，就在遊說立法、制定規則及稅金分配上占有市場優勢。不同的利益必須互相競奪有限的資源及民意代表、政府官員的注意，故有時利益間會為了相互的好處而彼此結盟、討價還價。而根據多元主義理論，政府政策及資源的配置，是該利益群體間競爭及議價過程所產生的結果。

利益群體多元論理論及實踐的批評者主張該體制促進了分配的不公平。在利益群體競爭中，有些群體（尤其是商業群體）從一開始就擁有更多資源及更大的組織，這讓它們能夠更好地代表它們的利益，結果就因此而往往偏向那些占有這些優勢的群體。儘管我同意這個批評，但我在此想集中關注的是：利益群體多元論也如何將公共生活去政治化了。在解決衝突的過程中，利益群體多元論並未在自私利益的主張及對正義或權利的規範性主張之間做出區分。公共政策論辯僅是不同主張之間的競爭，而「贏」則端視是否能為自己這方爭取到更多的人、能否與其他人進行交易與結盟，以及能否針對如何及向誰提出訴求進行有效的策略計算。人們不會因為向公眾說服自己的主張是公正的而獲勝。這個政策討論的策略性構想孕育了政治犬儒主義：那些針對權利或正義提出訴求的人，只不過是用巧妙的修辭來說出自己想要什麼罷了。這個犬儒的體制經常迫使主張正義的運動（例如民權運動或平等權力修憲案運動）將自己等同於其他利益群體。那些相信婦女平權的正義的人必須形成壓力群體才能得到他們想要的；而且為了達到目的，還必須準備進行交易與議價。

這樣的過程，讓針對正義的規範性主張淪為出於欲望的自私訴求；而且在過程中，做為政治之事標誌的公共審議要素缺席了（Arendt, 1958; Michelman, 1986; Sunstein, 1988; Elkin, 1987, chap. 7）。一個政治化的公眾解決爭執及制定決策的方式，是聆聽彼此的主張及理由、提出問題及反對意見，並推動新的規畫及提議直到達成決策為止。

當每個代理人或組織都行動起來，透過政府機關管道來促進自己的特殊利益，而這些管道很少得到公開宣傳、更罕有公開的討論時，就會造成一種碎片化的公共生活。在討論及衝突的公共領域內不存在一個論壇，可以讓人們整體檢視從這些過程中產生的正義或公平模式（Howe, 1982; Barber, 1984, chap. 3）。因為大體來說並不存在著有力的公眾，所以也不可能將產出分配性模式的基本結構、假定、約制條件及決策程序帶入公共討論當中。此外，必須要有較利益群體多元論所容許的碎片化更為全面的觀點，才能將它們帶入視野中，因為人們需要知道不同利益群體的欲望及它們的同時實現所導致的集體性後果之間的關係。

利益群體政治有效地封鎖了個別公民直接參與公共決策的管道，並也常讓他們對於審議的提議及制定決策一無所知。除了做為圍繞著某個特定政府計劃或利益而組織起來的選民，公民無法表達自己的需求或是參與公政策討論。由於政策導向的並非真正的個人，而是由納稅人、保健服務消費者、父母、勞工、城市居民等碎塊拼接起來的個人，因此針對某一特殊個人的自我利益最終為何的計算，就會變得不一致（Janowitz, 1976, chap. 4）。在這樣的情況下，無怪乎公民會對政治失去熱情。

最後，或許也最為重要的是，因為決策經常是在不公開的狀態下制定的，於是福利資本主義社會中決策的利益群體結構會產生去政治化的效果。針對私人經濟及社會活動的公共管制逐漸增加，並產生了利益導向的政府機關；他們與這些私人利益的代表們每天肩並肩攜手合作。結果就是亞蘭・沃夫（Alan Wolfe, 1977）所謂的「特許國家」（franchise state），也就是為制度化的利益群體量身訂做、開闢道路的政府權威。

在這個利益群體多元論的體制中，大部分的公共政策都是做為這些政府機關日常運作的一部分而發生的；伴隨著他們在立法或行政上的產物，他們還會得到闡明或執行管制的廣泛權力。大多數這些政策都是經過複雜、非正式的協商過程而敲定的，這些過程發生在這些機關內以及機關與商業或其他私人組織之間，這些政策都涉及後者的特殊利益，而他們擁有足夠的力量及影響力可以接觸到這些機關（參見 Lowi, 1969, esp. chaps. 3 and 4）。通常這些政策決定都是在幾乎半祕密的情況下做成，因此在福利合作社會中有大量的決策是去政治化的。用克勞斯・歐芙（Claus Offe）的話來說：

> 如果政治與構思社會生活公正秩序的願景、與這個秩序的分歧願景間產生的衝突有關的話，那麼考量到調停管道被封鎖的情況，一個僅只是略爲誇大的說法是：我們正經歷著一種政治及國家已解除婚姻關係的狀況。（Offe, 1984, p.273）

二十年前提奧多・羅威（Theodore Lowi, 1969）就曾主張，這樣的仳離現象意味著有相當多的政府活動不再受到法治的規範。立法的主體是少數幾個為政策公共討論而成立的論壇之一。在福利資本主義社會，政府訂立的大部分積極政策並不是法律，而僅是由機關部會領導者建立的管制措施，通常不曾經過任何的公共討論。當然，採取立法行動是必要的，這樣才能創立許多行政機關；而行政機關的持續存在，以及它們活動的範圍，是由立法機關的預算行為所決定。然而，創立新行政機關與計畫的提議，還有補助的提議，卻是在行政機關與他們私人選民的協商之中產生的。

分配式典範的意識形態功能

當觀念將它們所產生的制度性脈絡再現為自然或必然時，觀念就發揮著意識形態的功能，正如我對這個詞的理解。它們因此先發制人地阻止了針對支配及壓迫關係的批判，並掩蓋了可能更具解放性的社會安排。就這個意義而言，在福利資本主義社會的脈絡中，正義的分配式典範發揮著意識形態的功能。

分配式典範在當代哲學正義論占據了主流地位。就我的看法，可以從分配議題支配了福利資本主義社會的政策討論的這個事實得到至少是部分的解釋（參看 Heller, 1987, p.155）。這個理論取向輕鬆地與我們的制度一拍即合，因為以正義在我們社會中受到討論的程度，有關收入分配、資源配置，以及位置獎賞的課題仍占據著主要地位。分配式典範反映的是福利資本主義社會對滿足基本需求、為了大我著想而管制經濟活動的一種嘗試性、模糊不清的承諾，有時候還證明了它的正當性。我在第一章中曾論證以分配式典範為基礎之占有式個人主義對人性的構想，這個構想正符合福利資本主義社會的社會脈絡，也就是將公民首先建構為顧客—消費者（參看 Taylor, 1985）。

在這樣主張的同時，我並不是要說分配正義論就必然映射或是背書了現存的分配及支持現存分配的利益。相反地，分配式典範支配了當代哲學論述，有部分原因是許多理論家認為在現存的福利資本主義社會中存在著大量的分配不正義。在分配式典範的範圍內，許多正義論者主張了一些原則，而這些原則的運用則意味著對這些條件的批判。

正如我們已經看到的，在分配課題的範圍內運作的利益群體多元論讓一個去政治化的公共生活能夠持續下去，而這樣的公共生活讓社會生活碎片化，並將公民與國家的國家私人化。它澆熄了針對集體決定的公共審議的熱情，尤其是關於政府的目標，或是制度的組織及權力關係的集體決定。因此，福利資本主義社會中政策形成過程的去政治化讓人難以看見擁護著支配及壓迫的制度性規則、實踐及社會關係，更遑論提出挑戰。

正如我在第一章中論證的，一種相似的盲目折磨著正義的分配式典範。透過集中關注分配，正義論通常無能將決策權力、勞動分工及文化的課題納入評價，而這些課題往往比分配更基礎，甚至於能決定分配。這個分配式典範隱約假定了一種原子論式、靜態的社會本體論；而一個將關係及過程包含進來的本體論，才更能夠掌握支配及壓迫的許多面向。

正義的分配式典範並不會產生福利資本主義特有的、去政治化的顧客—消費者公民。然而，這個典範的霸權卻會再次強化當代政策論述的單一面向，以及它所發揮的遏制功能。由於分配式典範反映了利益群體多元化的過程，並將這些過程實體化為一般性的正義主題，因此它發揮了功能，去正當化這些過程及去政治化其所鼓勵的公共生活。正義理論化工作的主流取徑無能評價為分配提供脈絡與條件的制度性結構；就這點而言，它們幫助預先防堵對福利資本主義社會中的權力關係及文化的批評。更甚者，它們還再次強化了支配及壓迫，並封鎖了人們的想像，使人無法預想出更具解放性的制度及實踐。

一個針對正義的批判性理論取徑，應該始於這樣一個洞見：任何規範性理論或社會理論都受到、並應該受到它們發聲所在的該特殊歷史及社會脈絡的限制。因此我的主張是，分配典範的意識形態功能並不假定有關正義的理論化工作可以中性地看待、或是獨立於特殊的社會條件。

規範性的理論化工作必然受到已經存在的制度及社會關係包圍，它可能不是支持就是批判它們——或者在一些情況下，也許兩者皆是。雖然福利資本主義社會在某些面向上比一些其他的社會更不具壓迫性，然而它卻包含了政治哲學應該要加以定位及批判的許多支配及壓迫結構。

管理社會及新支配形式

正如我在第一章所定義的，支配存在於制度性條件中，這些條件抑制或阻礙了人們參與決定自己的行動或自己行動的條件。福利資本主義社會的特別之處在於它創造出了新的支配形式：日常的工作及生活的活動漸漸臣服於理性化官僚的控制之下，這樣的控制讓人們在許多的生活領域都受到官方及專家的規訓。

我使用官僚制（bureaucracy）這個詞來指稱一個體制，它定義及組織了做為技術控制對象的社會工程（social project）。官僚制將技術或工具理性的對象延伸到自然世界之外，以協調人類的行動及互動。官僚理性將行動之目的視為是給定的——無論是製造炸彈、進行人口普查，或是將食物送往受饑荒蹂躪的地區——進而決定實現這些目的最有效的工具。由於目的之定義始終不在這個特殊的官僚體制之內，而這個做為工具的體制又是由宣稱價值中立的一種技術科學所發展出來的，因此官僚組織大體上是去政治化的，它的活動並不會被理解為是負載價值（value-laden）的決定之產物（Keane, 1984, chap. 2）。

在十九世紀及二十世紀早期東西歐及美國社會革命家及改革者的進步願景中，官僚化被想像成是消除支配、尤其是階級支配的方法。深植於官僚制中的正式化（formalization）設計，用意是為了轉變傳統的權力體系；在這些權力體系中，一個代理人可以專斷地強迫其他人聽命於他或她的意志。因此，集體化農業生產取代了哥薩克人的統治；法人管理體系取代了持有人—老闆的統治；城市管理者政府取代了黨機器家父長的統治；家庭法及社會服務機構取代了部分丈夫—父親的統治。

在傳統的統治形式中，統治者根據自己特殊的欲望、價值或目的行使權力。統治者有權期待順服，因為他是最高統治者，不需要什麼別的理由。官僚行政組織則以法治及程序取代了這樣的個人主權（personal sovereignty）。官僚制針對其活動的每一個領域都發展出正式的、明確的規則，而且就這些規則必須被任何擔任這些職位或從事規定活動的人遵守的意義而言，它們也是非個人的。因此，官僚制引進了一種針對社會或協力活動的普適化及標準化。

官僚體制將協力工程（cooperative project）定義為技術控制之目的。它發現客觀上實現計畫的最佳方式不是考慮某個人的個人目的，而是以該組織或工程本身為著眼點。透過這麼做，官僚制發展出精細的勞動分工。它定義了權威的階層制度中的位置，每個位置都受到規則的限制，位置之間的移動則受到一個正式菁英體制所決定。

然而，透過明確闡述的規則及程序將集體行動正式化，結果卻讓集體行動與規範性的探究及結果分離。決定與行動的評價不是根據它們是否正確或公正，而是根據它們在法律上的效力，也就是它們是否符合規則並遵守適當的程序。這種將法律理性（legal rationality）與規範性論證（normative reasoning）脫鉤的情形構成了官僚制去政治化（bureaucratic depoliticization）的意義（參見 Habermas, 1987, pp. 307-10）。

伴隨著對工程的官僚制管理，一種新的對於工作意義及責任的理解也為那些參與這些行政管理的人發展出來，那就是專業主義倫理（the ethic of professionalism）。就專業化讓個人勞工不再能決定活動的目的而言，專業化讓工作活動去政治化了。隨著工作變得專業化，勞工將自己理解為遵循著一種倫理及科學學科的程序——無論是醫學、圖書館編目或兒童照護——他們在這些學科中接受正式的訓練。強烈的顯性或隱性規則阻止專業者將個人欲望及承諾帶入工作，或阻止他們基於對他人的感覺而影響專業表現。專業勞工將個人的奇想與欲望放到一邊，並做為團隊的一份子而努力，將組織的順暢運作及其目標的實現視為最高價值。專業倫理結合了強烈的忠誠觀念，不僅從業者必須忠於個人的專業，也必須忠於自身所在的組織。

受到正式化規則及程序指導的社會協力實踐的規則化有許多好處，專業學科的發展也有許多好處。雖然在官僚制組織中要改變規則經常比在傳統社會中更換領導人還困難，但是讓個人聽命於正式化的規則，還是比讓他們聽命於個人統治者經常我行我素、自私自利的異想天開還好，至少原則上他們還能夠知道並事先預期。然而，正如福利合作社會的許多學生所主張的，當官僚制行政管理擴張到越來越多的工作及生活領域時，也帶來了新的支配。

福利合作社會呈現在我們面前的是一幅諷刺的景象：一個生產、分配及服務供給的巨大體系，仰賴數以百萬計的人們複雜精密的合作，而其中大部分人都對自己的行動或是行動條件毫無決定權力。就我在第二章中描述的意義上來說，在這樣的社會中大部分人都是無能的；許多人在工作上擁有自主權，一些人對他人擁有制度化的權威，一些人擁有受到稍許尊敬的職位。但即便是相對上較被賦予能力的人，也必須聽命於支配結構。他們從自己的經驗中體會到自己服從於其他人單方面的權威；他們發現自身行動受到結構或官僚制命令的約制，而這些命令卻常常看起來既不是來自於任何人的決定，但同時又服務於某一組特殊代理人的利益。人們不只從身為勞工的經驗中體會到官僚制支配，也從身為顧客及消費者的經驗中體會到官僚制支配，他們同樣必須服從自己無從參與制定的規則，而這些規則設計之目的主要是為了方便提供者或代理人，而不是消費者。

合作式行政管理職場是個層級式結構，因為在裡面的絕大多數勞工都服從於其他人的權威。如果人們擁有決策權力，一般而言都是對他人行動的決策權力，而不是對自己的。這個層級式權威的結構重新建立了官僚制組織曾宣稱要消滅的個人支配。因為無論官僚制如何明確地將規則與程序加以正式化，它仍是無法消除個人的、主觀的選擇（Unger, 1974, pp. 169-71）。舉例而言，分支機構及部門的領導者一般都擁有很大的裁量空間來制定、詮釋、運用及實施規則，根據的是他們對組織目標的特殊理解及他們對優先順序的選擇。

正是官僚制規則的普適主義及正式特質，在官僚體制內部產生出一種個人依賴及必須服從於專斷意志的經驗。規則的正式性、普遍性及非個人性特質應該要保護個人免受一時奇想的專斷性及個人喜好的影響；每個人都應該得到同樣的待遇，不帶個人色彩、一視同仁，沒有特殊價值發揮作用的餘地。但是運用這些非個人規則的人們，卻必須對規則如何適用於每個特殊個案做出判斷。就其本質來說，正式、普適的規則並沒有自動機制可以來處理特殊案例的運用，因此在運用規則的過程中，決策者的感覺、價值及特殊感知就無可避免地涉入了。

正如我將在第七章中更仔細論證的，這裡的重點不在於實質的個人價值涉入了官僚制決策過程，它們本不該如此；相反地，特殊實質的價值進入決策是無可避免的，同時也是一個決策過程中適當的一部分。然而，官僚制行政管理的科學意識形態卻聲稱要將所有特殊價值從決策中移除。這樣的官僚制意識形態是如何被承認為正當的呢？一般而言，階層式決策過程的正義之所以被認為正當，是因為它宣稱任何具備適當知識的專家只要秉公而行，就會做出同樣的決定。然而，因為事實上個人判斷無可避免地會涉入許多重要的決定當中，部屬因此從經驗中體會到自己是服從於上級的專斷意志，他們部分從屬於他。官僚制內部的生活因此變成「印象管理」（impression management）及「裝瘋賣傻」（psyching out）遊戲的恐怖屋。為了排除上級主管在有關部屬方面能運用的廣大主觀判斷，官僚制經常會制定鉅細靡遺、正式、客觀的監督及監測方法。但這些方法只是增加了支配感，因為它們更常將更細密的規則運用到部屬的行為及表現上，而且主觀判斷同樣會無可避免地涉入到這些規則的運用過程中（參看 Lefort, 1986）。

福利合作社會中的支配從職場延伸到許多其他的日常生活領域。在哈伯馬斯稱之為「生活世界的殖民」的這個現象中，政府及私人代理人讓顧客及消費者深陷於微型權威所布下的天羅地網：顧客及消費者聽命於醫院、學校、大學、社會服務機構、政府官員、銀行、速食餐廳及無數其他機構的權威。在這些機構中工作的人員不只規定了顧客或消費者在機構中的許多行為；或許更重要的，透過社會科學、管理或行銷學科訓練，他們也為顧客或消費者定義了這些機構旨在滿足的那些需求形式及意義（Habermas, 1987, pp. 362-63; 參看 Fraser, 1987a; Laclau and Mouffe, 1984, pp. 161-63）。生活世界的殖民意味著過去服從於傳統規範、自發行動或集體決定的生命活動如今變得商品化了，或是受到國家機構控制而變得正常化、普遍化及標準化了（參看 K. Ferguson, 1984）。

在福利合作社會中的人們常常不去挑戰這些支配及去政治化的形式，部分原因是它們似乎是大多數人享有的舒適物質生活的代價。那些沒有物質舒適的人則更不可能去挑戰這些界定了他們行為及需求的機構之權威，因為他們比其他人都更依賴這些機構。還有其他兩個現象也正當化了福利合作社會的結構，並讓挑戰其支配形式變得更加困難，那就是專家主義（expertism）意識形態，以及社會及職業流動希望。

在福利合作社會，知識就是力量。公共生活的去政治化之所以成功，顯然是因為大多數人都深信立法、生產及規劃等課題複雜得無法理解，只有財政、法律及管理專家才有辦法處理。在專家主義意識形態下，有知識的人才有權力統治，且只有有知識的人才有權利進行統治，因為他們精通應用於所討論之社會生活領域的那門客觀、價值中立的學科，所以他們的決定是必須且正確的（Bay, 1981, pp. 65-67; 參看 Habermas, 1987, p. 326）。專家統治宣稱能夠超越政治，宣稱不會讓某些人屈從於其他人的意志之下。透過專家統治，我們似乎見證了意識形態的終結，並實現了社會生活中的科學組織。因此，人們很難質疑醫生、社工師、工程師、科學家、經濟學家、工作分析師、都市規劃師及各式各樣的其他專家，這些專家的判斷決定了人們的行動或人們行動的條件。

在官僚制組織中，功績意識形態也以同樣的方式運作著。隨著他或她在自己專業上發展出更高的專業知識技能，專業者也獲得統治更多人的權力；而專業者是否發展出更高的專業知識技能，則是經由那些已經被認定的專家來判斷。仕途主義（careerism）因此是福利合作社會中的另一個正當化機制（Habermas, 1975, pp. 74-78）。當許下對平等機會原則的承諾時，當晉升的管道清楚明確時，當績效標準一體適用時，人們就會隨著他們專業知識技能的提升、而在權威的階層體系中有相應的升遷。部屬接受了這個階層制結構及他們上級的權威，因為他們自己也合理地希望著能升遷到擁有更多權威的位置。仕途主義於是促進了社會生活的私有化：人們不是聚集起來挑戰專家權威的正當性，而是專注於自己在仕途軌道上的逐步晉升。事實上，這種晉升的必要條件就是不去將不論是組織或更廣大公眾的決定給加以政治化。在第七章中我將聚焦在說明專家主義及仕途主義所預設的績效原則之意識形態性格。

我在第一章中曾主張，談論分配及重分配的權力沒有多大意義，因為權力不是一種可以被分配的持有物。這個針對福利合作社會典型支配經驗的粗略瀏覽，應該可以清楚說明問題並不能被簡單描述為權力的壟斷、並透過權力的重分配來解決此種壟斷。從老闆到官僚制的轉變，意味著一種權力的擴散及增生。可以肯定的是在當代官僚制階層體系中，就權威即是下命令或做決定的意義上來說，某些人比其他人更有權力。我已經指出過許多人是無能的，但是這些大型組織內的所有權利與支配都依賴著許許多多不同人的合作。在這些組織之外的社會上的大多數人，也感覺到了行政管理化生活世界的支配效應。只有透過福利合作機構的民主化，引入有關目的及手段的集體討論及決策程序，才能讓人們找回對自己行動的些許控制權。從權力重分配的角度構想民主化，比從決策規則的重新組織構想民主化收效更差。在本章後段我將主張，民主是社會正義的要素與條件；不只是在政府機構，原則上在所有的機構中都是如此。

起義與公共生活的再政治化

只有在某些結構性衝突能被控制住的情況下，福利資本主義社會才能夠成功地去政治化。首先存在的是財政衝突。福利資本主義體系仰賴政府計畫來激勵私人積累及維持高度消費。然而，這些國家功能要求大量的國家支出，而錢必然來自於某個地方。極大化私人積累水準的承諾與福利國家的需求相互碰撞（Offe, 1984, chap. 6; 參看 Gough, 1979）。隨著這個衝突所引發的財政危機日益擴大，國家活動的目標於是更明確地成為被質疑的對象。

其次存在的衝突，則與越來越多日常生活領域受到理性化及人為操控、但卻同時讓這類操控保持去政治化有關。由於這種政體保有了民主的形式性理想，因此當有越來越多社會領域被納入國家政策的範圍時，人們就越有可能要求針對這類政策進行有意義的公共討論（Habermas, 1975; 1987, pp. 354-68; Offe, 1984, chap. 7）。

在這些福利資本主義社會衝突的脈絡底下，自從二十世紀六〇年代起就有各式各樣的起義活動及運動對行政管理生活的支配與殖民做出回應。我從渥澤那裡借用了起義這個詞：

起義是要求官僚制服務讓在地決策成爲可能，而不是取而代之。它毋寧是一種新的辯證法的實現，這種辯證法拒絕對優良行爲的傳統定義，但求讓福利官僚體制的「有益性」（helpfulness）成爲新的反抗及自我決定的政治之起點（Walzer, 1982, p. 152）。

起義活動及運動是在福利資本主義社會之中產生的——或發生在官僚制機構的邊緣，或自行開闢出在這些機構的統治下做夢都沒想過的新社會空間。它們經常是在地而自發的，但不表示缺乏組織，它們也是帶有限制意義的——行為的限制，或是針對某個特殊的目標，或是某個特殊的選區。起義經常帶著對怪獸腹部施以痛擊的戲劇精神——女巫在色情雜誌上撒上黏稠的血，或教士打斷三叉戟飛彈的鼻翼。但是起義也描述了許多作者用「新社會運動」一詞來指稱的、那種持續的脈動及群眾組織。

根據俊．柯恩及安卓．亞列圖（Jean Cohen and Andrew Arato, 1984）的看法，這些起義性社會運動的新意在於它們自我限制的性格。與二十世紀早期的馬克思主義式或社會民主式反對運動不同，這些新的社會運動是特殊主義的、導向特定課題，而不是全球性的。不像早期基進的政治運動，它們的目標通常不是奪取及改變國家權力；相反地，它們設法限制國家及合作式機構的權力，努力縮減它們商品化及官僚體制化的影響範圍。它們尋求讓社會生活擺脫福利國家及合作式官僚體制的殖民化影響，並創造出另類的制度形式及獨立的討論。

起義運動利用並擴張公民社會的領域（Habermas, 1981; Cohen, 1985），一方面是個人與家庭、另一方面則是國家及大型合作式機構，這兩者之間的空間。用瑪利雅・馬庫斯（Maria Markus）的話來說，公民社會是有關「由自願及特殊的（也就是不是無所不包的）社團及組織組成的一整個網絡，再加上意見形成、闡明及壓迫**（譯註：原文如此）**的自主性工具，這些工具不僅有別於國家，也有別於真正的經濟機構」（Markus, 1986, p. 441）。在美國，這是一大片的社會生活場域，包括宗教組織、學校及大學、許多小型企業、許多非營利機構及組織，以及大量各式各樣自願性組織，再加上出版業及其他與這些組織有關或是表達其觀點的媒體。

為了回應福利及合作式官僚體制對日常生活的支配，起義性組織的原則不是統一，而是增生（proliferation）。當代起義是地方性且異質的、組成鬆散網絡的群體，共享時事通訊或是在會議上見面。不同的群體可能會在某個課題或活動周圍派生出來，並且做為一個運動而共存，但卻沒有讓它們成為一體的共同計畫或核心組織。以最近氣氛高漲的美國和平運動為例，就是由形色各異的組織及有著迴異認同的同契群體（affinity group）所共同組成——女性主義、基督教、社會主義、生態保護等，它們各自採取著不同的戰術——街頭行動劇、立法遊說活動、非暴力公民不服從、遊行及連鎖信。這樣的異質性有時也會對這些運動的目標及政治立場彼此產生衝突。

儘管這些新社會運動經常施壓要求國家資源的特殊配置，但他們的目標，至少在高潮及力量增強的那段時間，卻不是針對分配。它們聚焦在有關決策權力及政治參與的廣泛課題。它們所努力的，與其說是要設法擴張國家的福利服務範圍，不如說是經常要回應公共及私人官僚體制對社會生活領域的幾乎全面入侵（Habermas, 181; 1987, pp.392-96）。大部分的運動將焦點放在壓迫及支配課題；它們往往尋求制度及實踐的民主化，尋求讓它們受到人民更直接的控制。這些起義活動及運動或能分為三個主要的類別：第一類是挑戰決策結構及有權者伸張他們意志之權利；第二類是組織自主性的服務；第三類則是文化認同運動。

第一類，有些當代起義對政府及企業高層提出有力的質疑，質疑他們根據私人官僚制的利益優先順序或效率做出影響廣大公眾的決定（參看 Luke, 1987）。自從二十世紀七〇年代初起，環境運動就開始挑戰私人公司的特權，質疑它們何以能為所欲為地決定欲生產的產品及生產方式。環境運動成功提供了廣大民眾對環境威脅的意識，甚至成功到足以贏得對企業活動的立法管制並改變企業實踐。緊跟著過去十年的大量關廠風潮，一個尋求限制私人企業權力、阻止它們在無事先警告下暗中遷廠的運動逐漸成長。雖然在越戰後針對外交政策的示威活動有稍微平靜的跡象，但自二十世紀八〇年代初起，就一直存在著穩定的公民起義，質疑美國政府的目的及其決定權力，這些決定影響了世界的其他地區，尤其是中美洲及南部非洲。

我認為，在對截至目前為止一直被視為**理所當然的既成事實**提出質疑的起義運動中，反核運動取得了最突出的成功。自從艾森豪總統的「原子能的和平用途」（atoms for peace）倡議在一九五〇年代末出現之後，數字龐大的公共及私人資源及規畫即開始投入興建核能電廠。反核運動將大多數建制派官員始終採信的這一整套能源理解框架打上了問號，它們堅持此核能觀念是一個壞的社會選擇，並對既存及計畫中的核能場址展開了組織良好的占領行動，有時人數可達到數萬人。這些示威行動完善了「同契群體」（affinity group）的理論與實踐，同契群體成為有紀律的民主決策模型，在後繼的許多示威運動中派上用場。同契群體的組織模式恰當地描繪了增生原則與統一原則的區別。理念親近群體是相對自主的，可以透過他們同契的各種原則而加以區別，例如政治立場、性別、年齡、宗教或居住區；而在許多場合中，數十個不同的同契群體曾經成功地規劃並執行聯合示威行動。

自從一九六〇年代末期開始，都市社會運動就開始蔓延全美，它們的目的是挑戰地方政府的決策結構。都會社會運動要求公民參與都市發展計畫，在許多城市產生了以爭取更多參與結構為目標的居民組織（Claverl, 1986）。有些都市運動則直接挑戰強調個人消費的利益群體多元主義的原子化力量，呼籲建立提供更多集體消費的制度（Castells, 1983, chap. 32）。

隨著示威熱潮達到高峰，某年春天，當針對尼加拉瓜反抗軍（Nicaraguan contras）援助的投票日子將近時，時任美國駐聯合國大使珍．科派崔克（Jean Kirkpatrick）卻在一場演說中表示，外交政策不能交由老百姓來決定，這應該是專家的事。是以，挑戰官員決策上所享有特權的大部分起義，也都企圖揭露專家主義意識形態的神祕面紗。當社區群體要挑戰興建一個高風險廢棄物處置廠、核能電廠或核廢料處理場的決定時，必然會有取得關廢棄物處理、當地地理環境及法律的大量技術性知識，以便進行他們的宣傳活動；在這過程中，他們發現這些事情是一般民眾可以理解的，也發現專家很少是中立的。和平運動倡議者曾經與核能策略專家在同一場座談會上並肩而坐，他們表現出有著同等淵博知識的樣子，告訴人們核威懾政策只是選擇，而不是非如此不可。其他和平倡議者也能自在地掌握應是深奧難解的複雜經濟體系，並去挑戰軍事生產有益經濟的宣稱。

在和平與中美洲團結運動中，誕生了他種透過民主方式運作的參與式另類制度，這些制度同時繞過並挑戰了國際外交的官方管道。在美國非法庇護來自中美洲難民的運動遭到美國政府的大力起訴，原因不是它代表了反美的極端主義革命運動，而正是因為它得到了來自一般民眾的廣泛參與；他們都是受人尊敬、信仰虔誠的良民，卻願意親自站出來，對那些在正確性和正當性上他們都有所質疑的政策直接做一點事。許多美國及蘇聯公民努力消除兩國間的敵對狀態，他們同樣拒絕了政府的正當性，而發展出人民對人民形式的交流。

第二類，許多當代起義的努力目標是要透過建立政治化自立的自主性組織，將服務的提供及需求的滿足去殖民化（Zola, 1987）。這些運動不要求國家提供更多的服務或支持政策，他們反而決定發展更具參與性的制度來提供服務，或是促進那些對國家權力機構而言是邊緣、或不在考慮範圍內的政治目標（Withorn, 1984）。然而，這些自主性政治化的自立機構不該和退出服務提供、將照顧功能回歸家庭及私人慈善事業的聯邦政府混為一談。在這同時，這些起義性的機構組織嘗試維持民主化的在地控制，其中有許多也要求獲得公共資源以支持他們的運動。

女性運動一直都在這類活動中扮演急先鋒的角色，包括建立保健服務、強暴危機服務及受虐婦女的庇護所。通常這些地方一開始都是以民主方式集體做決策，人們輪流擔任不同種類的工作。他們尋求的不只是滿足客戶的需求，還希望讓女性有能力定義並滿足自己的需求，同時讓她對造成自己苦難的來源能有某種政治意識。到了一九七〇年代中期，隨著對這些服務的需求及能夠成功提供服務的自主性女性機構已變得十分明顯，它們開始加入了福利國家軌道。為了得到國家或聯邦資金，許多機構被要求指派官方董事擔任董事成員，並必須有經過認證的專業工作人員。雖然有些女性服務機構最後的結果是成為官僚制建制的一員，但大多數仍設法維持相當的自主性，多半仍十分依賴志工，同時志工在決策過程中仍有相當程度的參與，並依舊認同女性主義運動的訴求，也就是將女性帶入機構中的那些需求加以政治化。

另一種提供政治化自立服務的同類型機構，如雨後春筍般出現在許多黑人、拉丁美洲、美洲印地安人及白人工人階級社群中。它們經常結合了服務提供、政治煽動及直接的示威行動，包括被服務者的參與（參見 Boyte, 1984; Boyte and Reissman, 1986）。儘管希望能將財貨及服務的分配更多地導向被壓迫者，但這些機構的目標超越了分配，而在於對人們的賦權、能力的開發，以及贊助新的制度形式，讓人們能夠以集體方式對自身的環境取得些許控制權。最近有一個不太成功的運動，是在以黑人為主要居民組成的波士頓部分地區建立一個新的曼德拉市。這件事顯示民主自決的方案如何能夠延伸到小型的集體之外。

租屋者組織是自我組織起來的群體，他們告知租物者自身在對抗業主、面對共有及合作產權轉換時的權利，並在他們與物業擁有者的關係中代表著租屋者一方。然而，在面對高漲的房價、房屋不足、並最後淪落為無家可歸者時，尋求民主化對房屋控制權的起義就產生了。其中最戲劇性的莫過於各種形式的占屋運動（squatters' movement）：人們只是將廢棄的建築占領下來，並重新整修成可居住的房屋而已。但這些群體更常透過合法方式取得建築，並在那些即將在此居住的人們之參與下完成房屋整修，成為便宜的住房。但在這麼做的同時，他們也面對著投機性再出售的課題，並且找到創新方式形成合作住宅及土地信託，以確保這些新的住房不會讓那些最需要的人負擔不起（Dreier, 1987）。這些合作住宅組織大部分都試圖透過有時顯得複雜的組織形式來制度化民主決策程序。

第三類，最後，許多社會運動都將焦點放在文化的政治化上。文化是一個很廣的分類，我不打算在這裡對文化做出精確的定義。就語言、象徵、情感及具體體現的規範與實踐的觀點而言，文化指的是社會生活的所有面向。文化包括了行動的背景及媒介，無意識習慣、欲望、意義、示意等等，人們成長於其中，並將其帶入他們的互動之中。文化通常一直存在在那裡，它是一組會改變的傳統及意義，但改變鮮少是因為有意識的反思及決定而造成。

於是，政治化文化就意味著針對語言、姿勢、體現及舉止表現的形式、形象、互動慣例等進行明確的反思。文化政治質疑某些日常的象徵、實踐及說話方式，讓它們成為公共討論的主題，以及選擇及決定的明確事項。文化的政治化應該與自由主義堅持個人「做自己的事情」的權利區別開來，儘管這並非常態。文化政治確實常常慶祝那些被壓抑的實踐及新穎的表達，尤其是當這些產生自被壓迫群體或是為其說話時。但是文化政治主要還是一種批判的功能：它要追問，什麼樣的實踐、習慣、態度、舉止、形象、象徵等影響了社會的支配及群體壓迫，並呼籲這類實踐的集體轉變。

從歷史上來說，針對是否滿足人們的需求、以及如何滿足的問題，福利國家已採取了一些邁向有意識的公共決策的步驟，因此也協助創造出了以更政治化的方式滿足人們需求的可能性，這些需求是福利資本主義國家所壓抑的。經由類似方式，由於刻意去操弄意義及象徵而有意識地控制消費選擇，政府及企業官僚體制對大部分日常生活的殖民也幫助創造出政治化文化的條件。因為一旦文化的某些面向成為人們有意識深思熟慮的對象，那麼呼籲每個人來參與文化的選擇就不會太困難了。

在一九六〇、七〇年代之交，反文化運動將身體及其裝飾做為鬥爭的場域：嬉皮們挑戰了「直文化」（straight）社會對可敬性的規範，也就是要求男性的頭髮要修剪得短短的，面部不能有毛髮或只能有一點，衣服也要剪裁得直挺挺的。龐克運動則以另一種形式持續對專業文化的美學提出挑戰。而從六〇年代末起，食物也被政治化了；巨幅改變了數以百萬計人飲食實踐的「自然食物」運動，對食物提出了政治性的問題——關於食物的營養品質、食物如何被生產出來；關於食物的生產過程是否受到潛在有害的寄生蟲污染、為了食物而殺害動物是可以被接受的嗎；關於這個「小小的行星」是否承受得起有這麼多的穀物被用來餵食動物、而不是直接給人類食用；以及關於食物從哪裡來、在食物生產過程中誰受到了剝削的問題。除了要求政府對環境進行管理、要求企業採用不會破壞環境的生產流程之外，環境運動也質疑一種依賴塑膠、即用即拋的消費者文化的適當性。

雖然當代女性主義遠不只是個文化運動，但是它卻代表了或許是文化政治中影響最為深遠的運動。它的精神標語「個人即政治」（the personal is political）釋放出一個訊息：日常生活沒有一個層面能免於反思及潛在性的批判——語言、玩笑、廣告風格、約會作法、服裝、育兒規範，以及無數其他一般視為尋常無奇、枝微末節的行為舉止。許多人抗拒這種對日常習慣的徹底政治化，因為反省或審慎思考該使用什麼代名詞、或某個人是不是太常打斷另一個人說話，這樣的任務似乎太過繁重了。然而，女性主義者在鼓勵這樣的反思與討論、及明顯改變了許多人的行為與實踐上，仍然是成功的。

性和情慾經驗一直是女性主義文化政治的一個主要焦點。女性主義的討論有時不無尖酸，但是卻提出了關於什麼樣的性實踐與意象能促進女性言論自由、而不會讓她們受壓迫的基本課題。男同志與女同志解放運動進一步政治化了性及情慾經驗，方式是透過抗拒「正常」性傾向的觀念，並提出了在有關愛情、親密關係及情慾意象上的決策權力課題。

最後，還有突然冒出的被壓迫種族及族群弱勢群體運動，以及老人、身心障礙者、由於在文化上被定義為他者異類及偏差而受壓迫的其他人的運動。這些運動都政治化了文化，方式是透過對抗讓這類定義變得可接受的刻板印象和規範。許多遭遇到文化帝國主義壓迫的群體組織起來，主張自身特殊經驗和文化的正面意義，並拒絕同化及一體的熔爐式理想。第二次世界大戰後西方資本主義社會的族群政治至少可以部分理解為是對福利國家及合作官僚制對於日常生活世界殖民的一種反應。國家變得太過巨大、非個人、且無所不在；這促進了一種一體感，但同時也壓迫了一些群體，他們常感受到國家政策對他們特別不利（Rothschild, 1982, p. 19）。正如我將在下述篇幅中更仔細闡述的，遭遇文化帝國主義的群體對文化的政治化，所涉及的是檢視媒體形象、言談與舉止態度模式，以及互動的動態如何造成壓迫，並將某些人定義為異類、偏差。

由於在福利資本主義社會中，國家是被大幅去政治化的，因此起義運動是在公民社會的空間中創造、並培養自主公眾的最佳方式（Keane, 1984, pp. 225-56; 1988, chap. 4）。這些運動再政治化了社會生活，將許多既存而未受質疑的制度及實踐視為可改變的，只是選擇的問題。它們激發了有關如何用最好的方式將這些制度組織起來、並讓這些實踐得以進行的討論。

正如我們將在第四章中看到的，從公眾角度來定義政治之事的現代共和政體理論傾向於假定一個統一的公領域存在，這個公領域是透過同時面對面的關係而建構起來的（Arendt, 1958;

Barber, 1984）。而要注意的是，公共生活在我們的社會中，就它目前存在的情形來看，是無法符合這些條件的。由起義運動所帶領的公共討論最常發生的地方不是某些單一的集會，而是在群體、社團及論壇異質增生的情況中；這些公共討論有著多元的觀點及取向。此外，由印刷及電子媒體所促進的單一公共討論，舉行的時間可能長達數月甚至數年，而參與的人不僅隔著巨大的空間，而且也從未彼此謀面。讓討論變成公共討論的不是統一性或相近性，而是討論所具備的開放性。

再圍堵（recontainent）與民主的辯證

我已經指出，透過將討論限制在利益群體多元主義脈絡中的分配課題，福利合作社會將公共生活去政治化；在這個脈絡中，每個群體競爭著所能得到的公共資源份額。在一九五〇及六〇年代的大部分時間，這種利益群體結構成功地將許多決策過程去政治化。示威及批判相當輕鬆地就被捲入了福利資本主義這套機制的齒輪中，示威的代理人不是分到一份好處，就是在這些工作中迷失。這個赫伯特．馬庫色（Herbert Marcuse）所描繪的單面向社會大致上十分成功地將任何反對聲音都吸納進國家與個人之間存在的消費者導向的消極關係中。

然而六〇年代晚期，黑人、墨西哥裔美國人、波多黎各裔人的都市社會運動，學生和年輕人組成的運動，以及突然冒出的基進女性主義運動衝破了以往的商業束縛，對政治建制（the Establishment）本身提出質疑。這類起義式社會運動乃是建立在制度化的利益群體多元主義之外或其邊緣，它們的目的是將社會生活再政治化。它們將許多既存而未受質疑的制度及實踐視為是可以選擇的事。這些六〇年代晚期的社會運動所走過的路遠遠超越了分配性課題，挑戰了在每個機構中有關權力組織的基本既定事實。有時，受到威脅的政治建制也會予以猛烈的回應（Lader, 1979），但也更常嘗試將這些基進的需求，還有替這些需求發聲的代理人們重新整合進這個多元主義的體系中。

艾拉．卡佐森（Ira Katznelson, 1981, chap. 7）發現，這正是福利資本主義政治在與都市黑人解放運動周旋時成功達成的事。這個運動一開始是要將多元課題與制度化種族主義的體制連結起來——從教育到住宅、工作及警察待遇。黑人認同讓這個運動團結了不同的居住區及地區。相較於一九三〇年代以來發生在美國的其他運動，這個運動和其他因素結合起來，使其得以用一種更為有力、更為根本的方式反思並挑戰福利資本主義都市社會的某些基本結構。聯邦及都市政策制定者旋即制定方案加以回應，這些方案將黑人領袖帶回自己的居住區從事福利、住宅、健康、教育服務的分配事業，政治意識再次碎裂，而黑人跨越區域界線而集體行動的能力也再次碎裂了（參看 Elkin, 1987, p. 58）。

對制度化結構的挑戰及改變決策結構的要求，常透過福利資本主義社會政策而被重新導入分配式的解決方案中。女性及非白人群體對終結制度性種族及性別歧視的要求在篩選之後，變成了多分配些許的專業工作及專業學校位置，給這些群體成員的微弱努力。針對影響住宅興建和租金的決策進行結構性改變的呼籲，則被削弱為針對政府補助住宅的問題。而要求企業在環境課題上對社區負起責任義務，則成了金錢補償的提議。

曼紐．卡斯提爾（Manuel Castells）也說了一個類似於卡佐森所提的故事，那是關於一九七〇年代晚期舊金山傳教區（Mission district）的住民運動。這個運動一開始是個有著良好組織並廣受支持的運動，所要挑戰的是政府和商業對於正確開發方向的預設，以及商業和政府機構決定開發方向的權利。但是這個運動最後卻沒能達成制度性的改變或改變權力的行使範圍，因為它被成功地重新納入利益群體的過程中（Castells, 1983, chap. 13）。這個運動在很大程度上以同樣方式複製了新民粹主義（New Populism），包括主張人民權力、地方控制及制度變革，但卻被再度吸納進利益群體政治的分配導向中（Boggs, 1987, chap. 4; Gottdiener, 1985, pp. 180-90）。

過去二十年來，美國及西歐都見證了起義與再圍堵的循環。在這個循環當中，起義運動打破了利益群體的分配式框架，而後又被部分或全部重新吸納進利益群體的系統之中。一九七〇和八〇年代是經濟蕭條與緊縮的時代，在這段期間福利國家的衝突變得更加明顯，使得國家削減了福利給付。在必須捍衛福利國家政策的利益這點上，要起義運動不被再度納進分配消費大餅的利益競爭遊戲中並再次強化之，就更是困難了。隨著國家自身遭遇到越來越多的財政及經濟危機，政策制定者就更不可能、或更不會有意願去促進分配的公平性。這不只造成許多人生活水準的嚴重下降，也促使人們開始關心公平分配條件、控制及決定的基本結構，以及需求與服務自我決定的問題。

我已經提過，當代政治大體上來說就是一個辯證的過程：一方面是尋求民主化、集體決定及草根賦權的起義運動，另一方面則是制度及結構的建立，以便將這類需求再吸納進分配式框架中。這個起義及再圍堵的過程展現了一場政治鬥爭，發生在我在第一章中曾詳細闡明的兩種正義願景之間：做為分配的正義，假設一種對人的消費者導向、持有式的個人主義概念；以及做為賦能及賦權的正義，假設一種對人的、更為積極的概念。

在發達資本主義社會中，這兩個正義願景不是唯一擁有相當追隨者的規範性、政治性立場，但它們卻是最重要的兩個。我認為，對於衝突的政治行動者的論述中所反映的相異規範性取向，哲學家及正義論者不能夠無動於衷、或採取中立的立場。許多起義性社會運動都將不正義稱作社會支配與壓迫。他們時而隱約、時而明顯地拒斥一種將規範性政治判斷限制在社會利益分配上的正義概念，認為那是不完整的，並且提出關於決策結構及程序、以及文化意義的規範性意涵的根本課題。如果他們不想要落於人後、或只是重新加強現有論述，那麼正義論者就必須參與這兩種正義構想的鬥爭。

民主做為社會正義的一個條件

我已經定義正義是制度化條件，這些條件讓所有人都可能在受到社會認可的環境中學習使用令人得到滿足的技能、參與決策，並在其他人能夠傾聽的脈絡中表達他們的感覺、經驗及對社會生活的觀點。這個對於正義的理解具體指明了一定範圍內的分配結果。尤其在現代工業社會，正義要求社會承諾滿足所有人的基本需求，無論他們是否對社會產品有所貢獻（參見 Sterba, 1980, chap. 2; Gutmann, 1980, chap. 5; Walzer, 1983, chap. 3）。如果人們遭遇到基本需求的剝奪，包括食物、住所、健康照護等的物質剝奪，那麼他們就無法追求擁有令人滿足的工作、社會參與及表達的生活了。

然而，正義同樣也要求參與公共討論及民主的決策過程。所有人都應該擁有參與制度審議及決策的權利和機會，他們的行動會導致這些制度產生，或者這些制度也會直接影響到他們的行動。這類的民主結構應該不只管制政府機構的決策，而是集體生活的所有機構的決策，舉例來說，包括生產及服務企業、大學以及自願組織。民主既是社會正義的要素，也是其條件。

如果從負面的角度將民主定義為支配結構的消除，那麼正義就意味著民主的決策過程。在自我決定的意義上，民主是自由的條件（Young, 1979; 參看 Cunningham, 1987, chap. 4）。政治理論的社會契約傳統提供了以自我決定為基礎的對於民主的重要主張。如果所有人都具有同等的道德價值，沒有誰天生就有更高的理性能力或道德感，那麼人們就應該透過集體方式來決定自己的目標及指導自己行動的規則。雖然這個民主主張從未被完全埋沒，並會週期性地在民粹主義、社會主義或工團主義（syndicalist）的浪潮中重新浮現，但在主流的現代政治理論傳統中，社會契約的觀點卻也被用來正當化威權的政治形式（Pateman, 1979）。在威權契約論中，雖然人們有自我統治的道德權利，但他們卻將自己的權威委託給政府官員，這些政府受到公正的法律限制，因此會站在公眾利益的角度做出決策。在第四章中，我將主張被用來證成政治威權的公正性理想是不可能達成的，只有民主過程才符合正義。

做為將支配最小化的正義要素，民主既有工具性的價值，也有其內在固有的價值。就工具性的角度，參與過程是公民確保自己的需求以及利益會被傳達、而不受其他利益支配的最佳方式。利益群體多元主義的問題並非如一些批評者所指控的，是因為人們只促進自己的利益。利益群體政治在規範性上的缺陷，主要是私有化的代表形式，以及它所鼓勵的決策並不要求這些利益的表達要訴諸正義；其次是資源、組織及權力的不平等，讓某些利益可以占據支配地位，而其他利益卻幾乎或根本沒有聲音。

正如許多民主理論家所主張的，民主參與具備了超越並高於利益保護的內在固有價值，因其提供了能力開發及運用的重要工具。這個有關參與式民主制度內在固有價值的主張，在盧梭（Rousseau）以及J．S．米爾（J. S. Mill）的古典傳統中被進一步推進了（參看Pateman，1970, chap. 3）。擁有機會並利用機會參與影響個人行動或行動的條件的集體決定，可以培育發展能力、使人們能夠從與別人的需求相較下來思考自己的需求、從與別人的關係中發展出對社會制度的興趣、說理與論證，以及條理分析地進行說服等等。此外，只有這樣的參與才能讓人們與社會制度及過程產生一種主動的關係感；他會感覺社會關係並不是自然而然，而是創新的產物，是可以改變的。培育這些公民德性的最佳方式就是透過公民權的行使（Cunningham, 1987, chap. 4; Elkin, 1987, pp. 150-70; Gutmann, 1980, chap. 7; Barber, 1984）。

民主也是公眾達成決定的一個條件，而這些決定的實質及意涵最能實質促進一個公正結果，包括分配正義的。這個主張的論證是源自哈伯馬斯對溝通倫理的構想。當擁有超越的、規範性真理的哲學家皇帝缺席時，要宣稱一個政策或決定為公正的唯一基礎，就是它是由公眾共同決議的，而這個公眾真正地讓所有需求及觀點能夠自由表達；一個受到暴政統治的公眾，一個受到官員操縱的公眾，一個不太能接觸到資訊與傳播的媒體公眾，都無法滿足這個要求。在有著公平資源分配、公正協作規則的條件下，最可能達到慎思熟慮；如果所有受到決策影響的人都能夠公開參與，就會有最好、最公正的勞動分工及社會地位定義。有了這樣的參與，才能夠進行說服；理想上，人們只有在他們將自己的提議用訴求正義的語言表達出來時，才能夠進行說服，因為其他人如果認為自身的利益受到危害，就會向他們問責。有了這樣的參與，人們才最有可能引入相關的資訊。於是，民主的決策容易取得公正的結果，因為這種方式最有可能將正義的標準引入決策過程，也因為它最能夠引入有助於政策說理的社會知識與觀點。

有些理論家對參與式民主的正義表示懷疑，因為他們質疑民主程序實際上是否往往能導致公正的結果。當群體之間有利益衝突、而人數及所享有的特權都不同時，允許所有受到影響的人們參與社會決策，就可能會導致嚴重的不正義。艾米·古特曼（Amy Gutmann, 1980, pp. 191-97）提供了社區控制學校的例子。在這例子中，民主的增加導致許多城市的種族隔離情形也跟著增加，因為物質上享有更多特權、也更能言善道的白人能夠促進他們所認為的利益，並反對黑人在一個整合的教育體制中獲得平等對待的要求。古特曼主張，由於這種「民主的悖論」，因此分配式公平是民主參與制度的必要條件，且民主過程必須受到平等自由原則及大致分配平等原則的限制。

我們可以引用許多相似的例子，說明決策過程中的草根式參與如何透過種種方式造成不公正及壓迫的結果。美國的抗稅運動經常透過公投的方式達到目的，而這造成了政府的稅收減少，結果導致剝削及邊緣化的情形增加。再舉一個例子，在今天美國的許多城市和地區，如果有人把同志權利的提案交付投票，結果一定會被擊敗。此外還可以提出許多的證據顯示，美國過去五十年來以消除支配與壓迫為目的之政策，大多是透過行政命令及法院命令的方式制訂，多過於透過法律，且也多半是聯邦政府的層級，而非州及地方層級。在某種程度上，社會正義一直是被強加在反抗者身上的。

這些對民主決策過程促進正義宣稱的反對聲音，必須嚴肅以對。第一個重要的回應是，民主必須始終是憲章性的根本原則：遊戲規則必須不能隨著多數群體每次的心血來潮而說變就變，而是必須做為對審議過程及結果的根本性制約，並且相對免於變化。這類原則應將那些即便是民主決定也不可侵犯的基本權利說明清楚，包括經濟權、公民權以及政治權（參看 Green, 1985, chap. 10）。

其次，這些反對的聲音往往將民主及參與等同於在地控制（local control）。但這個等式並不是必然的，且在許多情況下還正因反對者所提出那些理由而不受歡迎。舉例而言，當資源被不平等地分配給當地人時，允許對資源使用的自主性在地控制，就很可能產生剝削而非正義。在第八章中，我反對將民主化等同於去集權化及在地自主性的一般性、但過分簡化的公式。

第三，反對的聲音假定民主過程只會出現在制定法律及國家政策的機構之中，而其他的機構像是私人企業或掌管國家政策的官僚行政機關，則仍維持非民主化。正如古特曼的例子所說明的，不平等的手段會讓參與過程有利於強者的意志，而這通常可溯及某些來自這些其他機構的權威及權力。如果憲政民主對所有機構形式重新予以結構化，而不僅限於歸屬於公共政策決策之下的那些機構，那麼人們就比較不會因為無能（powerless）而無法在任何一個論壇中表達自己的聲音。一個機構中的民主會再次強化其他機構中的民主。

財富的廣泛再分配，以及對資本和資源控制的再結構化，是連結民主與正義的一個必要的面向。然而，正如古特曼指出的，有關參與過程的制度化應該先等到達成分配正義再說的提議，不僅將這類民主化無止境地推遲到一種烏托邦式的未來，同樣地也不可能達成分配正義。另一方面，弱化支配關係好讓人們擁有更多的制度性機會，以便參與討論影響他們的那些決策及其制訂過程，這本身就是達成更大的分配公平的一個條件。在當代福利資本主義社會，分配可能性的參數是相當固定的，因此只有挑戰決定分配性決策的既有結構與程序，才能推進公平參與所必須的物質平等（material equality）。也就是說，經濟平等與民主化應該相輔相成，才能共同促進社會正義。

最後，古特曼所提出的反對意見預設了一個統一的公眾，所有公民做為公民都具有同樣的資格身分。在古特曼的例子，形式上的平等程序會讓成員和資源較多的群體可以支配其他群體。只要群體間其他面向的差異持續存在，並因此讓一個群體被刻板印象化、被剝奪聲音或邊緣化、或是群體間經驗及活動的差異生產出了被認為的利益衝突，那麼即便達成了經濟平等，也不必然會消除「民主的悖論」。只有當被壓迫群體能夠站在和其他群體平等的基礎上，公開地表達他們的利益與經驗，才能夠避免透過形式上的平等參與過程而產生的群體支配。接下來的三章，我將針對這樣一種群體差異化的參與式公眾展開延伸論證。

第4章
公正及公民公共的理想

The Ideal of Impartiality and the Civic Public

一張桌子將他們和那兩個當事人隔開，這張桌子的後面，則是「第三方」，也就是法官。他們的位置首先顯示出他們對每個當事人的態度都是中立的，其次意味著他們的決定並不是未審先判，而是經過兩人的事先調查，並以某種真實概念以及某些有關何謂公正、何謂不公正的觀念為基礎，第三則是表示他們有權執行他們的決定……。現在，這裡有人可以用中立的態度來對待這兩位當事人、他們是根據具絕對效力的正義觀念而做出判決，而他們的決定是令出必行的。我認為，所有這個想法的一切，已經從人民正義的觀念中被徹底拿掉，並與其無關了。

——米榭勒．傅科（Michel Foucault）

受到女性主義啟發而持續發展的一套道德理論，挑戰了正義及權利論述所界定的道德推理（moral reasoning）典範。在這個典範中，道德推理主要在於採取一種公正、不帶個人色彩的觀點來看待一個情境，其超然於任何當下攸關的特殊利益，平等地考量所有的利益，遵從正義及權利的普遍原則而達至結論，並適用於手邊的這個個案。批評者主張，這個典範所描述的不是道德推理本身，而只是在法律、官僚體制及經濟競爭管制的非個人公共脈絡中才被訴諸的某種特殊的道德推理。這種「權利倫理」（ethic of rights）極不符合家庭及個人生活的典型社會關係，而這些社會關係的道德取向要求的不是超然而是關涉，並需要同情身處情境中的特殊對象；它要求的不是一體適用於所有人的原則，而是去細緻理解社會脈絡的特殊性，以及脈絡中這些特殊的人所擁有並表達的需求。哲學家應該承認，公正運用普遍原則的道德推理典範所描繪的只是道德生活中的一個受限的領域，且應該發展適用於私下、個人、非正式脈絡的道德理論，這些脈絡正是道德推理典範所忽視的（Gilligan, 1982; Blum, 1980; 1988; Friedman, 1986; Noddings, 1984）。

更晚近的一些女性主義理論家已經開始質疑正義及關懷（care）之間的這種對立（Friedman, 1987; Okin, 1989）。在這一章我將延伸這條論辯軸線。女性主義對於傳統道德理論的批判保留了公共／非個人制度性角色以及私人／個人關係之間的區分，前者是公正理想及形式理性的適用場域，後者則擁有一種不同的道德結構。這些對於權利倫理的批判應該帶領我們去質疑的不是公共／私人的二分，而是去質疑公正理想本身，它做為適用於任何具體道德脈絡中的理想是否恰當。

我主張道德理論中的公正理想表達了一種尋求將差異化約為統一的認同邏輯。被認為可以產生公正性的那種超然、不帶感情的姿態，只有透過抽離情境、感情、社會歸屬（affiliation）及觀點的特殊性才能達成。然而，這些特殊性仍然在實際的行動脈絡中運作著。公正性的理想於是產生了普遍與特殊、公共與私人、理性與激情之間的二分。此外，這也是種不可能的理想，因為我們不能、也不應該從道德推理中移除脈絡及社會歸屬的特殊性。最後，公正理想服務於意識形態功能。它讓支配群體可以宣稱其特殊觀點的普遍性，並且幫助正當化階層式的決策結構。

公正道德推理的理想符合啟蒙運動對公共政策領域的理想，也就是認為它可以達到一種普遍意志的普適性，而將差異、特殊性及身體都拋下，留在家庭私領域及公民社會裡。最近一些復興共和思想的嘗試訴諸了一種公民公共的理想，這種公共性超越了利益及社會歸屬的特殊性，而尋求共善（common good）。在第三章中，我追隨了這個新的共和主義倡議對利益群體多元主義去政治化公共生活的批評，並同意他們的看法：政治應該是關乎審議及集體決策的公共論壇。然而在這一章，我主張現代的公民公共理想是不妥的。傳統普適公民權的公共領域運作排除了那些與身體及感覺有關的個人，尤其是女性、黑人、美洲印地安人及猶太人。許多參與式民主的當代理論家保留了公民公共理想，而這種理想中的公民放棄了自己的特殊性及差異。由於這樣一種普適性的理想持續威脅並排除某些人，因此「公共」的意義應該被轉化，以便展現群體差異、激情及遊戲的正面性。

對認同邏輯的後現代批判

幾位作者尋求揭露並重建一種他們在西方哲學及理論論述中發現的邏輯，這種邏輯拒絕並壓抑差異。這些經常被稱為後現代的思想家，包括了阿多諾（1973）、德希達（1977）以及依希嘉黑（1985）。我將追隨阿多諾，將這種邏輯稱之為同一性邏輯（logic of identity）。為了方便說明，我將以對認同邏輯的批判，來呼應德希達對於在場（presence）的形上學批判。

同一性邏輯表達了意義及理性運作的一種建構方式：一種想將事物放在一起思考、想將事物化約為一個整體的強烈欲望。建立理性的解釋就是找到普適性、找到一個原則或法則，得以涵蓋所要解釋的所有現象。理性尋找本質，一個可以將具體特殊事物分類、放入或拿出某一範疇的單一公式，並尋找所有屬於這個範疇事物的共通本性。認同的邏輯往往根據實質（substance）來概念化實體（entity），而不是根據過程或關係。實質是構成變遷基礎的自我同一的實體，可以被認同、數算及測量。

任何的概念化都會將印象與經驗之流帶入一種統一與比較的秩序之中。但是同一性邏輯超越了對經驗之特殊事物賦予秩序、並加以比較的企圖。它建構一種總體化系統（totalizing system），其中統一化的範疇本身就被統一在原則之下，而理想則是將一切事物化約為一個第一原則。

同一性邏輯否認或壓抑差異。正如我的理解，差異指出了具體事件的開展及意義所依託其上的轉折性分化。理性、論述始終是已經嵌入在超出總體化理解的多元、異質的世界之中。任何可以識別的事物都以別的事物為前提，以它作為背景的基礎，以它為分化的起點。除非能夠突出到有別於其他，否則任何的表述（utterance）都不會有意義。實體、事件意義被理解為不同的，而非同一或對立的。他們可能在某些方面很相似，但相似並不是相同，而且相似只能夠透過差異才能被注意到。然而，差異不是絕對的他異性（otherness），不是關係或是共同屬性的全然缺席。

同一性邏輯逃離了感官的經驗特殊性，及其歧義性，而尋求產生穩定的範疇。透過同一性邏輯，思想以駕馭感官的異質性體現為目標，其方法是讓客體全然置於概念的支配之下。它因此否定了客體與主體之間存在的差異；它尋求讓思考主體與所思考之客體成為一體，於是思想或許可以捕捉、理解真實。透過同一性邏輯，思想意欲將一切納入掌控範圍，消除不確定性及不可預測性，並透過精神上的意義來把握身體乃是感官地沉浸於一個超越主體的世界中的事實，藉此抹消他異性。

將感覺到的特殊事物的異質性化約成思想的整體，這個計畫本身就服從於無情的同一性邏輯，因為思想自身、以及思考的主體，都必須化約為一。這樣的一種主體被構思為純粹的超越性本源：它沒有自身之外的基礎，它是自我生成、獨立自主的。它本源的純粹同一性確保了它對真實的再現是沒有歧義而且真實的。這個同一性邏輯也尋求將特殊主體的多元性、將從他們身體及觀點出發而得到的經驗化約為一，方法是根據普適理性的不變標準來測量它們。

同一性邏輯的諷刺性，在於藉由尋求將存在著差異的相似化約為相同，它將本來只是不同的事物變成了絕對的他者。它無可避免地產生出二分而不是一體，因為將特殊事物統一於普適範疇下的這個動作創造出了內在與外在之間的區別。由於每一個特殊的實體或情境，和其他特殊實體或情境之間都有著相似性及差異性，而它們之間既非全然相同也非截然有別；想要將它們統攝於某個範疇或原則的整體之下的強烈欲望，必然會排除掉這些實體或情境所具有的某些屬性。由於總體化運動總是留下了殘餘物，是以將特殊化約為整體的計畫必然是失敗的。但同一性邏輯不願意在差異的面前承認打了敗仗，於是將差異強行塞進二分法的階層式對立中：本質／偶然，好／壞，正常／偏差。

事物在許多可能的面向上都帶有或多或少的相似性，因此而具有關聯性；然而在這裡，做為事物關聯性的差異卻凝結為二元對立的非此即彼。在每個個案中，只有犧牲掉被排除的、未被解釋說明事物，將之歸入偶然的渾沌無秩序領域，才能達成肯定範疇的統一性（the unity of the positive category）。在西方思想史中，這個同一性邏輯已經創造出大量這類相互排除的對立，而這些對立規定了整個哲學的結構：主體／客體，心靈／身體，自然／文化。西方論述中的這類二分法是透過好／壞及潔／不潔的二分而被結構化的。這個二分法的第一面被高舉到第二面之上，因為它指明了統一的、自我同一的事物，而第二面則外在於這個統一體之外，做為渾沌無序、未成形、轉變之中的事物而存在，且始終威脅著要跨越邊界，要打破由好的事物所組成的那個整體。

否認差異的公正理想

現代倫理學將公正建立為道德推理的正字標記。這種道德推理構想假定，為了讓施為者逃離自我主義而取得客觀性，他或她必須採取一種對所有理性施為者一體適用的普適觀點（參見 Darwall, 1983, chap. 1）。公正的理想就是追求一個普適、客觀的「道德觀」的結果。它的理性構想表達了同一性邏輯。

道德理論或理性施為者如何得出道德觀呢？他們透過對道德理性所反思的所有境遇的特殊性進行抽象化。這個公正的理性人是超然的：理性抽離於建構了某個情境的特殊經驗及歷史。這個公正的理性人必然也是不帶感情的，抽離於他或她對這個情境所可能有的感覺、欲望、利益及許諾，或者是抽離於別人對這個情境所可能有的感覺、欲望、利益及許諾。最後，這個公正的理性人也是個普遍的理性人。這種道德觀抽離於社會歸屬、社會或群體觀點所帶來的偏私性，而卻是這些構成了具體的主體（參看 Darwall, 1983, pp. 133-43）。

公正的理性以採取一種外在於具體行動情境的觀點為目標，這種超越性的「無中生有之觀」

（view from nowhere）帶著不屬於任一特殊主體或任一組主體的觀點、特質、性格及利益。這個公正的超越性主體的理想透過三種方式否認或壓抑了差異。首先，它否認情境的特殊性。理性思考的主體，清除了所有的特殊性，而根據同樣的道德守則對所有情境一視同仁，規則越能夠被化約為單一的規則或原則，就越能保證其公正性及普適性。無論他或她處於何種特殊的情境，任何主體都需要從這個普適的觀點出發，根據對所有道德情境一體適用的普適原則來理性思考。

其次，在不涉入情感的要求中，公正性尋求操縱或排除感覺形式的異質性。只有透過將欲望或情感從理性中排除，公正性才能達到它的統一性。藉由抽離於該人所在情境的具體特殊性，才能完成一個公正觀點的建構。這要求人抽離於身體存在的特殊性及其需求和傾向，抽離於附著在所經驗到的事物及事件特殊性上的感覺。規範性理性被定義為公正的，而就理性認識道德的普適原則，以及就它以同樣方式為所有道德主體所共同擁有而言，理性則定義了道德主體的統一體。此一理性因此站在欲望及情感的對立面，而正是後者區分了人們，並使人們擁有了特殊性。

第三，公正理想將特殊性化約為整體的最重要的方式，就是將道德主體的多元性化約為一個主體性。在它對普適性的要求中，公正理性的理想應該代表了一種無論任何理性主體都能夠採納的觀點，方法正是透過抽離於賦予他們個性的情境特殊性。此外在理想上，公正的道德裁判應該對所有人一視同仁，即依據相同的原則並且一體適用。

在它化約多元性為統一性的意志中，公正性尋求著一種超越的道德主體性。公正理性透過外在於這些互動參與者特殊視角的觀點來進行裁決，它能夠將這些不同視角總體化為一個整體，或是一個普遍意志。從一個獨一超越上帝的觀點來看，道德的理性人會權衡證據和互相衝突的宣稱，將普適原則運用在他們身上，並由此沉默地推導出裁決。因為它已經將所有的視角都納入考量了，因此公正主體需要承認除了它自己以外，沒有其他主體的利益、意見及欲望是它必須費心的。

這個道德推理能力的哲學陳述所帶有的獨白性格（monologic），即便在那些努力不去忽視道德主體多元性的人之中，也仍然看得到。以羅爾斯為例，他對功利主義的批評立基在功利主義不承認道德主體的多元性上。透過公正旁觀者的構想，功利主義尋求將所有人的欲望組織進一個一致的欲望體系中，藉此讓社會的選擇原則和個人的選擇原則一樣（Rawls, 1971, pp. 26-27）。羅爾斯堅稱，他的「原初狀態」（original position）對公正性提供了更好的陳述，因為它定義了「從當事人本身的立足點出發的公正性。是這些當事人必須站在一個原始的平等立場上一了百了地選擇他們所構想的正義。」（Rawls, 1971, p.190）。

儘管羅爾斯堅持以自我多元性做為正義構想的一個必要起點，但是原初狀態的推理卻是獨白性質。他將選擇原則的過程詮釋為一場討價還價的遊戲，其中的個人完全依據自身的利益來進行推理。這個討價還價遊戲模型確實預設了一種自我的多元性；每個主體都根據自身的利益獨自進行推理，並充分認知到有許多他者也正在進行著同樣的事，而他必須與他們達成協議。為了讓這個原初狀態成為公正性的陳述，羅爾斯在其中建入了這個對於推理思考的限制；然而，這些限制卻不只排除了原初狀態參與者間的差異，也排除了他們中間的任何討論。無知之幕（the veil of ignorance）排除了個體中間的任何分化性特徵，因此確保所有人都將基於同樣的假設、根據同樣的普適觀點來進行推理。原初狀態參與者必須彼此沒有利害關係的這個要求構成了障礙，讓參與者無法去傾聽他人表達他們的欲望及利益，並且被他人影響。討價還價遊戲模型排除了原初狀態參與者中間的真實討論及互動。為了確保他們互動的機會儘可能最小，羅爾斯甚至提議我們想像一個穿梭在他們中間的快遞：他蒐集和宣告提案，並在他們達成協議時負責告知他們（Rawls, 1971, p. 139; 參看 Young, 1981）。

史蒂芬．達沃（Stephen Darwall）明白表示，公正性的條件簡化了真實社會中自我及觀點的多元性，並將之化約為一個理性施為者的統一體。他假定存在著一層比羅爾斯所認為的更厚重的無知之幕，這層無知之幕不僅遮蔽了對個人偏好的認識，也遮蔽了他們的動機：「假定那些藏身在我們這層更厚重簾幕的人，雙方都不知道他們可能有的任何這樣的理性施為者身上都不常見的偏好，因此可以不受到他們動機力量的影響。這意味著實際上在這層簾幕後方只有一個選擇者：一個獨斷的理性施為者。」（Darwall, 1983, p. 231）。

不可能達成的公正性

追求公正性的道德理性要求道德判斷必須超然、不帶感情、具有普適性，並透過這個方式試圖將道德主體及情境的多元性化約為一個統一體。但是正如我已經指出的，這樣一種總體化的強烈欲望必然是失敗的。將差異化約為統一意味著將它們歸於一個普適的範疇之下，這需要驅逐那些不能符合該範疇的差異事物的面向。差異因此變成了範疇之內與之外事物之間的階層式對立，範疇之內的事物就會獲得比範疇之外事物更高的評價。

德希達稱之為解構（deconstruction）、而阿多諾謂之為否定辯證（negative dialectic）的哲學論述策略，揭穿了理性宣稱化多為一的失敗。托馬斯・內格爾（Thomas Nagel）則實際解構了公正理性的總體性宣稱。企圖對現實採取一種公正而普適的看法，這樣的企圖從特殊觀點的一開始就放棄了它們，並重新將它們建構為只是相對於客觀理性所理解真實的表面（appearance）而已。然而，這些表面的經驗本身卻是真實的一部分。如果理性追求的是認識整個真實，那麼它就必須從它們的特殊觀點來了解所有的特殊看法。然而，這種公正性及由此而來的理性的客觀性卻依賴著理性自身對特殊事物的超離，並將它們從它對真理的理解之中排除。因此理性無法認識整個真實，也無法被加以統一（Nagel, 1986, pp. 26-27）。

正如其他同一性邏輯的例子，建構一個公正的道德理性欲望導致的不是統一，而是二分。在日常道德生活中，先於普適理性的總體化動作前，只存在著習動的情境性脈絡，帶著所有這些脈絡的歷史特殊性、社會歸屬以及所認為的價值。這個公正性的理想將這個道德脈絡重構為一種對立，即存在於它形式上的公正面向、以及它那些**僅僅是**部分且特殊的面向，兩者之間的對立。

正如我們看見的，公正的理性也產生出理性與感覺之間的二分。由於它們的特殊性，感覺、傾向、需求和欲望從道德理性的普適性中被逐出。感情中立要求一個人從與一個道德情境有關的欲望、承諾、關懷的個人拉力中抽離，並以非個人的方式看待它。感覺及承諾因此從道德理性中被驅逐；所有的感覺和欲望的價值都被低估，變成同等地非理性、同等地無涉於道德判斷（Spraegens, 1981, pp. 250-56）。而這股朝向統一性的驅力卻失敗了。感覺、欲望及承諾並沒有不復存在，反而更發揮著激勵的效果，原因正是因為它們從道德理性的定義中被排除了。它們猶如難以言喻的陰影般潛伏著，證明著普適主義理性全面性宣稱的虛假不實。

在將主體多元性化約為一個普適觀點的計畫中，公正性理想還創造出另一個二分，也就是普遍意志與特殊利益之間的二分。主體多元性事實上並未被消除，只是從道德領域中被驅逐而已；個人的具體利益、需求和欲望以及使他們彼此區別的感覺，變成了只是私人、主觀的。在現代政治理論中，這個二分似乎就代表普遍利益的公共權威、以及帶著自己私人欲望的私己個體之間的二分，這些欲望是無法共享也不可溝通的。我們將在下一個小節進一步探討這個二分。

事實上，公正性的理想表達的是一種不可能，一個虛構的故事。沒有人能夠採取一種全然不帶個人色彩、不帶感情、全然隔離於任何特殊脈絡與承諾的觀點。在尋求這樣一種道德理性觀念的同時，**哲學成了一種烏托邦空想**；正如內格爾所說的，公正觀是一種無中生有之觀。哲學家採取的典型方式是透過故事、神話或思想實驗來描繪這個烏托邦。這裡是內格爾的版本：

> 假定爲我的大腦提供感官資料的所有新聞來源都被切斷了，但我還是維持著呼吸、營養輸送及意識。假定在我之中的音聲及視像經驗不是聲音與光線所製造出來，而是透過神經的直接刺激，因此我可被餵以文字及影像資訊，關於世上發生何事、其他人看見、聽見什麼，凡此種種。那麼我就可擁有對這世界的看法，卻不帶有任何觀點。（Nagel, 1986, p. 63）

艾可曼的想像也相當具有科幻小說色彩。為了要讓我們可以從公正的觀點出發闡述正義理想，他要我們想像自己身在一艘太空船上，剛降落在某個行星，在這裡一種叫做瑪拿（mana）的物質可以被隨心所欲地轉變為任何事物。想必我們都是些沒有過往也沒有特殊希望、沒有群體歸屬或宗教的人，而儘管艾可曼用性別化的代名詞來稱呼他的人物，但性別差異似乎對他們的經驗或觀點毫無影響。這些剛抵達的地球人的工作就是要去討論如何分配瑪拿，如何為自己建立一個公義社會。為了確保這個對話所產生的推理思考的公正性，艾可曼內建了一個指揮官來扮演對話中的裁判角色；由她來決定（當然了，從一個公正的觀點）何時說話者打破了引導他們討論的唯一規則，也就是沒有人能夠把他或她的人或想法比任何其他人的更好當作是個理由。為了取得對話的公正性，艾可曼必須將它內建為它的基本規則。

羅爾斯呈現給我們的不是這麼庸俗的一個虛構故事，但是他所建構的做為公正性觀點的原初狀態也只是個烏托邦空想而已，尤其是它的無知之幕規定。這道簾幕隔開了每個人對一個特殊歷史、一組群體歸屬或承諾的任何知識或連結，而彼此沒有利害關係的要求則確保當人們談話時，他們中間沒有人會成長發展。而我先前提到過達沃的「更厚的」簾幕，則更加的反事實（counterfactual）。

公正理想是一種理想主義的虛構故事。人們不可能採取一種非情境式的道德觀，而如果一種觀點是情境式的，那麼它就不會是普適性的，它無法脫離也無法了解所有的觀點。人們不可能針對實質的道德課題進行推理，而不去了解它們的實質，道德課題始終預設了某個特殊的社會或歷史脈絡；而人們也不會有動機去做道德判斷、去解決道德兩難，除非結果是重要的、除非人們對結果有著特殊而強烈的興趣。正如伯納德．威廉斯（Benard Williams）所指出的，事實或科學反思與實踐或道德反思之間的差異，正是在於前者是非個人的，而後者則否：

> 實踐的慎思明辨（practical deliberation）在任何情形下都是第一人稱的，而第一人不是

> 派生物，也無法被**任何人**自然取代。我所決定的行動將會是我的行動；而它屬於我的意味著它不只是在這個慎思明辨中完成，同時它也將關涉這個世界的變化；我在經驗上將是這些變化的原因，而這些欲望及這個慎思明辨本身，在某部分上，也將是原因。
> （Williams, 1985, p. 68）。

對於傳統道德理論之公正理想所產生的理性與感覺、普遍與特殊二分，某些同意對其採取批判態度的作家認為，就算不是設想一個無中生有之觀的公正性，人們也能夠以設想一個全方位的觀點達到同樣的結果。以蘇珊・奧金（Susan Okin）為例，她將羅爾斯的原初狀態觀點重構為一種將社會中所有的特殊立場及觀點都考慮進去的推理過程，以達至公義的結果。和更普適主義的康德式取徑不同，這個採納每個人觀點的想法並不將理性與感覺對立起來，或是排除特殊性。確實，它依賴的是道德推理者對每個特殊立場及觀點感同身受的能力（Okin, 1989; 參看 Sunstein, 1988）。

然而，這個邁向特殊化公正性的步伐保留了總體化的強烈欲望，而且並沒有比更普適主義的對應做法更有實現的可能性。這個觀點維持了**一個**主體，也就是一個公正的推理者必能採取每個人的觀點的看法。這個針對公正性的特殊主義觀念建構假定：儘管是從我特殊的視角，帶著我特殊的歷史與經驗，我仍然能夠同理處在不同情境中他者的感覺與看法。這個假設否認了主體之間的差異性。可以肯定的是，主體對彼此而言並非晦澀難懂，他們的差異也不是絕對的。然而，尤其當階級、種族、族群、性別、性取向及年齡定義了不同的社會位置時，一個主體無法全然同理另一個處在不同社會位置的主體、採取她的觀點；如果這樣做是可能的，那麼社會位置也就不會不同了（cf. Friedman, 1989, pp. 649-53）。

有些人也許會提出反對意見，認為透過拒絕了公正理想的普適性，我正是拒絕了道德反思本身的可能性。這樣的反對意見在於將反思等同於公正性，而這樣的等同正是我所拒絕的。道德理性當然需要反思，也就是與一個人當下的衝動、直覺、欲望及利益保持某種距離，以便考慮他們其他人需求之間的關係，若據此行動可能產生的後果等等。然而，這個反思的過程並不要求一個人採取不帶特殊性的觀點、一個對每個人都一樣的觀點；我們的確很難明白，這樣一種普適觀點如何能夠有助於導致行動的反思（Williams, 1985, p. 63-69, 110-11; 參看Walzer, 1987, pp. 48-56）。

有人也許也會反對，認為透過拒絕公正理性的普適性，我因此又否認了道德承諾的普適性，這普適性就表達在所有人都擁有同等的道德價值的假定上。這裡有必要在普適性的意義之間做出區分。在參與以及包容道德及社會生活中的每個人的意義而言，普適性並不意味著採取一種普遍性觀點，而將特殊的社會歸屬、感覺、承諾及欲望拋在腦後。確實，正如我將在下面的章節中論證的，做為普遍性（generality）的普適性經常正是以禁止普適的包容及參與為目的而運作（參看Young, 1989）。

促進公正理想的道德理論以一個不妥的二分法為起點：要不就是自我主義，要不就是公正性（參見 Darwall, 1983, chap. 1）一個施為者要不就是自私自利地進行推理、只考量什麼最能促進他或她自己自私的欲望和目標，要不他或她就是只從一個公正、普遍的觀點來推理，毫不考慮特殊的欲望或利益。公正理性的理論錯誤地將特殊性等同於自私自利，並建構反事實的普適主義抽象概念，以便讓主體能夠跨越自我主義：與他者的相遇。一個「道德觀」不是產生自孤獨地進行自我規制的理性，而是產生自他者的具體相遇，而這些他者要求自己的需求、欲望及觀點得到承認（參看 Levinas, 1969; Derrida, 1978）。正如我所論證過的，公正性理論假定了一個獨白的道德理性，一個嘗試擺脫自己短視觀點的孤單的主體。但如果假定道德理性是對話的，是不同處境的主體間討論後的產物，他們都渴望得到他者的承認與認知，那麼就不需要用一種普適觀點來將人們從自我主義中拖出。一個自私自利、拒絕傾聽他者對於需求的表達的人，也不會得到其他人的傾聽。

因此，溝通倫理才是建立在公正理性假定上的道德論的替代物。在詳盡闡述一種承認主體多元性的道德理論的計畫方面，哈伯馬斯比任何當代的思想家都走得更遠。他堅持主體性是溝通互動下的產物。道德理性應該被理解為對話性的，它是多元主體互動下的產物，他們在同等權利的條件下互動，沒有任何人的利益受到壓抑。

然而，即便是哈伯馬斯，似乎也不願意放棄超越特殊主義觀點的普適性規範理性的立足點。

正如賽拉．班哈比（Seyla Benhabib, 1986, pp. 327-51）所主張的，他在特權化「普遍化他者」（generalized other）中立、公正立場，以及她稱之為「具體他者」（concrete other）的立場之間猶豫不決。正如羅爾斯和艾可曼這些理論家，哈伯馬斯的理論有種傾向是對先驗的道德理性概念的依賴。規範性理性必須理性地重構為主體的建構，而這些主體是以承諾會進行推理性理解、並且願意被更強論證力所說服為出發點。這個起初共享的達成共識的動機，再搭配上免於支配的討論情境的假定，就可以說明道德規範如何能夠既具有普遍性也具有約束力。正如羅爾斯和艾可曼這些理論家，哈伯馬斯的理論有種傾向是對反事實的依賴，而這些反事實是建立在一個公正的起點上，為的是從道德對話中取得普適性。

哈伯馬斯的對話理性構想發現只有可普遍化的利益的表達才是有效的，而可普遍化利益一詞的意義模稜兩可；有時它似乎只是指那些普適的利益，那些每個人都共享、每個人都同意尊重其他人享有的利益。這種可普遍化利益的詮釋產生了普適與特殊、公共與私人之間的二分，而那些因其來自個人的特殊過往及社會歸屬、而也許不是可以共享的需求與利益，則退出了。

另一種對於可普遍化利益的詮釋，正如班哈比所論證，則是源自於解放政治涉及需求的表達及詮釋的這個洞見。在一個參與者表達自身需求的民主討論中，沒有人是從一個公正的觀點來說話，也沒有人訴求的是普遍利益。由於要讓需求得到滿足就必須依賴於政體中他者的行動，用皮特金的話來說，人們被迫：

認知到他者的權力並且訴諸於他們的標準，即便是我們也試著讓他們認知到我們的權力和標準。我們被迫發現或是創造一種關於目標與抱負的共通語言，而不只是為我們的私人展望披上公共的偽裝，而是要去意識到它的公共意義。我們被迫……將「我想要」轉變成「我有權利要」，一個可以根據公共標準進行協商的主張。（Pitkin, 1981, p. 347）。

在從欲望的表達邁向正義的主張時，對話的參與者並不會將自己特殊的處境存而不論，而採取一種普適、共享的立場。他們只是從只考慮自己的需求（self-regarding needs）朝向承認他者的主張移動而已。根據這個詮釋，就它們可以被承認而不會損及其他人的權利、或讓他人臣服於支配之下的這個意義上，這些主張在規範上有效的、可普遍化的。然而，可普遍化利益在這個意義上或許是特殊的，與情境及某個特殊群體的需求相關，因此無法為每個人所共享的。

公民公共理想中的同一性邏輯

理性與欲望之間的二分也出現在現代政治理論中，一方面是主權及國家的普適、公共領域，另一方面則是需求及欲望的特殊、私人領域。現代規範性政治理論及政治實踐的目標，是在國家的公共領域中體現公正性。正如公正的道德理性，這個公共領域只有透過排除特殊性、欲望、感覺，以及生命中那些與身體有關的面相才能取得它的普遍性。尤其是藉由排除女性及其他與自然和身體有關的他者，在現代政治理論及實踐中與這個領域相聯繫的公民公共（civic public）才能達成統一性。

桑內特（1974）及其他人曾描繪十八世紀開發中的都市中心所創造出的一種獨一無二的公共生活。隨著商業活動的增加以及更多的人湧入都市，都市空間本身被改變，以便創造出更多的開放空間、寬闊的林蔭大道，來自各個不同階級的人們可以在同樣的空間中互動交流（Berman, 1982）。根據哈伯馬斯，十八世紀中葉公共生活的功能之一就是提供人們在報紙、咖啡廳及其他論壇中討論及批判國家大事的重要空間（Habermas, 1974）。儘管受到資產階級男性的支配，但是咖啡廳中的公共討論承認任何階級的男性都具有平等的地位。此外，透過沙龍、戲院及閱讀性社團的制度，貴族及資產階級女性也能參與、甚至有時在這類公共討論上獨領風騷（Landes, 1988, pt. 2）。

這個時期的公共生活似乎顯得狂野、具有玩耍性質，並且充滿性的魅惑。戲院是社交中心，在這個公共論壇，機智詼諧的言語及諷刺作品挑戰著國家及主流的道德價值。這個無拘無束的公共生活相當程度地攙和了性別與階級、嚴肅的論述與遊戲、美學與政治。但它並未在共和主義政治哲學中倖存下來。表達了超越任何特殊利益之公正觀點的普適主義國家理念，有一部分是對於這個分梳化公共生活的反應。共和主義者將他們普世主義國家的基礎深植於公民公共的理念中，而十八世紀末歐洲及美國的政治理論及實踐則透過制度化壓抑了都市公共（urban public）中俗民的、語言的異質性。公民公共的制度化重新將社會生活統一在公共與私人嚴格區分的秩序之下。

盧梭的政治哲學就是這種公民公共理想的典範。盧梭政治思想的發展是為了回應他對十八世紀都市公共的個人經驗（Elison, 1985），以及回應霍布斯所表達的原子論式、個人主義式國家理論的前提和結論。公共公共表達了理性的普適、公正觀點，不僅對立於慾欲、情緒、需求及利益的特殊性，更排除了後者。從個人欲望及需要的狹窄前提出發，我們無法得到一個足夠強而有力的規範性的社會關係的構想。原子論式自我主義與公民社會的差異並不是只是在於個人欲望的無限性受到以執行懲罰威脅之法律的節制。而是理性讓人們聚在一起，承認共同的利益以及普遍的意志。

對盧梭而言，主權人民（sovereign people）體現了集體利益及平等公民身分的普適觀點。人們在追求個人利益時，是特殊主義導向的。然而規範性理性顯示了一種所有理性人都能夠採納的公正觀點，公共觀點表達了一種無法被化約為特殊利益之集合的普遍意志。以公民的身分參與這個普遍意志就顯示了人類的高貴性及真實的自由。然而，這樣一種對集體性的理性承諾是無法相容於個人滿足的，而對盧梭而言，這正是人類境況的悲劇（Shklar, 1969, chap. 5）。

盧梭所構思的這個公共領域是統一而同質的，他確實提出了透過公民慶典來排養對這樣一個統一體之承諾的方法。儘管這個公共領域的純粹性、統一性及普遍性要求超越並壓抑偏私及需求、欲望及情感的分化，但盧梭幾乎不相信人類生活可以或應該沒有情感，以及需求和欲望的滿足。人做為有感覺及需求的存在這一特殊本質，乃是在家庭生活的私領域中找到了表達管道，女性則是這個家庭生活私領域恰當的道德維護者。

對於現代政治理論中公共及私人二分法，近來女性主義分析隱含地指出公正、普適的公民公共理想本身是可疑的。現代政治理論家及政治人物在宣告公共的公正性和普遍性的同時，也相當有意識地發現應該排除一些人的公共參與，也就是女性、非白人、有時也包括那些無財產的人，才能符合這個理想。如果這不只是個錯誤，那麼這就是在暗示：做為表達普遍利益、理性的公正觀點的公民公共理想本身導致了這個排除。透過假定理想對立於欲望、情感及身體，公民公共的構想排除了人類存在的身體及情感面向。在實踐上，這個假定將同質性強加於公民公共之上，從公共中排除了那些不符合理性公民模型的個人及群體，這樣的公民必須有能力超越身體及感情。這樣的排除是建立在雙重的基礎上：傾向將理性與欲望對立起來，以及將這些特質與不同種類的人連結起來。

在盧梭詳盡闡述、黑格爾追隨其後的社會範式中，女性必須從公民身分的公共領域中排除，因為她們是情感、欲望及身體的看護者。允許欲望及身體需求的訴求成為推動公共論辯的主題，會因為分裂它的統一性而破壞了公共審議。此外，即便是在家庭領域內，女性也必須受到支配。

她們危險而異質的性欲必須維持貞節禁欲，並被圈禁於婚姻之中。強迫女性守貞，讓每個家庭都維持成一個分離的整體，避免因為私生子造成混亂及血統混雜。只有那時，女性才能成為男性欲望的恰當守護者，方法則是透過道德教育來緩和其具潛在破壞性的衝動。男性對女性的欲望本身威脅要粉碎及驅散普適的理性公共領域，並且破壞公共與私人之間的分明界線。做為需求、欲望及情感的私領域的維護者，女性必須確保男性的衝動不會讓他們從理性的普適性中被去除。此外，女性所照料的家庭生活道德潔淨性，將會緩和特殊主義的業務及商業領域可能具有的個人主義衝動，就如同性欲持續威脅著炸裂社會的統一性（參見 Okin, 1978, pt. 3; Lange, 1979; Elshtain, 1981, chap. 4; Pateman, 1988, chap.4）。

資產階級的世界制定了理性與感性之間的道德勞動分工，並以理性來認同陽剛氣質，以感性及欲望來認同陰柔氣質（Glennon, 1979; Lloyd, 1984）。家庭及個人生活的領域就和國家及法律的領域一樣，都是現代才創造出來的，而且是透過一部分相同的過程產生的（Nicholson, 1986, chap. 4; 參看 Okin, 1981）。國家的公正性及合理性取決於將需求及欲望遏制在家庭的私領域中。只有透過將公民個體定義為女性本質的無秩序的對立面，公民的公共領域才能達成統一性及普適性，女性本質的無秩序則包含了感覺、性欲、出生及死亡，也就是那些具體地將人們區分出彼此的特質。普適的公民是沒有身體、沒有感情的（男性）理性（Pateman, 1986; 1988, chaps. 1-4）。

普適的公民也是白人及資產階級。女性不是唯一被排除在現代公民公共參與之外的人群。在歐洲，許多國家一直到最近都還將猶太人及工人階級排除在公民身分之外。在美國，憲法的設計者特別限制勞動階級進入理性的公共領域，當然也將奴隸及印地安人排除在公民公共參與之外了。喬治・摩斯（George Mosse, 1985）以及雷諾・塔卡奇（Ronald Takaki, 1979）揭露了歐洲及美國各自資產階級共和生活中存在的這類排除的結構。白人男性資產階級所構想的共和主義德性是「可尊敬性」（respectability）。「值得尊敬的」男性是理性、自制、高尚正派的，不屈服於激情、情感依戀，或是奢侈的欲望。這些值得尊敬的男人應該是異性戀（straight）、不帶感情、遵守規則。不論是過去還是現在，在這個文化形象中，身體的、性欲的、不確定而無秩序的那些存在面向，都被和女性、同性戀、黑人、印地安人、猶太人以及東方人劃上等號。

摩斯主張，十九世紀的歐洲發展出統一國族的觀念，正是取決於將屬於男性的德性與身體的異質性及不確定對立起來，並將受到貶抑的群體與身體連結起來排除在國族的同質性之外（參看Anderson, 1983）。塔卡奇指出，早期美國共和主義者對於公民同質性的需求態度十分明確，這種需求從共和國最初期時就和白人共和主義者與黑人及印地安人的關係息息相關（參看Herzog, 1985）。這些共和國之父，例如傑弗遜，將他們領土上的紅色及黑色人種等同於野性自然與激情，就像他們畏懼家庭領域之外女性的淫蕩與貪得無厭。他們將道德而文明的共和生活定義為對立於這些落後保守、未開化的欲望，並將等同於女性及有色人種。最重要的是，他們明確地正當化將公民權的取得限制在白人男性作法，基礎是取決於同質性與不帶感情的理性的國族的統一性。

總結而言，規範理性及道德感的理想，與欲望及情感是對立的。公正而文明的理性描繪了共和主義男性的德性，他們凌駕了激情及欲望。然而，資產階級男性並未完全從身體及情感中割離，理性公共的文化將他們圈禁在家庭領域，而家庭領域也同時圈禁了女性的激情，並成為提供男性與兒童情感慰藉的處所。確實，家庭領域是感情得以成熟發展之處，每個個體都能夠承認並肯定他的特殊性。正是因為公正性及普適性的德性定義了公民公共，公共才必須排除人類的特殊性。於是，在公民公共理想中的現代規範性理性及其政治表達達成了統一與一致，方法是透過威脅要驅逐及禁錮以分化入侵政體的一切事物：女性身體及欲望的特殊性、種族及文化差異、需求的多變與異質性、個體的目標和欲望、感覺的模稜兩可與變化多端。

公正理想的意識形態功能

人們或許會反對，認為我對公正性提出了太多的要求。這種反對意見承認，最強意義上的公正性是不可能的；真正的道德施為者是特殊的，不能夠簡單地將他們的特殊過往和社會歸屬擱置起來，而針對攸關一個決定的、實質的實踐利益也同樣無法這麼做。這類反對聲音宣稱，公正性應該被理解為理性的一種調節性的理想；它是無法實現的，但卻是一個重要的目標。

然而，公正性不但不可能，對於這個理想的承諾還會導致相反的意識形態結果。重申第三章所給出的意識形態定義，當對於一個觀念的信念透過正當化支配或壓迫關係、或透過遮蔽可能更具解放性的社會關係而協助再生產出支配或壓迫關係時，它就發揮了意識形態的功能。對於公正理想的普遍承諾至少發揮了三種意識形態功能。首先，它支持了國家中立的觀念，而這個觀念又回過頭為分配正義典範提供了某種基礎。其次，它正當化官僚制權威及階層式的決策過程，平息要求民主決策的呼聲。最後，透過將特權群體的觀點預設為普適立場，它還再次強化了壓迫。我主張，我們應該尋求的不是公正性，而是在一個異質性的、代表部分立場的論述脈絡中，尋求公共的公平性（public fairness）。

公正性指出的是一個任何理性人都能夠採納的觀點，一個超然、普適的觀點，將所有特殊觀點都同等地納入考量。如果人們在進行道德或政治決策時能夠秉持公正，那麼這個決策就會是對的決策、最正確的決策，真正能夠儘可能地代表每個受影響的人的利益。如果他們在相互尊重、具有同等權力的情況討論這個決策的話，這個由公正的決策者所做出的決策，也就是所有那些受到影響的人都會做出的決策。因此，如果我們找到公正的決策者，就沒有必要討論了。

這個公正決策者的觀念在我們的社會中發揮著正當化非民主、獨裁的決策結構的功能。在現代自由社會，一些人統治另一些人，他們的決策權力影響著其他人的行動及行動條件，這是無法透過某些人就是比其他人優秀這樣的理由加以正當化的。如果所有人運用理性、同理心及創造力的能力是一樣的、如果人們都具有等同的價值，那麼似乎必然的結果就是有關指導他們協力生活的規則與政策應該要由他們集體來決定：主權應該在民。在這個社會契約的神話中，人們將自己的權威委託給政府官員，他們的任務就是秉公決策，只考慮普遍單數利益，而不是獨厚任何特殊複數利益。假如當局者秉持公正的合理性而行，那麼自治就是符合階層式權威的。

於是一種不同面向的二分、介於國家公領域及部分利益私領域之間的二分就出現了：國家站在社會之上，有別於且超然於社會，以俯瞰的姿態裁判著從個體對私人獲利的私人追求而產生的競爭與衝突。因此，諸如洛克就明確地使用了裁判的隱喻來描述政府的功能：國家在競爭性累積經濟體的活動之上公正地行使職權，公民則有責任效忠並服從於這個國家，原因正是因為據說它公正地與任何特殊利益保持距離（Pateman, 1979, pp. 70-71）。

黑格爾的政治哲學對國家提供了最為徹底、明確的說明，國家因為對抗欲望及利益的特殊性，而表達了公正及普適性。對黑格爾而言，自由主義將社會關係解釋為自我定義的個體恰當地追求自身目的之自由，這只描述了社會生活的一個面向，也就是公民社會的範圍。做為公民社會的成員，個體為了自己和他的家庭追求私人的目標，並與其他具有相似特殊利益的人們聯合起來。公民社會中的這些特殊利益可能會發生衝突，但交換的交易也產生了許多的和諧與滿足。另一方面，被視為國家一份子的個體並不是特殊欲望的中心，而是以普適方式闡述的權利及責任擔負者，國家及法律觀點超越所有的特殊利益，表達了普適、理性的人性精神。國家的法律及行動表達了普遍意志，也就是整個社會的利益（參見 Pelczynski, 1971, pp. 1-29; Walton, 1983）。

然而，對普遍利益的追求，與同一個人對特殊利益的追求並不相容。因此必須有一班特別的公民，他們並不涉入市場社會中對私利的追求，他們的工作就是維持公共利益以及國家的普適觀點。這些官僚是透過客觀的評量方式而選出，這些評量方式可以辨識出那些最具資格的人，他們能夠感知並制定普遍利益，並將受到國家資金的支持，以確保他們能夠維持公正性。他們完全獨立於公民社會，這些官僚代表了黑格爾所謂的道德規則的社會體現。雖然並未參與他們的形成，但所有公民都可以確信，官僚體制所制定的法律和政策表達了他們的客觀自由、他們身為公民的普適性的完足，因此他們有絕對的責任要去遵守（參見 Pateman, 1979, pp. 109-10; Buchanan, 1982, pp. 6-10）。

在我們社會中，政府官員的規則得到公正性意識形態的正當性保證。我們不授權給我們選舉出的立法者，他們才能公正地進行立法，而這些法律將反映普遍利益。這些法律本身就是公正的；他們應該以同樣方式運用於所有人身上。透過尋求普遍利益的立法者所制定的智慧法律，執行者和法官只需要將他們公正地運用在特殊的個案上，就能確保正義的結果。根據這個國家的形象，政府、行政人員、法官及官僚被認為是進行公正決策的專業人士。不像其他人的工作，他們的工作並不會讓他們沉浸於具有特殊目標的特殊活動中；相反地，他們的工作是要保持距離，以整體的方式考慮利益及目標的多元性，並做出決策。受到決定影響的人有時必須在聽證及審訊時提供資訊給法官及官僚。但決定結果是這些權威的事，因為只有這些權威才是公正且代表普遍利益的。

然而，這種凌駕特殊利益及公民社會衝突的國家中立觀念，也是個神話。馬克思主義對自由主義國家的批判也適用於這個做為利益競爭之仲裁者的國家形象。如果在不同階級、群體或利益之間，在權利、資源、公共領域的參與管道上都有顯著的差異，那麼所謂公正的決策過程，通常會產生有利於更有權力的人的結果；這種決策程序只在讓所有人擁有同等形式性機會去促進自己利益的意義上是公正的。

此外，公正性不僅對官僚決策者而言不可能，對其他道德施為者來說也是同樣的不可能。無論是否任職於政府，對於血肉之軀的決策者而言，在進行決策時採取先驗理性的立場，將自己與群體歸屬及構成他們認同的承諾分離開來，並從社會生活的願景來思考它們，這種事情就是不可能。但是從他們過往與利益的特殊性出發，結果卻未必是人們只會考慮自己，沒有能力也沒有意願考量其他利益及觀點。每個人都理應促進自身的利益，公正的國家則會留意結果是否公平。我已經主張過，公平並不要求一個人拋棄自己的立場（step out of one's skin）。一個人或一個群體的歷史及承諾僅是**部分**的，正是因為他們從未從外部來理解所有相關的觀點。立法者、政府行政人員，以及其他的政府官員通常會從他們的政府脈絡中發展出對生活的局部性觀點以及一組特殊的利益；是以政府其實並未超越公民社會、並以整體的方式來看待它（Noedlinger, 1981）。

就它協助解釋了正義的分配式典範而言，國家中立的迷思發揮了意識形態的功能。大部分針對正義的討論都隱約或明確地假定正義是由一位權威人士負責來「分配」，而這名權威人士是公正的。大部分針對社會正義的討論也假定，正義的客體只跟、或先是跟指導政府政策的原則有關。如果對正義的反思假定國家是個公正決策的領域，超越並理解所有部分的利益、觀點及承諾，那麼唯一重要的正義課題就會是分配。如果我們假定分配者是公正的，因此會將所有社會中的利益納入考量，那麼就沒有理由提出決策權力的公義組織這樣的明確議題。

我已經論證過，公正性的理想正當化了官僚權威。這對私人企業或組織中的權威就像對政府權威一樣適用。在這些地方，權威也不是基於貴族的理由，而是根據將管理任務與其他任務分開的必要性，讓經理人監督針對組織的不同的、局部的觀點。男性，偶爾也有女性，因為他或她的聰明才智、創造力及勤奮工作而在階層式組織中升遷，這顯示了他或她的績效；於是這位經理人的任務就是以「專業」態度來督導下屬，這意味著採取客觀的觀點並基於公正的理由來做決定。一個公司或機構的規則本身就應該是公正的、正式的，而行政者應該公正地運用這些規則。這位行政者的決策應該反映做為整體的組織的利益。因為官僚階層體制是根據績效而公正地分派位置，因此它是公義的。只要決策者努力追求公正性，民主就不是必須的；他們的決策將最能符合所有人的利益。這個公正性理想於是協助正當化了大多數工作場所的階層式組織、以及按績效決定位置配置的觀念。在第七章，我將挑戰這個績效迷思，其假定了規範上及文化上都具有公正性的評價標準的可能性。

在面對公正性理想的不可能時仍然堅持這個理想，其發揮的功能是掩蓋觀點所無可避免的偏袒性，而實際上發生的道德慎思正是從這樣的觀點出發的。源自特殊歷史、經驗及社會歸屬的情境性假定與承諾急忙填補了由反事實的抽象概念所創造出的真空；然而現在，它們卻被宣稱是關於人性或道德心理學的「客觀」假定。公正性的理想產生出將特殊事物普適化的傾向。

在一些存在著社會群體差異、有些群體享有特權而其他的則受壓迫的地方，這種將特殊事物加以普適化的傾向就會再次助長這種壓迫。特權者的立足點、他們特殊的經驗及標準，會被建構為正常且中立的。如果某些群體的經驗與這個中立的經驗不同，或他們搆不上這些標準，他們的差異就會被建構為偏差及劣等。受壓迫者的經驗和價值不但因此而受到了忽視與噤聲，更會因為他們情境性的認同而處於不利地位。享有特權的人根本不需要自私地追求自己的利益而犧牲其他人，並因此讓這個情境變得不公不義；光是靠他們建構他人需求及利益、或非刻意地忽視他們的偏袒作法就足夠了。如果受壓迫群體挑戰盛行假設及政策所宣稱的中立性，而表達自己的經驗與觀點，聽在其他人耳裡他們的主張就是有偏見的、自私的特殊利益，違背了公正的普遍利益。於是，對公正性理想的承諾讓揭露所謂普遍立場的偏袒性以及為受壓迫者發聲，變得更困難了。

公正性理想正當化階層式的決策過程，並允許特權者的立場顯得像是普適的一般。這些功能的結合經常導致具體決策，而這些決策延續了壓迫，並讓某些群體始終處於不利地位，其他人則享有特權。決策權威的位置經常被特權群體的成員所占據，也就是名義上異性戀的盎格魯白人男性，因為取得這類位置也是他們特權的一部分。基於他們宣稱為中立而公正的假設與標準，他們的威權式決策經常造成沉默與忽視，並使得其他人的能力、需求及規範變成了一種偏差。對於這些接著發生的支配與壓迫的補救方法，就是解散階層體制。如果規範性的理性是對話式的，公義的規範最有可能從人們與不同觀點的真實互動中浮現，因為被迫面對其他人並傾聽他們的想法，人們於是不得不走出自己的堡壘。公義的決策結構因此必須是民主的，要確保所有參與決策並受到決策影響的特殊群體都能擁有自己的聲音與選票。

參與式民主與異質性公共的觀念

如果我們放棄公正性的理想，與集體行動有關的非民主決策過程就再也沒有道德正當性了。拋棄虛構不實的契約論，我們要求真實的參與結構；在其中，真實的人們，帶著自己的地理、族群、性別及職業的差異，在鼓勵他們發出自己獨特聲音的機構中提出自己對社會課題的觀點。對正義的理論性討論因而必須是參與式民主的理論性討論。然而，正如卡羅爾・佩特曼（arole Pateman, 1986）所指出的，許多當代參與式民主理論家對公民公共理想的投入並未多過於他們的古典先行者。

我已經論證過，公民公共的理想排除了被定義為不同的女性及其他群體，因為它的理性及普適性地位不過是源自於它與情感、特殊性及身體之間存在的對立。共和主義理論家強調公民公共的統一性：就他是個公民而言，每位男性都拋棄了他的特殊性與差異，以便採取一種對全體公民一致的普適立場，也就是共善或普遍意志的立場。在實踐中，共和主義政治家透過從公民身分中排除那些被定義為不同，並與身體、欲望及需求的影響相聯繫的人，從而強制實現了同質性；這些影響會讓公民從純粹理性的立場上轉向。兩位參與式民主的當代理論家，班傑明・巴伯（Benjamin Barber）以及哈伯馬斯，都保留了普適主義公民公共理想的重要特質，雖然方法是曖昧的。

巴伯（1984）強烈反對那些建構一個去除情感面向的政治論述模式的當代政治理論家們。他主張，儀式、神話、激情、情感表達及詩意話語都具有政治意義，正如理性論辯一般。因此巴伯無懼於欲望及身體對公共的統一性與合理性所造成的破壞，而許多共和主義理論家則似乎如此。然而，在他對於強勢民主（strong democracy）的概念中，他卻保留了由統一性、普適性所定義的公民公共的構想，他反對群體的同契性以及特殊的需求和利益。他在兩個領域之間作出了清楚的區分，一方面是公民身分及公民活動的公共領域，另一方面則是特殊認同、角色、歸屬、利益的私人領域。他宣稱，強勢民主對於公共之中的任何區分感到遺憾，因公共理想地表達一種所有公民的共同意志及共同判斷。公民身分絕對沒有窮盡人們的社會認同，但它在強勢民主中將道德優先性排在所有其他社會活動的前面。特殊利益的追求、特殊群體主張的推進，全都必須發生在由公共領域所建制的社群及共同願景的框架之中。因此，巴伯對於參與式民主的願景持續依賴存在於公民資格的公共領域與特殊利益，以及社會歸屬的私領域之間的強烈對立。對他而言，參與式民主的過程要求淹沒社會差異，而我已經論證這往往會導致某些群體的特權，他們的聲音及觀點會支配據稱的共同公共生活。

共和主義將公共定義為理性領域，對立於欲望與感覺的私領域，從而展現出統一性及普適主義；在保留共和主義遺產的程度上，哈伯馬斯的溝通行動理論比起巴伯的理論更為曖昧不明。正如我之前所論證的，溝通行動理論的主要傾向是以達成真正互為主體的、脈絡性的參與式民主為目標。沒有公正性的先驗觀點，規範的合理性就只能建立在將它們理解為討論結果的基礎上，討論成員包含所有受到這些規範束縛的人。正如我之前討論過的，對於溝通倫理的一個可能詮釋就是將規範性宣稱詮釋為需求、感覺及欲望表達的結果，這是在所有人都有同等的聲量能夠表達自己需求與欲望的條件下，個體宣稱滿足了並且得到他者承認的需求、感覺及欲望。於是這個詮釋傾向於瓦解公共理性與欲望、需求及感覺的私人領域之間的區分。

然而，哈伯馬斯的思想中仍保留了一股濃厚的康德式普適主義色彩，削弱了邁向需求詮釋的基進性多元主義參與式政治的步伐。哈伯馬斯仍保留了理性與情感二分的遺跡。他十分堅定地將對於感覺的論述從對於規範的論述中分離開來。此外，他的語言模式本身嚴重地依賴推理性論證的典範，刻意不去強調屬於隱喻性、修辭性、遊戲性的語言，而那些言說的身體性面向是它溝通效果的一個重要面向（參見Young, 1987; 參看Keane, 1984, pp. 169-72）。撇開溝通倫理的可能性不談，哈伯馬斯本身保留了對於「道德觀點」乃是做為「普遍化他者」（generalized other）的道德觀點的承諾，推理的主體從她或他自身需求、欲望及承諾的具體脈絡中進行抽象化，並從這個普遍的立場來看待他者。他在這個形式中保留了權利與原則的公共領域，與脈絡性需求的私人領域之間的區分（Benhabib, 1986, pp. 348-51）。最後，關於對話中的參與者隱約以共識做為目標的主張，則令人回想起理想的公民公共的統一性。

正如我們在第三章中看到的，許多作家聲稱，透過對利益群體多元主義的制度化，福利合作社會被去政治化了。正如巴伯呼籲一個強勢的民主化公共，許多這些作家也呼籲對公民公共的再制度化，在公民公共中公民超越他們的特殊脈絡、需求及利益，而專心致力於共善。然而，我也一直主張，對於政治統一體的這樣一種欲望將會壓抑差異，並往往從公共中排除了某些聲音及觀點，因為他們的較大特權及支配性位置容許某些群體透過受到他們特殊觀點及利益影響的語言來闡述「共善」。

舉例而言，與巴伯的理解相反，利益群體多元主義的問題不在於它是多元而特殊的，而在於它是私人化的。它制度化並鼓勵對政治過程採取一種自我主義、只考慮自己的觀點；每一方都進入爭奪稀少財貨與特權的政治競爭中，就為了極大化自己的獲利，而為了自己的利益不需要去傾聽或回應其他人的主張。因此，利益群體多元主義沒有留下多少空間能主張某些群體有責任照顧到其他人的宣稱，因為他們處於困乏或是受到壓迫。此外，利益群體協商的過程及結果大部分都發生在私領域；它們不是在一個真正將所有受到這些決策潛在影響的人都包括進來的論壇中展現出來，並且得到討論。

對於公共生活的再政治化不必然意味著創造出一個統一的公共領域，其中的公民將自己特殊的群體歸屬、歷史及需求拋在腦後，以便討論一個神話性的「共善」。在一個因社會群體、職業、政治地位、特權及壓迫的差異、地區等而分殊化的社會，對任何共善之類事物的感知都只會是公共互動的結果，這些公共互動表達了而非淹沒了特殊性。就我的看法，在我們社會中尋求政治民主化的那些人，應該將公共及私人及它們之間關係的意義重新概念化，與啟蒙共和主義的傳統果斷地分道揚鑣。儘管有好的理論及實踐上的理由要去維持公共與私人的區分，但是這個區分不應該被建構為一種階層式的對立，而去呼應存在於理性與感覺、陽剛氣質與陰柔氣質、普適與特殊之間的對立。

公共的首要意義，就是公開而且可以取用（accessible）的。這種公共原則上不是排他性的。雖然就該意義而言是普遍的，但是這個公共的構想並不意味著同質性或採取某種普遍或普適的立場。確實，在公開、可取用的公共空間及論壇中，一個人應該期待與不同的人相遇並聆聽他們的聲音，這些人特殊的觀點、經驗及社會歸屬都是不同的。於是，為了促進一種包容的政治，參與式民主主義者必須促進異質性公共的理想；人們在其中可以帶著自己的差異站出來，他們的差異得到他人的認知與尊重，儘管也許並沒有被完全理解。

正如漢娜．鄂蘭（Hannah Arendt, 1958, pp. 58-67）所指出的，英文的私人（private）一詞在字源學上與剝奪（deprivation）有關。正如傳統上所認為，私人的，就是應該要從視野中隱藏的事物、或是無法帶進能見範圍的事物。它與羞恥及不完整（incompleteness）連結。正如鄂蘭所指出的，這個對於私人的觀念意味著將人類生活的身體及情感面向從公共中排除。

我認為，不應將私人定義為公共所排除的事物，而是應該如某種風格的自由主義理論，將其定義為任何人都有權將其他人排除的那些生活及活動的面向。在這個意義上的私人，就不是公共制度所排除的事物，而是個人選擇要從公共視野中撤出的事物。隨著國家和非國家官僚體制的成長，隱私的保護成為炙手可熱的議題。在福利資本主義社會，對於個人隱私的捍衛已經不只是讓國家無法插手某些事務的事，而是一種呼籲積極的國家管制、以確保國家機構及非國家組織（像是企業）都能尊重個體對於隱私權的主張。

受到女性主義對抗傳統政治理論所啟發的這種表述公共及私人概念的方式，並未否認公共及私人的區別。然而，它確實否認公共及私人範圍之間的社會區分，私人與公共各自擁有不同種類的制度、活動及人類屬性。這種異質性公共的概念隱含了兩個政治原則：一，沒有人、活動或個人生活的面向應該被強迫成為隱私；二，沒有社會制度或實踐應該被先驗地排除而無法成為恰當的公共討論及言論表達的主題。

我已經論證，對於公共的現代構想創造出一種公民身分的構想，它將個人最特殊的面向從公共目光中排除。公共生活應該要「看不見」性別、種族、年齡等等，所有人都應該以相同的條件進入公共及其討論中。這種對於公共的構想，已經造成了將人們及人們的面向從公共生活中排除的結果。

我們的社會仍然是一個強迫人們或人們的面向成為隱私的社會。對於同性戀的壓抑也許是最令人觸目驚心的例子。在今天的美國，大部分的人似乎仍抱持著自由主義的看法，認為人們有權成為同志，只要他們將自己的活動保持在隱私狀態。在公共場合讓人注意到一個人是同志、公開展演同志情，甚至公開主張同志的需求與權利，都會激起許多人的揶揄與恐懼。我們的社會才剛開始改變將身心障礙人士排除在公共視野之外的做法。幾乎一個世紀以來，「值得尊敬的」女性可以使用公共空間及公開發表言論，然而主流的規範仍舊帶來壓力，迫使我們女性特質的最明顯表現——月經、懷孕、哺乳私人化——不得被公開談論、不得在公開場合被看見，也不得成為公眾考慮的課題。延伸下去，兒童也應該退出公共的能見範圍，當然他們的聲音也不該得到公開表達的機會。

女性主義的標語「個人即政治」表達了一個原則，那就是沒有社會實踐或活動被排除，被認為不適合做為公共討論、表達或集體選擇的對象。當代女性運動已讓許多被宣稱過於瑣碎或私人、而不適合拿來做為公共討論話題的實踐成為公共課題：代名詞的意義、針對女性的家庭暴力、男性為女性開門的做法、對於女性及兒童的性侵害、家務性別分工等等。

社會主義及民粹主義政治呼籲將許多被認為完全屬於私人的行動及活動拿來做為公共課題，例如個人和企業如何投資自己的錢、他們生產什麼，以及他們如何生產。福利合作社會允許許多大型機構將自己的活動定義為私人活動，並因而給予他們排除其他人的權利，而這些機構的行動對許多人產生了龐大的影響。有興趣削弱經濟原因所導致的壓迫，例如剝削及邊緣化的參與式民主主義者，經常會呼籲將這類機構的一些或全部活動攤在公共民主決策的目光下。

這些例子顯示了公共及私人不會輕易地與制度的範圍吻合，例如工作相對於家庭，或是國家相對於經濟活動。在民主政治中，私人的界線應該畫在何處本身就成為了一個公共課題（Cunningham, 1987, p. 120）。保護隱私權的目標是要維護**個體**行動、機會及參與的自由。任何機構或集體對於隱私權的主張、對於排除其他人權利的主張，都只能夠在可以保障正當合理範圍內個人隱私權的基礎上加以正當化。

正如我在本章一開始即指出的，挑戰與普適性及特殊性、理性及情感之間的對立結盟的公私之間的傳統對立，就意味著挑戰將正義與關懷對立的一種構想。這種理論將正義限制在形式與普適的原則，而這些原則界定了一個脈絡，其中每個人可以追求他或她的個人目標，而不會阻礙其他人追求他們目標的能力。但這不但必然是過多限制的一種社會生活構想，正如桑德爾（1982）所認為的，同時也必然是過多限制的一種正義構想。做為一種德性，正義無法站在個人需求、感覺及欲望的對立面，而是應該指出那些讓人們可以滿足他們需求、表達他們欲望的制度條件。在一個異質性公共之中，需求可以在它們的特殊性裡被表達。在第六章，我將更仔細地去發展面對並肯定差異的那些公共生活的原則。但首先在第五章，我將會進一步探討認同的動態；其造成了對差異的恐懼，並建構了絕對他者性。

第5章 身體度量與認同政治

The Scaling of Bodies and the Politics of Identity

種族主義與恐同，是此時此地我們真實的生活境況。我敦促在這裡的每個人深入自己的內知，並碰觸我們內心深居著對任何差異的恐懼和憎惡，看清這些恐懼和憎惡是藏在怎麼樣的臉孔下面。然後，個人即政治的認知，才能開始光照我們所做的一切選擇。

——歐德·洛德（Audre Lorde）

我的身體還給我時是虛軟攤開、扭曲變形的，它被重新著上了色、裹在黑色的哀悼中，在那個白色的冬日。黑佬長得很醜、黑佬是畜生、黑佬很壞、黑佬很卑鄙、黑佬長得很醜；看哪，一個黑鬼，天冷，黑鬼冷得打哆嗦，這個小男孩全身打顫呢，因爲他怕那黑鬼，黑鬼冷得打哆嗦，這冷可鑽到骨髓了呀，這漂亮的小男孩全身直打顫呢，因爲他以爲黑鬼氣得哆嗦，白人小男孩投向他母親的臂彎；媽呀，黑鬼會吃了我。

我只能看到那個白人，天空的眼睛不足以盛裝它的眼淚，大地在我腳下發出粗礪刺耳的聲響，空中迴盪著白人的歌聲，一首白人的歌。這白人的白色的一切灼傷了我……。

我坐在火邊，意識到自己身上那層制服。我從沒這樣看過它。它還眞醜哪。我不再去想了，誰能告訴我美是什麼？（Fanon, 1967, p. 114）

種族歧視，正如其他的群體壓迫，不應被認為是一個單一的結構，而是透過數種壓迫形式運作的，這些壓迫構成了大多數或全部美國黑人、拉丁美洲裔、亞裔、美洲印安人、閃族人的生活境況。這些群體成員所經歷的壓迫當然是以美國資本主義特殊的結構及規律為條件——剝削結構、隔離的勞動分工，以及邊緣化。種族歧視，正如性別歧視，是讓工人們彼此分化的方便工具，並且正當化了對某些人的超級剝削及邊緣化。然而很清楚地，法農在上面引文中回想起的經驗無法化約到資本主義過程，或是被納入剛才提到過的壓迫結構中。它們屬於我稱之為文化帝國主義或暴力的普遍性壓迫形式。當一個群體在不被看見的同時又被標記出來、並加以刻板印象化，那就是文化帝國主義。施行文化帝國主義的群體將自己的價值、經驗及觀點投射為規範性、普適性的，而文化帝國主義的受害者因此成為被迫隱形的主體、擁有自己觀點及群體特殊經驗及利益的人們。在這同時他們也被標記出來（marked out），凝結成被標記為大寫他者的存在，偏離了支配性規範。支配群體完全不需要留心自己的群體；他們占據了一個未被標記的（unmarked）、中立的、顯然是普適性的位置。但是文化帝國主義的受害者無法忘記自己的群體認同，因為其他人的行為及反應不斷讓他們回想起自己的認同。

法農的那段引文令人想起文化帝國主義一個特殊且具關鍵重要性的壓迫面向：與群體相連的、被他人投以憎惡目光的經驗。原則上，文化帝國主義不需要透過憎惡的互動動態而結構化，但是至少在據稱是自由而寬容的當代社會中，這類憎惡反應卻深刻地塑造了壓迫結構，影響所有承受文化帝國主義的群體。許多文化帝國主義的壓迫經驗發生在互動的尋常脈絡中——手勢、言談、腔調、動作及其他人的反應（參看 Brittan and Maynard, 1984, pp. 6-13）。吸引力及憎惡的情緒脈動調節著所有的互動，並為身體的經驗帶來特殊的後果。當支配性文化將某些群體定義為不同、定義為大寫他者時，那些群體的成員就會被囚禁在自己的身體中。支配性論述根據身體上的特徵來定義他們，並將這些身體建構為醜陋、骯髒、被玷污、不潔、受到污染或病態的。此外，那些體驗到自己的世界被化約為一張皮膚（an epidermalizing of their world）的人（Slaughter, 1982），透過他人的身體行為發現了自己的地位：他們的手勢、他們所表現出的某種緊張感、他們對目光接觸的迴避，以及他們所保持的距離。

種族壓迫經驗必然有一部分的結果是做為一個被定義為擁有醜陋身體的群體而存在，並因為該理由而成為恐懼、迴避或憎恨的對象。此外，種族化的群體絕對不是唯一被定義為醜陋或可怖身體的群體。對於女性的壓迫，正如對於黑人的壓迫，展現了第二章中描述的全部五種型態的壓迫。家庭與職場中的性別勞動分工產生出性別特定的剝削及無能形式。然而，對於女性的壓迫結構同樣是由欲望、吸引及憎惡的情緒脈動，以及人們對身體及肉體化（embodiment）之經驗的互動動態所塑造的。儘管某種文化空間被保留下來，表達對女體之美及可欲性之崇敬，但在某程度上，正是那個浮雕剪影式的理想使得大部分女性成為了乏味、醜陋、可厭或可怖的肉體。老人、男女同性戀者、身心障礙人士、肥胖者也以群體的方式占據了醜陋、可怖或可厭肉體的位置。將群體定義為醜陋他者的互動動態及文化刻板印象，與壓迫性的騷擾及身體暴力有極大的關聯，並讓大部分這些群體的多數成員內心寧靜及身體都受到危害。

本章將探討醜陋身體的建構，以及無意識恐懼與憎惡對受鄙視群體的壓迫所具備的含意。我將擴充上一章中的提示，即種族及性別歧視所造成的公共排除後果，乃源自於現代理性的結構及其自創出的與欲望、身體及情感的對立。現代哲學及科學建立了統一性、控制性的理性，理性對立於身體並掌控身體，接著再將某些群體與理性同一，其他群體則與身體同一。

然而，在我們的時代，十九世紀存在的對受鄙視身體的客體化及赤裸裸支配已然退潮，接著浮現的則是人人平等的不著邊際承諾。我的主張是：種族歧視、性別歧視、恐同、年齡歧視及對殘疾人士的歧視並未隨著那個承諾消失，而不過是潛入地底，棲居於人們多半時候習而不查的日常習慣及文化意義之中。透過克莉絲提娃的賤斥（abject）範疇，我探討持續將某些群體定義為可鄙、醜陋的習慣性、無意識恐懼及憎惡，如何隨著失去認同的焦慮而進行調節。我們的社會很大程度是透過感覺與反應來實施文化帝國主義的壓迫，而這方面的壓迫並非法律或政策所能矯正。

本章中的分析針對道德理論提出了是否、以及如何能夠針對非意圖行為做出道德判斷的問題。如果無意識的行為及實踐再生產了壓迫，那麼他們在道德上就應該受到譴責。我主張在這樣的個案中，道德理論必須在責備作惡者及追究作惡者責任之間做出區分。

消除文化帝國主義因此要求一種文化革命，而這也必然是場主體性的革命。我們這些在多元、複雜社會中的主體要做的不是尋求自我的完整性，而是應該肯定在我們之中的他者性，認知到做為一個主體，我們在我們的社會歸屬及欲望上都是異質而多重的。我注意到，意識覺醒的社會運動實踐提供了對主體發動革命的方法之初步模式。

現代論述中的身體度量

在第四章中我曾指出，現代理性對普適性及中立性的宣稱以及它與情感和身體的對立，導致了某些群體的貶損及排除。在這裡我將更詳細地探討這個過程的意義。現代種族、性別歧視、恐同、年齡及對殘疾人的歧視並不是來自黑暗時代，並與啟蒙理性正面衝突的迷信遺留。相反地，現代科學及哲學論述明確提出並正當化了關於種族、性別、年齡和民族優越性的正式理論。十九及二十世紀初的科學、美學及道德文化明確地將某些群體建構為醜陋或墮落的身體，與之對照的則是中立、理性主體的純潔與可敬。

針對工具理性的批判理論性說明，針對人文主義及笛卡爾式主體的後現代批判，以及針對現代理性去肉體化（disembodied）之冷酷無情的女性主義批判，全都集中精力要戳穿現代科學理性的權威假象。現代科學及哲學建構了一種主體即為「知者」的特殊解釋，主體被認為是自現（self-present）的根源，站在認識的客體之外並與其對立，它是自主、中立、抽象，並滌除了特殊性的。它們建構了現代主體性，方法是透過逃離物質現實、逃離身體與流動、活生生事物的持續感官連結，以便創造出淨化過的形式理性的抽象觀念，它是去肉體化且超越的。消除了所有的活力與生氣，並被安置在那個抽象而超越的主體之中，自然被凝固成為具體、遲緩、固化的客體，每件事物都可以被認同為同一的事物，且是可數、可測量、可持有、可累積、可交易的

（Merchant, 1978; Kovel, 1970, chap. 5; Irigaray, 1985, pp. 26-28, 41）。

現代理性論述的一個要素是描述知識的視覺隱喻之復興。在我於第四章討論過的同一性邏輯中，理性思考被定義為絕無可疑的視覺對象；只有被清楚看見的事物才是真實的，而清楚看見一件事物就能讓它是真實的。人們並非透過不可靠的感官觀看，而是透過心靈的觀看能力（mind's eye），一種外在於一切的視覺，像個正在進行視察的驕傲而警戒的君主。主體力圖認識做為純粹能指（pure signifier）的大寫真理，純粹能指完全而準確地鏡射真實。認識的主體是凝視者（gazer），站在高過且外在於認識對象的位置。在這個視覺的隱喻中，主體站在真實的當下臨在（immediate presence）中，而與其無涉無干。相較之下，觸感則讓感知者（perceivor）與所感知物（the perceived）發生關係；人們無法觸碰某物而不被觸碰。然而，視覺是有距離、並被構想為單向的；凝視者是純粹始源的專注施為，而客體則是被動的被觀看者（Irigaray, 1985, pp. 133-51）。

此外，現代科學的理性是正常化的凝視（Foucault, 1977; West, 1982）。它是根據某些階層式標準來評估它的對象。理性主體不僅是觀察，像個遊客一樣從一個景點換到下一個景點而已。按照同一性邏輯，科學的主體根據將屬性多元性化約為統一性的尺度對客體進行測量。被迫根據測量某個普遍屬性程度的刻度排列，某些特殊事物於是受到了貶損，被定義為偏離了規範。

傅科總結了正常化凝視施展的五種操作手法：比較、分化、階層化、同質化及排除。正常化理性：

> 將個體行動交付整體判決，整體立刻成爲比較的場域、分化的空間、要被遵循的規則的原則。它根據下面這個總的規則將個體間彼此區別開來：這個規則的目的是發揮最小閾值（minimum threshold）、被尊重的平均值、或個人必須努力達成的最適解之功能。它透過量化方式針對個體的能力、程度、「本質」（nature）進行測量，並根據其價值排列等級。透過「價值給定」（value-giving）的測量，它引進了必須達成的服從的強制。最後，它查考將會根據與所有其他差異的關係來定義差異的限制，也就是不正常（abnormal）的外部邊境。（Foucault, 1977, pp. 182-83）

許多最近的學術研究已經揭露了依附於現代論述中理性主體觀念表達上的白人、資產階級、男性、歐洲偏見。在露骨的強暴隱喻中，這群現代科學之父將自然建構為受（陽剛性）調查者主宰及控制的女性。科學家的美德成為了陽剛性的美德——去肉體化的超然、謹慎的測量及工具的操弄，全面性概括及推理論證，受到證據支持的權威言談（Keller, 1985; Merchant, 1978）。

認識主體的屬性與規範性凝視者變得十分依附於階級與種族。階級位置不只是來自傳統或家庭，也來自優越的智能、知識及理性能力。理性自身的意義轉變了。它的任務不再是如過去的人所要求的、沉思天堂的永恆及靈魂幽微之處，而是了解自然之造化，以便將其過程導引至生產性的目的。「智能」及「理性能力」如今首先意味著策略性活動及計算性思考，對特殊事物進行抽象化，以便透過公式化方式說明普遍性操作法則、系統的邏輯性組織、對形式及技術性語言的掌握與發展，以及監視及監管系統的設計。自然和身體是這類操弄與觀察的對象。此外，正如我將在第七章中進一步討論的，理性／身體的二分也塑造了「精神」（mental）與「物質」（material）勞動的現代分工結構。自現代工具理性降生之初，白色人種特質（whiteness）的觀念就一直與去除任何物質性身體成分的理性存在著聯繫，而身體則被等同於黑色人種特質（blackness）（Kovel, 1970, chaps. 5-7）。這種等同使得主張自己擁有白色人種特質的人可以將自己放在主體的位置，而將有色人種認同為認識的客體（參看 Said, 1978, pp. 31-49）。

重要的並不是將這一類說明理解為主張階級、種族、性別及其他壓迫是基於或源自於科學理性，或是主張科學理性只反映了支配的社會關係。科學與哲學理性表達了對主體性與客體性的一種看法，而這個看法在現代西方文化中擁有龐大的影響力與迴響。理性與白人、男性、資產階級的這層關係來自、並持續存在於一個特定的社會脈絡中，這個社會的結構是由階級、種族、性別及國族的階層化關係所塑造的，而這些關係都擁有獨立的動力。

毫無疑問，抽象理性與陽剛性及白種特質之間確實是出現了聯繫，但這相當可能是透過一組取決於命運的歷史偶然而造成。那些清楚提出並遵從現代理性準則的人，都是白人資產階級男性。在系統性地闡述他們的理性視覺隱喻時，他們成為自己的代言人，而沒有注意到還有其他的立場可以表達。隨著現代超然而客觀化的理性假定了人性及主體性的意義，並獲得看見真理的權威地位，特權群體也篡奪了權威性認識主體的特權。被他們定義為不同的群體因此落入客體的位置，成為主體遙遠而操縱性凝視的對象。

然而，強加在種族、性別、階級及國族階層式關係上的科學理性對主體與客體之二分，對於特權及壓迫的結構化具有深遠而持久的後果。特權群體失去了他們的特殊性；在占據科學性主體地位的同時，他們也成了去肉體化、超越特殊性及物質性、採取無中生有之普適觀的施為者。另一方面，受壓迫群體則被囚禁在自己被客體化的身體中，盲目、瘖啞、消極被動。科學的正常化凝視聚焦在女性、黑人、猶太人、同性戀者、老人、瘋子及智能不足者的客體化身體上。從它的觀察中，浮現了性別、種族、年齡，以及精神或道德優越性的理論。這些絕對不是頭一批正當化富人、男性或歐洲人規則的論述。然而，正如傅科所論證的，十八世紀末、十九世紀初的論述創建了一個知識論上的斷裂，這種斷裂在「人的科學」（sciences of man）之中找得到理論性的表達（Foucault, 1970）。在這個**知識型**（episteme）中，身體被自然化，也就是被構想為決定論式科學法則的主體；同時，身體也被正常化，成為在善（the good）的目的論式階層體系中受到評價的對象。那些將身體自然化的理論是生物學或心理學理論，且與美麗身體的美學標準及人格正直的道德標準之間有著明確的聯繫。

在發展中的自然史、骨相學、面相術、民族誌及醫學中，科學觀察者的凝視被運用到身體上，包括掂量、測度，並根據規範性的階層體系將身體分類。十九世紀的人種理論家明確將歐洲白人的身體類型及面部特徵定為基準、一個人類形式的完成；與之相較，其他身體類型不是退化就是未臻完善。然而，將這些規範帶入科學論述之後卻將其**自然化**，並賦予其優越性宣稱附加的自然真理權威。在十九世紀的生物學及醫學範式中，歐洲白人男性資產階級的身體天生就是「最好的」身體類型，而他們天生的優越性直接決定了這個群體的人在智能、美學及道德優越性上凌駕所有其他身體類型（West, 1982, chap. 2）。

在十九世紀的歐美，科學的正常化凝視賦予了美學的身體度量客觀真理的權威性；所有身體都可以被放置在一個單一的尺度上，其頂點是強壯而美麗的青春時期，而最低點則是敗壞（the degenerate）。這個尺度會測量至少三種關鍵屬性：身體的健康、道德的健全及精神的平衡。敗壞指身體上的體弱多病，或是精神上的失衡：狂亂、非理性，或如孩子般的頭腦簡單。但最重要的是，道德不當也是敗壞的跡象，同時也是身體或精神疾病的原因。道德敗壞通常意味著性生活放縱或偏離正軌的性行為，雖然它也指耽溺於其他的身體享樂。因此同性戀和賣淫是主要的敗壞，這樣的性行為都會產生身體和精神疾病。

在關於正常和偏差、健康及敗壞的科學論述中，關鍵在於任何形式的敗壞，無論是身體、精神或道德的，都會自我呈現在科學凝視可以識別出來的身體徵候上。敗壞被認為出現在身體的表層，身體表層的美醜是可以客觀測量的，所根據的則是鉅細靡遺的面部特徵、頭髮、膚色及膚質的等級和種類、頭型、眼睛位置，以及生殖器官、臀部、髖部、胸部及乳房的結構（Gilman, 1985, pp. 64-70; 156-58, 191-94）。娼妓、同性戀者、罪犯全都可以很容易辨識出來，因為他們展現出了醜陋及敗壞的身體徵候。

十九世紀美的理想主要是男性美德的理想（Mosse, 1985, pp. 31, 76-80），這個理想是強壯、自我控制的理性男性，遠離性欲、感情及所有其他脫序及令人不安的事物。即便白人資產階級男性也會染上疾病、行為偏差，尤其如果他們無法控制自己的性衝動的話。因此，像個男人的男人必須透過規訓與禁慾守貞來警惕保衛自己的健康與俊美（參看 Takaki, 1979, chap. 2）。然而，在許多十九世紀的科學論述中，黑人、猶太人、同性戀者、窮人和工人，以及女人，整群整群的人都被視為是本質上且無可救藥地敗壞的。

做為一個群體，女人由於她們身體的特殊構造、她們生殖及性器官的運作，具有纖細文弱的體質，由於她們的卵巢和子宮，女人容易陷入瘋狂、非理性及孩子般的愚蠢，她們也比男人更容易縱慾。女人的美，正如男人的美，其美學是去肉體化的、去性欲的、無血氣的：頭髮及膚色極淺、體型纖細苗條。受到可敬、理性的男性規訓式統治的某一階級女性，則可以從所有女性都難以免除的瘋狂、敗壞及邪惡中得救。

女性本質上被等同於性欲，正如被科學分類為本質上敗壞的其他群體：黑人、猶太人、同性戀者，在某些地方及年代還包括了工人及「犯罪分子」。十九世紀論述及圖像學（iconography）

的一個驚人面向，就是這些範疇的可互換性：猶太人和同性戀者被稱為黑人，而且通常被描繪成黑人，所有敗壞的男性據說都是娘娘腔（effeminate）。醫學科學忙著根據所有這些群體成員的身體特徵進行分類，解剖他們的身體，並經常特別注意他們的性器官。特別是種族歧視的性欲化，同時將敗壞群體的男性及女性與控制不住的性欲牽連起來。但科學家展現出對黑人、猶太人及阿拉伯裔女性的特殊迷戀（Gilman, 1985, chap. 3）。

差異的醫學化產生了一種奇怪而令人恐懼的邏輯。一方面，正常／不正常的區分是一種純粹的好／壞互斥的對立。另一方面，由於這些對立都座落在同一尺度上，因此就很容易從這一端滑向那一端，邊界是可滲透穿越的。男性和女性、白人與黑人，正常及不正常是清楚的本質，但是人們可能生病、可能失去道德警覺性，於是就可能敗壞。十九世紀的道德與醫學文本充滿了男性恐懼變成娘娘腔的記載（Mosse, 1985, chap. 2）。

在這個脈絡中發展出一種新的、關於老化的論述。唯有在十九世紀，出現了一種老年與疾病、敗壞、及死亡之間在文化與醫學上的普遍性關聯。傳統父權社會往往敬重年長的男性，有時甚至是年長的女性，認為他們是力量、耐力及智慧的象徵。而一種新的老年形象逐漸與身體孱弱、不能自制、老態龍鍾連在一起（Cole, 1986）。儘管這類連結並非源自於十九世紀（見證人李爾王），然而再一次地，科學及醫學的正常化論述賦予了這樣的連結一種客觀真理的權威性。年齡的敗壞，正如種族的敗壞，被認為在老人、尤其是老婦人客觀的醜陋中表露無遺。

現代科學理性於是產生了人類身體、道德及美學優越性的理論，將年輕白人資產階級男性預設為準則。這種理性預設一個滌除了對事物之感官沉浸的認識主體，其統一化的結構使得客體化其他群體、並將他們放置在正常化凝視之下有了實現的可能。

有意識接受，無意識嫌惡

截止目前為止，透過檢視十九世紀科學理性所產生之種族、性別及精神優越性理論的建構，我已經處理了某些群體如何變成醜陋、可怖身體的問題。我所引用過的許多作家都曾指出，這些十九世紀結構框定了當代西方資本主義社會中以群體為基礎之恐懼與偏見的意識形態及心理學。例如柯若・韋斯特（Cornel West）就主張，啟蒙理性及科學概念的種族歧視，其後果「持續糾纏著現代西方世界：在非推論層次上，徘徊在貧民窟街頭；在推論層次上，徘徊在人文學科方法論假設上。」（West, 1982, p. 48）

但我們可以假設，過去與當代歐洲及北美社會情境中的種族歧視、性別歧視、恐同及年齡歧視意識形態之間，存在著這樣一種簡單的連續性嗎？許多人會主張條件已經劇烈改變，這些十九世紀及二十世紀初期的理論和意識形態不過是歷史古董，和當代思想、感覺及行為已經毫無關係了。理性討論和社會運動已讓這些十九世紀科學理性的論文脫去權威的面紗。在許許多多的激烈鬥爭與不少頓挫之後，如今法律及社會規則表達了對群體平等、對所有人都值得獲得同等尊重及考量的原則的承諾，無論他們的種族、性別、宗教、年齡或族群認同。

然而，我們之中那些主張種族及性別歧視、恐同、年齡歧視和身心障礙歧視是當代社會關係之深層結構的人，無法將這樣一個共通的信念當作幻覺而拋在腦後：在我們的社會，自然劣等性及群體支配的意識形態已不再發揮重大影響力了。同時，我們也無法認真將我們宣稱在今日仍維持著壓迫的那些憎惡與刻板印象僅僅視為是過去那種泛泛的仇外心理的單純延伸，雖然也許是種弱化的延伸。許多人否認我們的社會是個種族歧視、性別歧視、年齡歧視、身心障礙歧視、異性戀主義的社會，原因正是他們將這些「歧視」（isms）等同於具有科學正當性的理論，這些理論正當化了群體劣等性及社會認可的排除、支配及貶損。要清楚並具說服力地說明我們對當代群體壓迫及其再生產的主張，就必須確認：明確的、而且是在推論層次上對種族及性別歧視的集中關注，已經失去了相當程度的正當性。我們必須辨識出符合特殊當代境遇的、對這些群體壓迫形式的不同社會表現；這是新的形式，與過去的結構既有連續也有斷裂。

為了闡述這樣一種對群體壓迫之當代表現形式的看法，我採取了三層主體性理論，這是紀登斯（1984）所提出的理論，目的是為了理解社會關係及其在行動及社會結構中的再生產。紀登斯說，行動與互動涉及了推論意識、實踐意識，以及基本安全感系統。推論意識指的是那些可以用語言表達、以明確的語言公式為基礎，或可以輕鬆轉化為語言的行動及情境面向。另一方面，實踐意識所指的那些行動及情境面向，則涉及了對主體身體與其他主體和周遭環境之關係的、經常是複雜的反思性監視（reflexive monitoring），但這些反思性監視處在意識邊緣地帶，而非推論注意力的焦點所在（參看 Bourdieu, 1977）。實踐意識是慣習性、例行化的背景意識，讓人們可以完成重點的、針對當下目標的行動。舉例來說，開車去雜貨店購買購物清單上的物品，就牽涉了實踐意識層次上高度複雜的一組行動，像是開車本身以及在雜貨店裡推動、操縱購物車，而我對於該空間與我所尋找品項的相對位置已經取得了一種慣習感受。

「基本安全感系統」對紀登斯而言，指的是基本層次的認同安全感以及自主感，這是社會脈絡中任何一致行動所必須的；人們也許會稱之為主體的本體完整性。精神病患者是那些基本安全感系統受到破壞或從未形成的人。紀登斯的結構化理論假定，社會結構只有在透過反思性監控行動、該行動的加總效果，以及行動的非意圖性結果而展現出來時，才會存在。反過來，行動則涉及了處在信任及焦慮之動力中的社會情境中的**身體**，身體與其環境，尤其是與其他行動之間的關係：

> 世故老練、信任或本體安全感優勢的達成與維持，乃是透過施爲者在互動的生產及再生產中所利用的各式各樣令人眼花撩亂的技巧。這類技巧的基礎首先是建立在對於看似……最爲不足道的身體運動及表達細節的規範性調控。（Giddens, 1984, p. 79）

精神分析師所指的無意識經驗及動機，則發生在基本安全感系統的層次。在每個個體的人格發展過程中，某些經驗在建構對能力和自主性的基本感受之過程中受到了壓抑。從這種經驗材料與自我認同的撕裂中，產生了獨立的意識「語言」：它從身體行為與反映中浮現出來，包括姿勢、語調，甚至如佛洛伊德發現的、還包括了某些談話形式或符號表現本身。在日常行動及互動中，主體做出反應、向內投射（introject）或將自己重新定向，以便維持或恢復其基本安全感系統。

我主張，種族歧視、性別歧視、恐同、年齡歧視及身心障礙歧視等等，已從紀登斯所指的推論性意識層次中撤離。我們社會中的大部分人並非有意識地相信某些群體比其他群體更好，且因這個理由而值得不一樣的社會好處（參見 Hochschild, 1988, pp. 75-76）。西方資本主義社會中的公法，以及企業和其他大型機構中的明確政策，都承諾形式平等及給予所有群體同等的機會。在大多數情境中，對大多數群體而言，明顯的歧視及排除已被我們社會中的正式規則所禁止。

給予所有人形式平等的承諾也往往支持一種公共禮儀，那就是不允許在公開場合出現一些喚起注意到一個人的性別、種族、性傾向、階級地位、宗教等屬性的言行。一家高級餐廳的侍者應該對所有的顧客表現出恭敬態度，無論他們的膚色、職業，都將他們當成貴客看待；而另一方面，在超市排隊結帳的人龍中，沒有人能夠得到特殊待遇。公共禮儀要求我們與人相處時僅是個體之間的相處，應給予每個人同等的尊敬與禮貌。在公開場合令人注意到一個人是黑人、猶太人或阿拉伯人、年老、殘障，富裕、貧窮，是極度缺乏品味的行為；而對某些人表現出明顯的紆尊降貴姿態，卻對其他人恭恭敬敬，也是同樣的沒品。當代的社會禮儀對於喚起人們注意女性陰柔氣質的行為，態度則較為曖昧，但是女性運動已幫助創造出一股社會潮流，即以恭順或寵幸態度對待女性都是同樣的品味低劣。由當前社會禮儀所推動的理想，是這些群體差異不應在人們彼此的日常邂逅中成為焦點，尤其是在正式、非個人的往來上；更普遍的則是在所有不熟悉的場合和情境中，我們都應該忽略性別、種族、族群、階級、身體能力及年齡的事實。這些個人事實不應對我們對待彼此的方式造成差異。

我不應過度誇大將某些群體的劣等性、敗壞性或惡性的信念從意識中撤離的好處。仍然持續有個體或群體犯下性別或種族歧視的劣行；雖然在支配的自由主義脈絡中，如果他們希望自己的聲音被聽見，他們必然常常對自己所要發表的主張字斟句酌。此外，種族及性別劣等性的理論仍不斷出現在我們的智性文化中，正如詹森（Jensen）的智商差別理論。然而，它們也一樣必須採取防衛姿態，且通常得不到廣泛接納。然而，即便公共禮儀也許禁止在推論層次上意識到的種族及性別歧視，但私底下在客廳或更衣室裡，人們對自己的偏見與偏好往往更加直言不諱。發生在紀登斯稱為實踐意識和基本安全感系統層次的無意識意義和反應，對自我意識的種族及性別歧視、恐同、年齡及身心障礙歧視更是變本加厲。在一個承諾給予所有群體形式平等的社會，這些無意識反應相較於推論層次上的偏見與貶損更為普遍，而且還不需要後者來再生產特權和壓迫關係。人們是在互動脈絡及廣義的媒體文化中無意識地做出對美醜、喜歡討厭、聰明愚蠢、有能無能等等的判斷，而這些判斷經常標記、刻板印象化某些群體，或將它們貶損與降級。

我在第二章中曾論證，群體差異並非「自然」事實。它們是在社會互動中被製造及持續再製出來的，人們會在這些社會互動中認同自己及彼此。只要對於自我和他人的認同仍是重要的，正如在我們社會中無疑是如此，那麼人們就不可能在日常相遇中忽視這些差異。在我的互動中，一個人的性別、種族和年齡影響了我對那個人的行為，當一個人的階級地位、職業、性取向或其他社會地位形式被人得知或有所猜測時，這些也會影響行為。白人在黑人周圍、男性在女性周圍時往往感到緊張不安，尤其是在公共場合。在社會互動中，在社會上具有優越地位的群體常避免靠近低身分地位的群體，迴避眼神接觸，身體內縮退避。

一個黑人走入了一個正在進行商務會談的大房間，發現聲量忽然變小了，人們並不是突然安靜下來，但聲量肯定是變小了。一位女性和她的丈夫在一個房地產辦公室裡，她發現交易員一直沒辦法好好跟她說話或看著她，即便她直接面向他說話。一位女經理對她的男性上司經常在他們說話時碰觸她感到惱怒，他將他的手放在她手肘上或手臂環著她的肩，這些都是展現出權力與父親姿態的姿勢。一位聽力跟二十歲人一樣好的八十歲男性發現許多人會在他們談話時用吼的，並且使用他們跟學齡前兒童說話時會用的嬰兒般的短句跟他說話（Vesperi, 1985, pp. 50-59）。

受壓迫群體的成員經常體驗到這類迴避、嫌惡、緊張的表情、紆尊降貴的姿態，以及刻板成見。對他們而言，這類行為其實是整個的遭遇，往往在他們推論層次的意識上留下了充滿痛苦的經驗。這類行為將他們拋回他們的群體認同，讓他們覺得被人注意到並貼上了標記；或是相反地，讓他們覺得自己成為了隱形人，不被認真對待，更糟的是覺得受到了貶低。

然而，那些展現出這類行為的人極少意識到自己的行動，或他們讓其他人有什麼樣的感覺。許多人很有意識地承諾要平等、尊敬地對待女性、有色人種、同性戀男女及身心障礙人士，然而他們的身體和感覺對這些群體的成員卻出現了憎惡或迴避的反應。人們會在推論意識層次上壓抑這類的反應，原因有幾個。首先，正如我在之後的章節會討論到的，這些相遇和他們引發的反應會在某程度上威脅到他們的基本安全感系統。其次，我們的文化持續將理性與身體和情感分離，因此忽視並貶低身體反應和感覺的重要性。最後，「差異不應製造出差異」的自由主義命令促使人們對這類事情保持沉默，而在實踐意識層次上人們「知道」群體差異的重要性。

於是，受到文化帝國主義結構壓迫、將他們標記為大寫他者的不同群體們不僅承受著厭惡、迴避或紆尊降貴行為的羞辱，而且通常必然是在沉默中體驗到那樣的行為，因而無法將自己的感知與其他人的感知進行核對。一個支配的社會常認為，在公開、非個人的場所及相遇中指出種族、性別、年齡或身心能力方面的差異是不夠得體、不夠世故老練的行為。因此，對於其他人對他們的行為感到不適或憤怒的受壓迫者必須對自己的感覺保持沉默——如果他們期待融入這些公開脈絡，而不會因為喚起對互動形式的注意而擾亂了例行常規。當我們之中一些比較大膽的人對這些日常的系統性壓迫跡象發出怨言時，我們常會被控訴為人太過吹毛求疵、反應過度、無中生有找麻煩，或是完全誤解了那個情境。把發生在實踐意識層次的行為和反應帶進推論意識層次的勇氣，往往遇到的是要求噤聲的否認及強勢姿態，這會讓受壓迫者覺得有點抓狂。

無意識的種族歧視、性別歧視、恐同、年齡歧視和身心障礙歧視不只發生在身體反應和感覺，以及它們的行為表現上，也會出現在對人或政策的判斷上。當公共道德承諾人人平等待遇及平等價值的原則時，公共道德就要求必須根據個體能力並在個體的基礎上，才能針對人的優越或劣等性做出判斷。然而，正如我將在第七章進一步討論的，對於被標記為不同的群體的恐懼、厭惡及貶抑，常常在無意識間就進入了對於能力的判斷。透過被亞德里安・派普（Adrian Piper, 1988）稱之為高階歧視（higher-order discrimination）的現象，人們經常會鄙視那些在另一個人身上被認為是值得讚美的特質，因為它們屬於某些群體成員。果斷和獨立思考可能會被認為是良好性格的標誌，只要它們屬於某個你希望站在同一邊的人；但如果是在一位女性身上發現這些特質，它們可能就變成盛氣凌人、難以合作。一位女性可能會珍賞男性的體貼與輕聲細語，但是當這些特質出現在男同志身上時，卻成了鬼鬼祟祟、不正直的跡象。憎惡或貶損某些群體，被置換成應該跟群體屬性毫無關係的性格或能力之判斷。因為下判斷的人承認並衷心相信人們不該僅因為群體成員的身分而受到貶損或迴避，因此他／她否認這些對於能力的判斷是基於種族歧視、性別歧視，或是恐同。

同樣的置換過程，在公共政策的判斷及做出這些判斷的理由上也經常發生。由於法律與政策對平等性的正式承諾，種族或性別特權的主張通常已被編碼或隱藏在深處，而不是直接的種族或性別優越性主張（Omi and Winant, 1983）。積極矯正歧視措施的討論，是發生隱蔽或是無意識種族歧視和性別歧視的一個重要所在。查爾斯・勞倫斯（Charles Lawrence, 1987）主張，許多公共政策決策的底層都存在著無意識的種族主義，然而種族在這些決策中並不是明確攸關的課題，決策者也沒有種族歧視的意圖。舉例而言，一九七〇年代末，曼菲斯市在該城市的白人與黑人區中間豎立了一道牆，城市官員的動機是秩序維持及財產保護。在許多城市中，針對公共住宅的地點與性質都曾展開激烈鬥爭，其中的白人參與者不討論種族，或許也沒有想到種族。勞倫斯主張，在這類案例中，無意識種族歧視發揮了有力的影響，人們要知道種族歧視是否存在，只需要看看課題與決策的文化意義即可明白：在社會的文化字彙中，牆意味著隔離，公共住宅則意味著黑人貧民窟。在當代美國社會，愛滋病的文化意義讓這個疾病與男同志及同志生活風格相連結，儘管許多人付出相當大的精力試圖打破這個連結；結果是有關愛滋病政策的許多討論可能都涉及了恐同，即便討論者根本沒有提到男同志。

我已經指出，無意識的種族歧視、性別歧視、恐同、年齡歧視及身心障礙歧視經常在社會互動及政策決策中運作。這些嫌惡、恐懼及貶損發生作用的最後地點就是大眾娛樂媒體——電影、電視、雜誌，以及它們的廣告，諸如此類。舉例來說，一個社會如何能夠在它的正式規則和公共制度中聲明女性和男性一樣有能力，且在專業工作上應該根據她們的優劣功過加以考量，卻同時大量生產、散布虛假不實的雜誌及電影，描繪著意圖激起人們性欲的女性受虐及下賤形象？而若現實與理性遠離了幻想和欲望，這裡就不會有任何衝突了。大眾娛樂媒體在我們社會的功能似乎就是表達一種脫韁的欲望；因此在感覺、欲望、恐懼、憎惡及魅力找不到其他可表現的地方時，即透過大眾文化產品傳達出來。種族歧視、性別歧視、恐同、年齡歧視、身心障礙歧視的刻板印象在這些媒體中增殖擴散，並經常出現在赤裸裸毫不掩飾的分類之中，例如耀眼奪目的美麗與怪誕詭異的醜陋、令人安心的好人和具有威脅性的壞蛋。如果政治化的施為者呼籲人留意，這類刻板印象及貶損正證明了被刻版印象化及降級的群體所承受的、深刻且有害的壓迫，他們經常碰到的回應是：不應該對這些圖像太過認真，因為它們的觀看者根本就沒認真在看；這些不過是無傷大雅的幻想，每個人都知道它們跟現實沒什麼關係。再一次地，理性與身體和欲望分離，於是理性的自我否認附屬於自己的身體和欲望。

可敬性的行為規範

我已仔細思考過現代理性的論述如何創造出偏差、有缺陷、病態的女性、黑人、猶太人、同性戀及老人的自然化範疇。現代科學理性的構造本身就支持對於那些被逐出享有特權的主體位置群體的客體化，而那些位置則被白人男性資產階級所占據；這些群體被放置在凝視的監視下，此種凝視根據白人男性青春巔峰的標準來測度、掂量、分類他們的身體屬性。然而，現代種族歧視、厭女心理、恐同並不只以科學和哲學論述為基礎。常態化理性，一種身體和變化被消除的主體的理性，這種理性主宰控制了被它的測度的凝視所固著的客體，在一個支配著十九世紀資產階級道德觀、摩斯稱為可敬性理想的理想中進入了日常生活。我在這裡並不關心這些可敬性規範的原因——例如，我並不關心可敬性理想如何與工業資本主義的發展產生聯繫。我將描述這些規範的部分內容及意義，以便說明它們如何塑造了種族歧視、性別歧視、恐同和年齡歧視的結構。

所謂可敬性，在於服從壓抑性欲、身體功能和情感表達的規範。它連結了一種秩序觀念：值得尊敬的人是貞潔、節制適度的，他不會表現出自己的色欲、激情，流露出自發或洋溢的情感；他為人簡樸、乾淨清白、言語柔和、謙恭有禮。可敬性的整齊有序，意味著事物在控制之中，各歸其位而不越界。

值得尊敬的行為尤其關注清潔與行為得體，一絲不苟的體面莊重生活規則。規則無微不至地支配著有關身體運作及環境布置的生活行為。身體必須完全乾淨，那些標誌著肉體性存在的面向，包括體液、體內污物及體味都必須清除。值得尊敬的人所居住的環境也必須是乾淨、去除不潔的：沒有污物、灰塵、垃圾，所有身體運作的面向——進食、排泄、性、生育，都必須藏在關起來的門後。資產階級道德創造出一個個人隱私的空間，在這空間裡，可敬的個體將與他或她的身體獨處，照顧它、讓它處在控制之下，並預備好讓它進入公共視野。可敬的行為涉及了遮蔽身體、不讓身體的功能運作展現出來：對於進食有著嚴格規範，進食時必須保持沉默，不打嗝、不放屁。而說話也受到體面莊重生活的規則支配：一些詞語是乾淨、可敬的，其他詞語則是骯髒的，尤其是那些和身體或性欲有關的詞語，在值得尊敬的人際交往中都不該被提起。許多資產階級的禮儀規則——像是那些規定談吐、莊重姿態、飲食起居的規則——並不直接運用於身體的功能運作。但所有的規矩都和身體的體面莊重、克制及清潔有所連結。

正如我在第四章中討論的，性別的兩極分化是資產階級可敬性的整齊有序的一個關鍵面向。現代資產階級社會創造出一種互補的性別對立，相較於過去所存在的更為強大：女性被等同於身體與性欲，尤其是情感，而男性則站在去肉體化理性的那一面。十九世紀資產階級的性別意識形態分配給每個性別一個特有的物理及社會空間，政治及商業空間屬於男性，家和家庭的空間則屬於女性。做為道德上的劣等人，束縛於母性本能和愛的特殊性的女性無法達到可敬的男性所要求的高度紀律、德性和自我控制。但女性也必須遵守嚴格的禮儀規範，這些禮儀規範大多是屬於身體與性欲的規範。

資產階級可敬性的準則，讓陽剛氣質與陰柔氣質成為彼此互斥卻又互補的對立兩極。就這樣，性別二分受到了同一性邏輯的支配，而在多元性、異質性及經驗無法用同一尺度來度量的經驗不可共量性的意義上，這種邏輯否認或壓抑了差異。嚴格的同種二態性（dimorphism）以及陽剛和陰柔氣質的互補性將值得尊敬的女性置於控制之下，置於可敬男性的父權保護之下。這些男性是主體，而他們的女性則在愛、服務及關懷與照顧中反映並再次強化他們。女性做為男性的配偶及補足物，在扮演他身體、性和情感需求的守護者角色的同時，也使男性免於和她產生連結；社會因此秩序井然。

資產階級性別兩極分化代表了對差異的否認，因為在可敬的夫婦之中只有一種主體性。摩斯說明，可敬性的德性基本上是男性氣概的德性。男子氣概德性的基本美德就是自制（self-mastery）——克制表達激情、欲望、性欲、身體需求、衝動的能力。自我克制要求紀律和警覺心，只有能夠達到紀律和警覺心的人才是真正理性、有能力、值得賦予權威地位的人；只有能夠恰當地規訓自己的人，才應該站在規訓別人的位置上。這個男人真正獨立自主：他的行為沒有一點不由自主的自然流露；他全然是他行動的作者與起源。

摩斯主張，在十九世紀，可敬的男性美德理想奠定了正當化男性之間依戀關係的同性情欲（homoeroticism）之基礎，方法是透過壓抑從性欲來界定這種依戀關係。正如我已經指出的，白人男性青年表達了這樣的理想之美：一種激情但去性欲化的美。隱約定義了十九世紀公共觀念的白人男性資產階級統一性與普適性，在國族主義中達到了自大傲慢的高峰。在國族主義中，性欲昇華成對國族及帝國之愛。國族主義情感及忠誠是同性情欲的兄弟情所追求的目標，這種同志情排除了女性；高雅的俱樂部和戰場屬於軍人、政客及帝國官僚。這種國族主義對於非白人的種族化、對於他們被圈禁在可敬性邊界之外的處境發揮了物質上及意識形態上的影響（參看Anderson, 1983）。值得尊敬意味著屬於「文明」人，文明人的禮貌和道德都比那些「野蠻」或墮落的人更「先進」。在這個範式裡，有色人種天生就是肉體化的、沒有道德觀念、有什麼就表現出來、沒規矩、髒、缺乏自我控制能力。

我已經提過，認為當代西方工業社會中的種族歧視、性別歧視、階級歧視、恐同、年齡歧視和身心障礙歧視不過是延續其十九世紀的前身，是一種錯誤的解讀。要說明這些當代特權及壓迫現象，就必須對歷史差異性和連續性有同等的著墨。一個主要的差異是，種族歧視、性別歧視、恐同、年齡歧視和身心障礙歧視不再大多發生於推論性意識層級，而是存在於主要位於實踐意識和基本安全感系統層級的行為、形象、態度。同樣地，人們可能會問當代社會在什麼程度上仍保留了對男性美德和可敬性的膜拜；這種膜拜內在地從理性公共中排除了女性、非白人及同性戀，因為這些群體被和性欲及身體連結。

斷裂似乎是明顯的：維多利亞式道德觀壓抑、貶損了性欲的表達，至少對值得尊敬的人們是如此，但當代西方發達工業社會卻允許（如果還不能說是美化的話）幾乎是每個人都能表達性欲。我們可以同意馬庫色（Marcuse, 1964, chap. 3），就許多方面來說，現代性欲都是**壓抑地**去昇華化（repressively desublimated），表演取向、以促進積累為目標的膚淺性欲；但是在縉紳化消費者社會中的性，無疑似乎是自然狀態（raw）、未被昇華過的性。社會的性欲化必然會模糊值得尊敬和不值得尊敬的人的類別邊界。隨著白人男性的身體被逐漸而公開的性欲化，肉體性性欲的污名也不再只完全烙印在女性、黑人及同性戀身上了。在這同時，承認這些從前被鄙視的群體也擁有過去否認他們所擁有的某種程度的理性，也成了一件可能的事。理性和身體、自律和誠實表達性欲、冷靜超然和感情用事，這些二分不再能清楚映射到群體之間的區別，而是成為每個人生活中的組成部分。

無能（powerlessness）的壓迫部分源自於可敬性的理想，這種理想是當代社會從「專業」德行中保留下來的。辦公室或業務會議的場合是最典型的例子。在當代社會中，人們仍遵循著典型資產階級可敬性的禮儀規範，在這些場所中人們根據這些規則來評價彼此。儘管在十九世紀，可敬性只屬於單一群體或階級，而這個群體或階級的責任就是在生活各方面展示出它的德性，但是今天，可敬性的準則已被窄化為公共制度及企業實踐。此外，雖然原則上每個人都可以受到尊敬，但我們將在下面看到群體差異是如何損害著這個原則。

有關「專業」行為舉止的規範必然會壓抑身體的肉體性及表現力。可敬的、專業的規範自然要求消除或掩蓋所有身體的氣味，務必要乾乾淨淨、整整齊齊。在衣著上，專業男性遵循著十九世紀值得尊敬的男性衣著的基本形式。「商務套裝」（business suit）僵硬筆挺，沒有任何的褶邊或裝飾，採用織法細密、以耐用為目的的厚重布料，顏色單調無生氣、以展現出「中性」形象。而由於現代西方社會的女性服飾和男性大相逕庭，顏色、布料及裝飾都更為豐富，因此事業女性的年齡也為專業服飾創造出各種模稜兩可及變化。然而，真正專業女性的衣著準則似乎仍停留在商務套裝的女性版本：以簡單的及膝裙代替褲裝，但相較於男性商務套裝的襯衫，則允許女裝襯衫有更多的顏色選擇。

專業行為，在這個社會上意指理性及權威性，其對於起坐、行走及說話都有特殊的要求，也就是說不能夠有過分的表達。專業的言行舉止必須是親切和藹的，但不能激動興奮或情感外露。人們說話時應該保持平穩的聲調，當然不能笑出聲來，或是表現出悲傷、憤怒、沮喪或不確定的情緒。人們說話時應該態度堅定，沒有猶疑不決或模稜兩可，言談中不應出現俚語、方言和口音。說話時帶有激動的情緒或是大動作的手勢都是不適當的。

在十九世紀，可敬性規範大多是指導某個特殊群體——白人資產階級男性的行為，再加上一組針對他們統治下女性的補充性規範。黑人、猶太人、女性、同性戀者及工人階級則往往與桀驁難馴的身體與情感異質性相連結，因此被視為是可敬性文化的外人。然而，我已經指出了在當代社會，理性與身體之間的二分不再與群體具有牢固的聯繫。原則上，所有群體據說都同時擁有理性並展現出身體的特質。然而我已經論證，種族歧視、性別歧視及異性戀的嫌惡與緊張不安反應仍然將某些群體的肉體存在標記出來，而這樣的標記有時並不會出現在推論意識的層次上。雖然某些群體已經不再被排除，而能夠有機會從事受人尊敬的專業，但是文化帝國主義仍然戕害著這些群體，身為受害者的處境阻礙了他們獲得專業上的平等地位。

儘管專業言行舉止被宣稱為中性的，但事實上，專業言行舉止是對某個特殊文化的社會化過程的產物。白種盎格魯裔異性戀中產階級男性對這種文化的社會化程度最深，而女性、黑人、拉丁美洲裔人、窮人和工人階級、男女同性戀則傾向表現出偏離或與專業文化產生衝突的文化習慣。這些群體發揚了在他們之間的一種正面文化；相較於異性戀專業文化對於言行得體的看法，這種文化更加「色彩豐富」、具有表現力。此外，專業文化的社會化代理人，尤其是教師，經常會更加鼓勵中產階級白人男性養成有紀律、表達清晰、理性的言行舉止，但對其他群體成員就沒有同等程度的熱心；這是因為支配的文化意象持續將他們認同為模範專業人士。

「同化」（assimilation）進支配文化中、被接受成為相對特權群體的一份子，要求從前被排除的群體採取專業態度並壓抑他們身體的表現力。因此針對所有尚未喪失生命及表現衝動的人們，在身體行為方面就出現了一種新的公共與私人的區分：我的公共自我，是我在官僚機構中的行為，行走起坐均符合「正確的」標準，我管理著自我形象；而我的「私人」行為則是放鬆的、在身體上更具有表現力的，那是在家裡和家人一起，或和我所認同的群體成員進行社交時的我。

公共、可敬的行為舉止與私人、較不經意的行為舉止之間長久存在的區分，和種族歧視、性別歧視、恐同、年齡歧視及身心障礙歧視的互動動態產生了交集。在人們更加放鬆的「私人」場合中，他們可能說出其他群體成員是下賤的論斷；但在講求正式規則與官僚主義非個人性的「公共」場合，他們卻會壓抑這樣的表達。

然而，對女性、身心障礙人士、黑人、拉丁美洲裔人士、男同志、女同志及其他持續被標記為大寫他者的人們而言，還存在著其他障礙阻止他們獲得他人的尊敬。即便他們成功展現出可敬性的規範，他們的身體存在仍持續被標記出來，那是某種其他人會注意到的事物；且正如我論證過的，是經常會在他人身上引發無意識緊張或憎惡的事物。他們於是被困在身體存在的枷鎖中，無法表現出充分而自然的可敬性及專業性，而人們也不認為他們值得尊敬及具有專業性。當初次見到某人時，他們就必須透過他們的專業言行「證明」自己是值得尊敬的，他們就這樣活在不間斷的測試之中；而儘管白人男性的生活也難免要接受這樣的測試，但次數卻少多了。

排外心理（xenophobia）及賤斥

在對白人種族主義者的研究中，喬爾・寇維爾（Joel Kovel, 1970）區分了三種理念型：支配型種族主義（dominative racism）、憎惡型種族主義（aversive racism）及元型種族主義（metaracism）。支配型種族主義涉及直接的統治，最明顯的例子表現在奴役和其他形式的強制勞動、賦予白人特權的種族地位規則，以及種族大屠殺。然而，這類支配往往意味著種族群體成員之間頻繁、通常是每天的密切往來，而憎惡型種族主義則是一種迴避及隔離的種族歧視。最後，寇維爾所謂的元型種族主義則幾乎移除了所有保證種族優越性的痕跡，只留下白人支配的經濟及技術的碾磨過程，這些過程說明了許多有色人種持續處在的悲慘境遇。

儘管根據寇維爾的說法，在當代美國社會中這三種類型的種族主義都存在，但他認為它們大致符合在美國尤甚的白人種族歧視的歷史階段。十九世紀，尤其是在南方，支配型種族主義是主要的形式；在宣稱擺脫種族歧視的自由主義的北方資產階級間，則瀰漫著一股強烈的憎惡型種族歧視。而在當代美國，種族歧視主要是以憎惡型種族主義的面目出現，元型種族主義的顯著性也在增加當中。

支配型和憎惡型種族主義的區分，可以映射到我所概述的、從推論意識到實踐意識及基本安全感系統的轉變上。在十九世紀的種族主義文化、性別主義和異性戀主義中，明確地表達了有關優越身體及品格的理論；而黑人、猶太人、女性、同性戀及工人們則被建構為本質墮落或劣等的人，這種建構正當化了他們所受到的、來自白人資產階級男性的壓迫。在當代社會中，這些壓迫的存在不再多以公然支配的形式存在；相對於受壓迫者的特權階級，更多地採取了迴避、厭惡，以及隔離的形式。

寇維爾的計畫是從心理動力的角度來說明種族歧視。他認為支配型種族主義和憎惡型種族主義所涉及的，是白人西方文化無意識中的不同課題及階段。他指出，支配型種族主義牽涉的主要是性對象及征服的伊底帕斯式課題，而（對男性而言的）競爭及侵略性課題則在伊底帕斯情結劇中演出完成。十九世紀種族主義論述中對陽具及性欲的明顯耽溺，正是這種伊底帕斯心理的一種症狀。另一方面，憎惡型種族主義則更深入到前伊底帕斯的肛門期中對穢物及污染的基本幻想。寇維爾認為，這種種族主義和現代資本主義及工具理性的精神之間有著更多的共鳴。現代科學意識尋求將自我化約為純粹心靈，抽離了感官享受及在自然中的物質性沉浸。這種對純粹性的強烈欲望在權力脈絡中創造出某些做為代罪羔羊的群體，代表著站在純粹化、抽象化主體對立面的被驅逐身體。

我已經指出，受到憎惡反應所結構化的當代社會中的壓迫並不限於種族歧視，它也是性別歧視、恐同、年齡歧視和身心障礙歧視的一個面向。黑人、拉丁美洲裔人士、亞裔人士、男女同性戀、老人、身心障礙者，且常包括窮人在內，都體驗到來自他人的緊張不安和迴避態度，甚至是來自於那些在推論意識上有意以尊重來平等對待他們的人。這並不意味著所有這些群體的壓迫都是一樣的。每個受壓迫群體都有其特殊的認同和歷史，無法被化約成任何其他群體。我在第二章中說明了五種壓迫面向，一個特殊受壓迫群體會經驗到的各種壓迫形式的結合和例子，但是其中沒有一個是壓迫的必要條件。這個複數壓迫模式的一個功能，就是要避免在討論群體壓迫時的化約論取向。我認為上面提到的所有群體，身為受到鄙視、醜陋或令人恐懼的身體，都占據了同樣的身分地位，那是他們所受到壓迫的一個關鍵要素。以下我將對這個身分地位提出一個解釋，我認為這個解釋能以相似的方式適用於所有這些群體。這個解釋所代表的只是種族歧視、性別歧視、恐同、年齡歧視及身心障礙歧視壓迫的一個小小塊面。

透過賤斥的概念，克莉絲提娃提供了一個理解工具，可以用來理解那些表達以群體為基礎的恐懼或厭惡之行為與互動，類似於寇維爾對憎惡型種族主義的解釋；雖然並不全然是佛洛伊德式的。在《恐怖的力量》（*Powers of Horror*, 1992）中，正如在她的其他著作中，克莉絲提娃拒絕接受佛洛伊德式精神分析所強調的自我發展，也就是標誌著同一自我出現的象徵化及再現能力；而站在這同一自我對立面的，則是可被再現、定義、渴望及玩弄的客體。就克莉絲提娃的看法，精神分析理論太少關注前伊底帕斯期驅力組織的過程；母親的形象在此一時期塑造了情感結構，與其對立的則是由制定律法的父親進行結構化的伊底帕斯期。

在其他著作中，克莉絲提娃還引進了象徵驅力（the symbolic）與符號驅力（the semiotic）的區分，做為語言的兩個無法化約的、異質的面向（Kristeva, 1977）。象徵趨力是指表意（signify）的能力，也就是以某個要素來代表缺席的他者，是再現的可能性、理智、邏輯。象徵能力依賴於某些壓抑、意識與無意識連結之間的對立。另一方面，符號驅力則是始終與意指（signification）一同出現、但未被整合到意義之中的言說的異質性、身體性、物質性、非理性面向：手勢、語調、言說的音樂性、字詞的鋪排，以及所有語言的物質面向，這些面向是表達性、情感性的面向，不具有可確定意義。言說的自我始終攜帶著這個陰影，它那在言行舉止及情感激動中表達出來的溢出身體。

在賤斥的觀念中，克莉絲提娃指出了一個這類自我包袱的模式。賤斥並不生產相對於客體的主體——自我（ego），而是生產隔離的時刻、介於「我」及他者之間的邊界；在「我」形成之前的這條邊界，讓自我及其客體之間的關係成為可能。在欲望，也就是從自我到自我所導向的對象之間的運動之前，只有無法被再現的、只做為情感存在的、那些赤裸裸的缺乏、不足、損失及缺口。

賤斥是主體在遭遇到某些事物、形象及幻想時出現的厭惡及作嘔感受；對恐怖的事物，人們的回應只能是憎惡、噁心及精神渙散。賤斥同時也是幻想性的；它招來主體只為了拒斥它。賤斥透過其非理性、不可再現性的方式，而成為無意義、不可再現的。克莉絲提娃宣稱賤斥產生自原初壓抑，嬰兒在原初壓抑中掙扎著與哺育他、撫慰他的母體分離；賤斥產生自建立一個分離的身體基模（corporeal schema）的不情願奮鬥；賤斥產生在與母體間存在的緊張和連續性之中，而這母體是嬰兒渴望併入的。

對於進入語言的主體而言，要成為自我，就必須從它與母體所建立的歡愉的連續性中分離，在它和他者之間取得一種界線感。在從母親那裡得到的**快感**（jouissance）的原初流動中，嬰兒內攝（introject）了他者。於是分離的邊界只有藉由驅逐、拒絕母親才得以建立，一直到那個時刻，母親才有別於嬰兒自身——創造出內在與外在邊界的這次驅逐，也是對自身的驅逐。嬰兒與相對於大寫他者的自身驅力進行著鬥爭，以便取得對身體的控制感；然而，這是一場不情願的奮鬥，從這次的分離中，嬰兒經驗到的是失落、創傷、缺乏。分離的時刻只能是「一次猛烈而笨拙

的分離，持續承受著再次落入某個既安全也善變的權力支配下的風險。」（Kristeva, 1982, p. 13）

被驅逐的自我成為一個可厭的威脅，因為它威脅要再次進入、要消滅它與被分離自我之間建立的邊界。這是一次脆弱的分離，主體感覺這次的分離是種失落；同時，儘管排斥著，卻也渴欲著大寫他者的再次封閉（reenclosure）。被分離自我的防衛，以及它保持嚴密邊界的手段，是來自大寫他者的嫌惡（is aversion from the Other）及反感，出自於它對邊界崩解的恐懼。

賤斥表達在對身體排泄物的嫌惡反應中，那些從身體內部被排除的東西：血、膿、汗、糞、尿、嘔吐物、經血，以及與每一種排泄物相連結的味道。生命過程本身就在於將我體內的東西排到體外，以維持並保護我的生命。我對被排出的東西感到嫌惡，是因為我必須維持自己的邊界完整。被賤斥之物不能碰觸我，因為我害怕它會滲進去，害怕它會抹除維持我生命所必需的身體內外之間的邊界，這邊界是在排除過程中產生的。如果因為偶然或被迫的緣故，我碰觸到了被賤斥之物，我就會再次出現排除我體內之物的反射動作：反胃。

於是，克莉絲提娃說，賤斥的出現先於相對於客體的主體，賤斥使得主客之間的區分成為可能。透過創造有能力進行區分、重複及分離的存在，賤斥的運動讓意指成為可能。由於有別於客體，被賤斥之物並不站在主體的對立面，而是在一定距離之外，它是可被定義的。被賤斥之物不同於主體，它只是邊界的另一邊而已。因此被賤斥之物並不對立於主體、面對著主體，而是站在主體身旁，近得令人不安：

> 「無意識」內容在這裡仍然被排除，但是是以一種奇怪的方式；並非徹底到足以容許主體與客體間的穩固分化，但卻清楚到足夠建立一種防衛姿態——這姿態意味著拒絕，但也意味著一種昇華的精心造作。（Kristeva, 1982, p. 7）

被拒斥之物引發了恐懼和厭惡情緒，因為它暴露出自我與他者之間的邊界其實是被建構的、脆弱的，並威脅要透過瓦解邊界來瓦解主體。恐懼症（phobia）是這種恐懼的名稱，那是針對自我在恐怖的迷戀中被吸引而緊抓不放的事物所產生的非理性懼怕。不像對客體的恐懼，人們的回應會是嘗試控制、防衛及反制，對被賤斥之物的恐懼症式的恐懼是對無以名狀之物的懼怕，令人癱瘓、感到暈眩。但在這同時，被賤斥之物又具有某種魅力，散發出令人癡迷的吸引力。

克莉絲提娃說，賤斥是種特殊的曖昧經驗。「因為當它釋放時，它不是徹底將主體從威脅它的事物中切割開來——相反地，賤斥承認它恆處於險境」（Kristeva, 1982, p. 9）。被賤斥之物可能是「任何擾亂認同、體系、秩序的事物。不尊重邊界、地位、規則的事物」（Kristeva, 1982, p. 4）。對主體而言，任何邊界的曖昧性都可能成為對自身邊界的威脅。自我與大寫他者間的分離是與先前的連續性猛烈決裂的結果。做為被建構之物，邊界是脆弱的，因為自我將此一分離經驗為失落與缺乏，無以名狀或無物可參照之。主體對於被賤斥之物的厭惡反應，則是做為恢復那條分離自我與他者之邊界的工具。

我認為，這個對被賤斥者意義的解釋加強了對身體美學的理解，身體美學將某些族群定義為醜陋或可怕的，並生產出對這些群體成員的憎惡反應。種族歧視、性別歧視、恐同、年齡歧視及身心障礙歧視都部分受到賤斥的結構形塑，賤斥是對醜陋及可憎的不自覺、無意識論斷。這個解釋並沒有說明某些群體如何成為文化上定義的醜陋及可鄙身體。必須從社會及歷史的角度解釋每個個案中某些人及群體與死亡及墮落的象徵性連結，這些連結都屬於歷史的變數。即便賤斥是任何主體建構的結果，主體構造之中也沒有任何事物必然會讓群體成為可憎的。群體與賤斥事物的連結是社會建構的；然而，一旦形成了這個連結，賤斥理論就可以描繪這些連結是如何與主體的認同及焦慮形成牢不可破的關係。由於它們代表了就潛伏在自我邊界之外不遠處的事物，主體對這些群體成員的反應就會是恐懼、緊張不安及憎惡，因為它們代表了認同本身的威脅，也就是對紀登斯所謂「基本安全感系統」的威脅。

整部現代意識史都可以找到做為賤斥的排外心理的蹤跡，排外心理受到醫療化理性的結構形塑，它將某些身體定義為墮落的。然而，隨著在推論意識層次的群體優越性轉為主要是在實踐意識和基本安全感系統層次裡活出來的群體優越性，賤斥的角色也增加了。

當種族歧視、性別歧視、異性戀主義、年齡歧視及身心障礙歧視存在於推論意識層次時，受鄙視的群體就被客體化。科學、醫療、道德和法律論述將這些群體建構為客體，擁有自己特殊的本質與屬性，不同且對立於命名它們的主體，那些控制、操縱及支配他們的主體。然而，當以群體為基礎的優劣性宣稱從推論意識中隱沒時，這些群體就不再是做為一個不同且對立於主體自身的可清楚同一的客體，在面對著一個支配的主體。女性、黑人、同性戀、瘋子及智能不足者變得更難被稱為大寫他者、具有墮落及劣等本質的可同一的生物。在排外心理的主體性中，他們隱沒成一種不會再現的模糊情感。

將性別歧視、種族歧視、異性戀主義、年齡歧視及身心障礙歧視從推論意識中壓抑下去，會強化賤斥運動所具有的曖昧特質。許多社會中都存在著具有廣泛基礎的承諾，承諾給予所有人同等的尊敬及待遇，無論他們的群體認同為何。在這同時，實踐意識的例行運作、同一的形式、互動行為、差異規則等等在群體間做出清楚的區分，並給予某些群體凌駕其他群體的特權。推論意識的平等主義老生常談對群體的存在視而不見，而實踐意識則由聚焦於群體的例行公事組成，在這兩者之間存在著不協調。這種不協調創造出邊界危機，為賤斥的現身做好了準備。

今天，大寫的他者並不是和我們如此不同的客體：推論意識聲稱黑人、女性、同性戀和身心障礙者都跟我們一樣。但在實踐意識的層次，它們在情感上被標記為不同的。在這種情況下，那些身在受鄙視群體中的人威脅著要跨越主體認同的邊界，因為推論意識不會將他們稱作是完全不同的（cf. Frye, 1983b, pp. 114-15）。這些他者表現得就像他們擁有自己「地盤」，一個他們被圈禁在其中的身分，於是他們的面對面在場威脅到了我的基本安全感系統、我的基本認同感面向，而我必須在既噁心又厭惡的感受中避開他們。

恐同是這類邊界焦慮的典範。種族這個觀念的建構，其與身體屬性及血統的連結，讓白人還是有可能知道「她」是不是黑人或亞洲人。但是隨著同性戀越來越被去客體化（deobjectified），沒有特殊的特徵、身體、基因、精神或道德「特質」可以從異性戀中標記出同性戀，於是除了選擇的性伴侶之外，也就越來越難聲稱同性戀與異性戀之間有任何的不同。恐同對差異的最深層恐懼的原因之一，正是同志與直人（straight）之間邊界的建構最容易被滲透：任何人都能成為同志，尤其是我。所以捍衛我的認同的唯一方法，就是帶著非理性的嫌惡情緒避開他。於是我們可以理解，為何已經相當成功地消除種族歧視和性別歧視症狀的人們，卻經常展現出深層的恐同心理。

年齡歧視和身心障礙歧視，也展現出對被賤斥之物的邊界焦慮。因為面對年老或身心障礙人士，就是面對我自身的死亡。克莉絲提娃認為被賤斥之物被連結至死亡，而死亡就是主體的瓦解。老人和身心障礙者所引發的厭惡及緊張不安、覺得他們醜陋的感受，產生自存在於這些群體與死亡間的文化連結。湯瑪斯．柯爾（Thomas Cole, 1986）向人們說明，十九世紀之前年老並未被連結至死亡，事實上還正好相反。在一個死亡可能降臨到任何年齡、而且經常奪走兒童及年輕人生命的時代，年老代表戰勝死亡，是一個德性的標誌。在這個父權家庭占據支配地位的時代，老人受到高度尊崇。而現在，當人們越來越可能活到老年時，老年變得與退化及死亡連結在一起。在一個大多數人都預期會成為老人的時代，老人製造出與結構化恐同症類似的邊界焦慮。我不能否認我也會變成老人，但也就意味著我的死亡，所以我將我的視線從那個老人身上轉開，或是把她當成一個孩子，並且希望盡快離開她在場的地方。我和身心障礙者之間的關係也是類似的結構：我與那個坐在輪椅上的人唯一的差異，就是我運氣比較好。與身心障礙者的相遇再次製造出一種曖昧，承認那個我所投射的人是如此不同、如此有別於我，卻又如此像我。

我所說的故事，是從特權群體的觀點出發的故事，他們在與黑人、拉丁美洲裔人、亞洲人、猶太人、男同志、女同志、老人、身心障礙者、女性相遇時體驗到了賤斥。但是這些群體成員自身的主體性又如何？如果認為這個對於賤斥的說明預設了，比方說，黑人將白人建構為被賤斥的大寫他者等等，那就錯了。因為文化帝國主義所指的，正是對任何主體而言，無論他或她特殊的群體成員身分為何，主體觀點皆被等同於特權群體的觀點。現代西方的文化帝國主義形式提供並堅持著唯一的主體位置，也就是與白人資產階級男性等同的，統一、去肉體化的理性。在現代理性與可敬性的統一邏輯中，受到文化帝國主義壓迫的群體成員的主體性往往與特權群體成員站在同樣的位置。從那個據稱是中立的主體位置出發，所有這些可鄙、偏差的群體都被經驗為受到賤斥的大寫他者。

也就是說，受到文化帝國主義壓迫的群體成員，本身對自己群體其他受壓迫群體的成員也經常展現出恐懼、憎惡和貶抑的症狀。舉例而言，黑人有時也會對其他黑人做出種族歧視的反應，正如區分「膚色淡的」和「膚色深的」黑人所顯示的。男女同志自己也常展現出恐同症；老人輕視老人；女性有時也會性別歧視。這些群體的成員採取了支配文化的主體位置，也就是說，他們在賤斥中經驗到他們自己群體的成員。甚至更常見的是，受到文化帝國主義壓迫群體的成員會恐懼、甚至鄙視其他受壓迫群體的成員：拉丁美洲裔人士有時對黑人有種族歧視，反之亦然，而這兩個族群的人經常有嚴重的恐同症。諸如此類。

即便他們並不是嚴格採取支配主體的立場做為自身觀點，這些群體成員仍然內化了支配群體成員恐懼並厭惡他們的文化知識，以至於他們甚至會對自己及他們認同的其他各種受壓迫群體成員採取支配的主體性立場。但是，受到文化帝國主義壓迫群體的成員也活出了一種不同於支配主體立場的主體性，這種主體性源自於他們與同群體其他成員的立場同一性及社會網絡。這兩種主體性之間的辯證——定義他們為醜陋可怖的支配文化觀點，以及經驗到自己是平凡、友好、幽默的受壓迫者觀點——代表了我在第二章中所稱的雙重意識。在這方面，受到文化帝國主義壓迫的群體所活出的主體性不同於特權群體所活出的主體性，他們所經驗到的自己是分裂的，所經驗到的主體性則是脆弱、複數的主體性。我在本章最後一節會指出，要走出文化上定義的種族歧視、性別歧視、恐同、年齡歧視及身心障礙歧視，方法就是努力促使所有主體將自身理解為複數、多變而異質的主體。但我將先檢視這個分析所提出的壓迫責任之課題。

道德責任及無意圖行動

我已經主張，壓迫有部分是透過互動的習慣、無意識假定與刻板印象，以及群體相關的緊張不安或憎惡感受，而在我們的社會中持續長存。在我們社會中，群體壓迫主要並不是在官方法律和政策中實現，而是在非正式，經常是不留心、未經反思過程的言談、身體對他人的反應、日常互動及評價的常規實踐、美學判斷，以及大眾媒體上到處可見的玩笑、圖像及刻板印象中實現。

在我們社會中，文化帝國主義的壓迫有部分涉及了將某些群體定義為大寫的他者，這些群體被特別標記出來，並被鎖進他們的身體中。即便當推論理性不再將女性或有色人種定義為擁有與男性或白人不同的特殊本質的人，但情感及象徵性的連結仍舊將這些群體束縛在某種身體上。

無意識恐懼及憎惡的假設，也可幫助說明讓這些群體成為暴力受害者的原因，以及暴力被其他人接受的程度。我在第二章中曾論述這種暴力形式不同於其他與群體相關的暴力形式，比方說戰爭或鎮壓性暴力，雖然這些形式也許是彼此交織的。戰爭及鎮壓有合理的目標：擊敗一支正式界定的敵人，或是避免被征服的群體挑戰、削弱或推翻威權體制。而強暴、隨機毆打、威脅騷擾、奚落嘲諷、圖片及象徵展示等等，就沒有達成目的的明確工具性的意義而言，這類暴力就是非理性的。這是一種為暴力而暴力的暴力，鬧著玩或是肇因於偶然的受挫，目標只是要羞辱或貶損暴力受害者。對於種族歧視、性別歧視及恐同的說明，也包括了去理解差異對許多人的認同所構成的深刻威脅；這不僅有助於說明這類行為，也有助於解釋造成暴力成為制度上可能的社會氛圍。

規範性社會哲學及政治理論鮮少聚焦在這類現象。形塑現代規範哲學結構的理性與情感之二分，出現在所有規範哲學及政治理論視為適當探究對象的領域中。通常，政治理論關心的是法律、政策、社會財貨的大規模分配、選票和稅這類可數的數量，而不是身體反應、行為舉止及感覺。然而，規範性哲學極其忽視在實踐意識和無意識中開展的這些壓迫面向，以至於它不僅對終結壓迫貢獻甚微，還讓受壓迫者無法發出自己的聲音。如果當代的壓迫是透過身體美學、透過對基本安全感系統的威脅所引發的緊張不安及迴避、透過圖像和刻板印象而得到實現，同時這些圖像與刻板印象也助長、正當化這類行為並減輕這類行為所表達的恐懼，那麼對正義的規範性反思就必須關注到這類現象。

許多道德哲學家會認為將姿勢、非正式的評論、對醜陋的論斷以及不舒服的感覺納入正義的課題是件奇怪的事。他們也許很難將它們視為**道德**現象，亦即將它們視為是從屬於道德判斷的恰當現象。這是因為，道德理論的支配典範往往將道德判斷的範圍限制在深思熟慮的行動。或隱或顯地，許多道德理論家將他們的注意力放在刻意或自願的行動；在這些行動中，行動者知道他或她正在做什麼，而且本來可以有別的做法。道德理論的主要目的之一，就是發現正當化行動或形成道德約束力的原則和公理。這樣的目標隱約地將道德生活構想為有意識的、深思熟慮的、理性的，在替代選項之間的理性權衡。許多的道德理論化工作花費了極大心思討論兩難和艱難的個案，其中有著明確的替代選項，問題在於要選哪一個。在這個典範中，讓習慣、感覺或無意識反應服從於道德判斷經常被視為是不恰當的，因為擁有這些習慣、感覺或無意識反應的主體並未意識到他們的行為，因此他們並不是有意的或選擇的。

這個只有具意圖行動才從屬於道德或政治判斷的隱含假定，也許是受壓迫群體成員經常遇到的一種反應的基礎；當他們對他人不假思索的尋常行為表達出怒火或義憤時，經常遇到這樣的反應。一位女性抱怨男性同僚扶著她的手肘走出會議室，或是一位輪椅人士對人們沒有直接跟他說話、而是向他同行的肢體健全者詢問有關他的事感到義憤填膺。而這類抱怨經常得到的回應是：「噢，他不是故意的。」這樣的回應意味著這位女性或輪椅人士的怒火及道德判斷是搞錯方向了，他們沒有權利抱怨或譴責他人行為，如果那個人打算表現出禮貌及尊重態度的話。

一個以壓迫概念為出發點的正義構想，必須斷然放棄將道德及政治判斷設限在推論層次意識和意圖行動的作法。如果無意識反應、習慣和刻板印象再生產了某些群體的壓迫，那麼它們就應該被判斷為不公不義，因此應該要被改變。羅伯．亞當斯（Robert Adams, 1985）主張，日常道德直覺包括了對於人們非意圖或非自願行為的道德判斷。不公道地對別人發火的人，自以為義或不知感恩的人，我們會判斷他們是犯了道德上的錯誤。賴瑞．梅伊（Larry May, 1990）主張，當人們缺乏敏感度，而無法或不願意去了解並同情不同社會位置的人所展現出的行動、社會實踐等方式時，在道德上譴責他們是有道理的。

如果社會哲學假定意圖及深思熟慮的行動才是道德判斷的主要焦點，那麼它就有可能忽視最重要的壓迫來源，甚至成為壓迫的藉口。只有將道德判斷擴大到習慣性互動、身體反應、不假思索的談話、感覺及象徵連結，才能更好地掌握這類壓迫。

在我之前提到的文章中，勞倫斯（1987）對法學理論做出了同樣的主張。在法律判斷中，責任的支配模式要求訴訟當事人主張錯誤因而尋求法律救濟的那些行為與行動必須是有意圖的，也就是人們知道自己正在做什麼、為什麼這麼做。勞倫斯引用了數個案例，說明訴訟當事人主張某一行動或政策是種族歧視，但法院卻反對，所根據的理由是犯罪者在行動時腦海中並沒有想到種族。勞倫斯主張，這樣一種錯誤或責任的意圖模式太過狹隘，應該納入社會意義與種族連結的行動及政策，即便施為者或政策制定者的腦海中並未想到種族。

然而我認為，非意圖行動及無意識反應應該從屬於道德判斷的宣稱，卻為道德理論提出了一個待解之謎。判斷非意圖行動時，應該用判斷意圖行動的同樣方法處理嗎？日常直覺往往會原諒人們的非意圖行動，即便某人做了某件傷人的事，我們經常主張她不應受到譴責，因為不是故意的。相反地，日常道德判斷則往往傾向給予意圖良善的人道德上的正面評價。想像一個承諾給予有色人種社會平等待遇的白人，並為推進這樣的平等而進入政治鬥爭的場域，但有時他卻會對有色人種做出憎惡的反應，針對他們發表輕率、缺乏敏感度的評論等等——比起其他堅持政策沒有什麼可做、或所有提出的政策都不恰當的人，這樣的人不是應該受到更少的道德譴責嗎？

為了顧及這樣的直觀感受，我們可以在責備人們、以及要人們負起責任之間做出區分（參看 Blum, 1980, p. 189; Calhoun, 1989; Card, 1989）。為了並非有意或並非察覺到的行動而怪罪人們，是不恰當的。然而，人和制度都可以、也應該對造成壓迫的無意識及非意圖行為、行動或態度負起責任。責備一個施為者，意味著讓那個施為者受應得懲罰。我指的是較廣意義上的懲罰，不僅包括監禁及罰款，也包括被要求做某件事做為補償、不得參與社團、撤銷特權、公開譴責，及受到社會排斥。責備是一種回顧性的概念。另一方面，呼籲施為者為自身行動、習慣、感覺、態度、圖像及聯想負起責任，則是前瞻性的；它要求這個人「從現在起」要對這類無意識行為進行反思，並努力改變習慣和態度。

責備和責任之間的區分，對法律及制度脈絡也是同樣重要的（參看 Lawrence, 1987, pp. 325-26）。由於屈服於將錯誤與意圖連結的習性，法律判斷也經常將法律責任與對於造成必須「完全補償」（made whole）之破壞的責備混為一談。社會變遷要打破女性、有色人種、身心障礙人士、男女同志、老人及其他人所承受的排除及不利的循環，除非法院願意要求針對造成此一不利條件的制度的無意識、非意圖行動採取前瞻性的制度救濟，否則法律將幫不上任何忙。

正義與文化革命

某些習慣及無意識行動、舉止、反應形式、說話方式等應該被判定為不符合公義，這意味著表現出上述行動的人們應該被要求負起責任，並將這些習慣行動的意義與內涵帶進他們的推論意識層次。但為什麼是將其視為一個社會正義課題，而不只是單純的個人道德行動課題呢？我在第一章中主張，應該優先根據壓迫及支配來定義不正義。我主張，不正義的範圍不限於分配，還包括了所有支持或破壞壓迫的社會過程，包括文化。那些壓迫身體被標記群體的行為、舉止風度、圖像及刻板印象，是無所不在的、系統性的，會相互生成、彼此強化。它們是支配的文化性實踐要素，構成了我們自由民主社會中的正常背景。只有改變文化習慣本身，才能改變它們所生產及再次強化的那些壓迫；但是，只有個體開始意識到並改變他們的個人習慣時，文化習慣的改變才會發生。這就是文化革命。

文化在相當程度上是種社會選擇；我們可以選擇改變這些文化要素並創造出新的文化要素。透過立法或政策制定，有時可以促進這類改變。尼加拉瓜有條法律是反對利用女性的身體來廣告商品。一份時尚雜誌也可以制定政策，刊出更多文章、照片和廣告描寫從事正常生活及活動的黑人。然而，大部分的文化變遷都不是透過法令就能發生。人們無法頒布一條法律規定人與人之間應該保持的適當距離，或是他們是否及如何碰觸對方。同樣地，在大多數情境中，人們也不希望正式規定幻想、玩笑等表達方式，因為會讓自由蒙受太大的危險。儘管美學判斷始終帶有潛規則，而重新評價某些人身體的計畫涉及了改變這些規則，但美學判斷還是無法被正式規定。在這些事情上，「要合乎公義」的命令就相當於呼籲將這些實踐意識及無意識的現象帶入討論中——也就是說，將它們**政治化**。於是，正義之要求關乎的與其說是創造文化規則，不如說是提供制度性工具以培養政治化的文化討論，以及創造可容納另類文化實驗及活動的論壇及媒體。

文化革命對抗並破壞那些形塑無意識行為的恐懼及憎惡，而這必然意味著一場對主體自身的革命。克莉絲提娃所謂過程中的主體觀念認為主體始終是分裂、異質的（Kristeva, 1977; 參看 Smith, 1988, p. 117-23）。然而，可敬理性的獨白文化卻鼓勵主體欲求一個統一的自我，一個堅實、一致、整合的自我。在我們的社會中，許多的大眾心理學提倡這種真實、健康主體的形象，認為這樣的主體是統一的。我們告誡自己，要跟自己「好好相處」；我們認為我們自我感中的矛盾或多元性是應該受指責的，是種必須克服的狀態。但是如果，正如我已經指出的，如果是針對他者的壓迫性恐懼和憎惡，根源是對認同喪失的恐懼，那麼這種對於統一的迫切要求可能就會是問題的一部分。因為人們要在自己視為不同的他者身邊感到自在，也許就必須對自己內在的異質性感到更自在才行。我們所生活、互動的多樣而矛盾的社會脈絡、我們自己群體成員身分的多重性，以及與我們互動的他者的多重認同，這些都讓主體不可避免地具有異質性。問題在於是否要去壓抑或肯定它。

挑戰某些群體與賤斥身體關係的文化革命，也涉及了對這些群體定義的政治化。當受到鄙視與壓迫的群體去質疑德性、美及理性的支配性規範，推廣自己對自己這個群體的正面定義，並因而將規範多元化時，他們就挑戰了文化帝國主義。我在第六章將更廣泛地討論主張正面群體差異的政治所具有的意義與內涵。

習慣、感覺及幻想和欲望表達的政治化過程可促進文化革命，而這過程必然意味著某種社會治療。而透過大規模的嚴格心理分析方法參與這樣的治療，確實是個難以想像的龐大工程。然而，我認為在被社會運動稱之為「意識覺醒」的個人討論的政治化過程中，還是可以務實地推行針對這些目的之文化改變。

在一九六〇年代的婦女運動中，「意識覺醒」的說法被用來描述一種過程，女性分享她們的挫折、苦惱與焦慮，並在這些十分個人的故事中找到形塑它們結構的壓迫模式。她們發現了「個人即政治」：一開始被經驗為私底下、個人的問題，事實上有著政治的維度，展現了男性與女性之間權力關係的一面。六〇年代晚期的黑人解放運動也同樣努力透過個人的討論，將受壓迫群體的沮喪與自我貶抑轉移到其社會源頭。看似給定、自然的社會生活面向受到了質疑，它們看起來像社會建構的，因此也是可以改變的。在對抗及減少壓迫時，一個受壓迫群體開始定義並闡述其壓迫的社會條件，藉由對抗詆毀其特殊群體經驗或迫使其沉默無聲的文化帝國主義，而將文化政治化，是必須的過程、也是關鍵的步驟。

另一種意識覺醒的形式涉及的，則是讓享有特權者意識到他們的習慣性行動、反應、圖像及刻板印象及假定是如何造成了壓迫。再一次地，我對政治化文化的群體過程的經驗來自於婦女運動。一九七〇年代末，面對婦女運動帶有種族歧視之憤怒控訴所導致的深刻自我反省產生了一些討論的形式，這些討論具體面對女性對群體差異的經驗，並尋求改變女性之間的群體特權及壓迫關係。女性的群體提供了讓透澈深入且常情感洋溢的討論發生的結構，這些討論的目的是將參與者針對女性及其他群體的感覺、反應、刻板印象及假定，以及他們針對這些女性的行為如何參與並再製了存在於他們之間的特權及壓迫關係，全都帶進他們的推論意識層次。這樣的群體過程可以推廣到任何的社會場合。制度化的意識覺醒政策可以採取許多形式，在此我僅提出其中的兩個例子。

近年來，一些受到啟蒙的企業，部分也因為受到希望避免衝突及法律訴訟的動機驅使，開始針對性騷擾的課題，為男性經理及其他僱員成立意識覺醒工作坊。性騷擾這個概念本身就是來自女性之間的女性主義意識覺醒，女性不再將她們認為惱人、羞辱或強迫的行為視為不可避免的個人行為而加以接受。然而，讓男性有能力辨識那些女性集體判斷為惱人、羞辱性或強迫性的行為，並且解釋為什麼女性會這樣認為，從來就不是件容易的事。

不同種族群體成員的不同特權得以持續存在，有部分的原因要歸咎於學校教育的過程。如果我對無意識憎惡做為典型種族歧視動力的說明是正確的，那麼如果不是大部分，也有許多的教師無意識中對黑人或拉丁美洲裔人有著不同於對白人的行為表現。對種族正義做出承諾的學校體系，可以分派一些描述無意識差別待遇過程的文獻，或是舉辦工作坊，讓教師們反思及討論他們對不同種族學生的行為及態度。

面對這樣的主體革命，關於恐同症的意識覺醒或許是最重要、也最具生產性的策略。正如我說過的，恐同或許是最強烈的賤斥經驗之一，因為性認同比其他的群體認同更為曖昧不明。受到另一個性別的人吸引，與受到同性吸引的邊界是流動的。同時，恐同還與性別認同的課題緊緊裹在一起，因為在這個社會中，性別認同一直都是異性戀至上的：性別被認為是彼此互斥的兩極，互補且完整彼此。於是秩序就依賴性別的各安其位：男的就必須是男人，女的就必須是女人。於是，同性戀造成了一種特殊的焦慮，因為它似乎擾亂了性別秩序。由於性別認同是每個人認同的核心，恐同就似乎成了認同的核心。

因此，抵抗恐同症就涉及了抵抗擁有一個統一有序的認同的這個渴望，以及抵抗依賴這樣一個統一認同來建構邊界，以排除人們拒絕面對的主體性面向的做法。我認為，如果透過意識覺醒，一個人接受人們的性取向可能變得不同，她或他的性取向可能不同，這樣將定義為不同的他者以其他方式從個人自我概念中排除的作法，就會被鬆解。消除種族歧視、性別歧視、恐同、年齡歧視及身心障礙歧視壓迫的努力會強化彼此，這不僅僅是因為這些群體擁有共同利益，而某些個人或制度傾向於再製對這些群體的壓迫。在這些壓迫中，認同結構與自我保護間存在著更直接的連結。正如十九世紀對這些群體的刻板印象往往將它們彼此同化、尤其是透過有關性的圖像的媒介一樣，於是當代論述藉由瓦解另一個基於群體的恐懼，就能夠協助翻轉另一個基於群體的恐懼。

意識覺醒的策略預設參與者對互動動態及文化意象如何讓壓迫持續已經有了某程度的了解，也預設參與者對社會正義的承諾強度足以讓他們想要去改變它們。這樣的活動無法在理論中抽象發生。只有身在他們認識到問題的協作的具體社會環境裡，人們才會被激起動機，並對自己及與他人的關係展開反思；這些社會環境包括男女同志傳達其不滿的政治群體、似乎從不給女性升遷機會因此流失女性員工的公司，以及發生種族衝突的學校或鄰里。

在進行這個療法之前，還有一個政治化文化的步驟，那就是經歷過文化帝國主義壓迫的人對自身正面認同的肯定。關於特權者觀點及經驗具有普適性的那些假定，在受壓迫者自身透過表達他們經驗的正面差異時，就會被揭穿、脫落了。透過創造自己的文化圖像，他們撼動了那些關於他們的公認刻板印象。在經由組織及公開的文化表達、而形成正面的自我認同後，那些經歷過文化帝國主義壓迫的人於是得以對抗支配文化，並要求人們承認他們的特殊性。我將在下一章中討論這個過程的某些意涵。

第6章
社會運動與差異政治

Social Movements and the Politics of Difference

我認為今日我們需要、以便決定政治事務的那個觀念，不能是一個整體或一個統一體、一個身體的觀念。它只能是一個多樣性或多元性的觀念……。宣稱一個人必須對政治判斷做出批判，在今日就意味著從事輿論的政治（politics of opinions），而輿論政治同時也是大寫的觀念政治（politics of Ideas）……在其中正義並不是受趨同規則的支配，而是趨異規則。我認為，這是現今人們不斷在「少數者」（minority）這個名稱底下發現的主題。

——李歐塔（Jean-François Lyotard）

曾經有一個年代，存在著種姓及階級制度，當時傳統注定了每個群體的位置，有的群體生來就是統治者，其他群體則生來就是服事者。在這個黑暗的時代，法律和社會規範為不同群體定義了不同的權利、特權及責任義務，並根據性別、種族、宗教、階級或職業特徵來區別群體。教會及國家根據人們擁有不同本質、而有些本質優於其他本質的理由，證明社會不平等是正當的。

然後有一天，黎明天光，啟蒙時代預示了對人性及社會的革命性構想。革命家們宣布，人皆生而平等，因為人人皆有理性及道德能力，因此法律與政治應該賦予每個人平等的政治及公民權。這些大膽的觀念就此劃下了現代政治鬥爭的戰線。

自理性的眾聲喧譁開始，兩百多年來，光明的力量始終為自由及政治平等而奮戰，力抗由非理性偏見、獨斷的形上學及父權教會、國家與家庭的傾頹巨塔所組成的黑暗勢力。在美國這個新世界，我們曾在這場戰爭中奪得首勝，因為美國獨立戰爭正是為這些啟蒙原則而戰，美國的憲法正是為自由與平等而寫。所以我們不需要和我們舊世界的同伴一樣，努力去擺脫階級的重軛、宗教的特權。

然而，美國有著自己令人駭然的寡頭統治；包括奴隸制，以及將婦女從公共生活中排除，皆是其形式。在漫長而艱辛的奮鬥中，這些以群體差異為基礎的特權堡壘開始崩壞，最後於一九六〇年代轟然倒塌。

今天在我們的社會中仍留存著少數偏見及歧視的遺跡，但我們正在對付它們，而且已經幾乎要實現了啟蒙之父們敢於提出的那個夢想。國家與法律應該只使用平等適用於所有人的普適性詞語及條文來表達權利，人與人、群體與群體之間的差異應該純粹為偶然，並歸私領域處理。我們尋求的，是一個種族、性別、宗教和族群差異不再導致人們權利和機會差異的社會。人們應該被當成個體、而不是群體的成員來對待；他們的生活選擇及報酬應該只基於他們的個人成就。所有人都應該能夠自由地成為他們想成為的人、自由地做任何他們想做的事、自由地選擇他們自己的生活，而不是受傳統期待及刻板印象所牽絆。

我們告訴彼此這個故事，並讓我們的孩子在我們神聖的節日中演出——這四個節日是感恩節、獨立紀念日、陣亡將士紀念日及林肯誕辰紀念日。我們制定了馬丁・路德・金恩紀念日，這個節日是如此地契合這個敘事，以至於我們已經忘了為了把這個節日放進標準年曆當中，我們還打了一仗。這個故事裡有著許多的真相。在過去和現在，自由與政治平等的啟蒙理想都啟發了對抗壓迫及支配的運動，這些運動成功創造出我們不願失去的社會價值和制度。一個民族能夠在享用大餐後說起這個故事、並時時提醒彼此莫要辜負，已然令人額手稱慶。

然而，如今正是這個敘事的價值以及它所敘述的政治平等成就，鼓舞著新的離經叛道者。近年來，排除群體差異的解放理想持續被一些受壓迫者運動所挑戰。正是這種對抗差異化特權、爭取政治平等的政治運動的成功，產生了群體特殊性運動及群體榮光運動。

我在本章中批判一種正義的理想，它將解放定義為超越群體差異，而我稱這樣的解放為一種同化的理想（ideal of assimilation）。這個理想往往提倡將平等待遇做為正義的首要原則。而近來受壓迫群體的社會運動則挑戰此一理想。在這些運動中許多人主張，對群體差異的正面定義，事實上更具有解放的效果。

我支持這樣的差異政治，而且我主張，重要的是社會差異本身的意義。傳統政治基於某些人的群體屬性而排除他們、或認為他們是下賤的，它的假定是差異具備著存在主義式的意義；它將群體定義為擁有不同的本質。但另一方面，一個平等主義的差異政治則以更流動的方式定義差異，並從關係性的角度將其定義為社會過程的產物。

肯定群體差異的解放政治涉及了對平等意義的重構。同化理想假定，若要人人皆有平等的社會地位，就需要根據同樣的原則、規則及標準對待每一個人。另一方面，差異政治則主張，所有群體都能參與並被包容進來的平等，有時需要的是對受壓迫群體或弱勢群體有著不同待遇。為了促進社會政治，我主張社會政策有時應該給予群體特殊待遇。我會探討工人的懷孕及生產權利、雙語—雙文化者的權利、以及美洲印地安人權利做為這類特殊待遇的三個案例。最後，透過主張受壓迫群體在民主決策政體中的代表性原則，我將擴展這裡提到的異質公共觀念。

解放的相競典範

在《論種族主義與性別主義》（*On Racism and Sexism*）一書中，理查・華瑟史壯（Richard Wasserstrom, 1980a）發出一篇從以群體為基礎的壓迫中解放理想的經典聲明，這篇聲明認為這種解放理想涉及了對以群體為基礎的差異本身的排除。他指出，在一個真正非種族主義、非性別主義的社會，種族或性別所扮演的功能，只會和眼珠眼色在我們今天社會所扮演的功能一樣。儘管膚色或生殖器官上的生理差異仍然存在，但它們對一個人的認同感、或其他人對他或她的看法毫無意義。沒有政治權力或責任義務會與種族或性別連結起來，也沒有重要的制度性利益會與種族或性別關聯在一起。人們會看不出有任何理由要在政策或日常互動中考慮到種族或性別。在這樣的一個社會，社會群體差異也就不復存在。

華瑟史壯將同化理想與多元性的理想對照，後者很像我所要主張、而他也同意十分具有說服力的那個理想。然而，他卻提出了三個理由支持選擇同化主義理想，而非多元性理性。首先，同化主義暴露了以群體為基礎之社會區分的獨斷性，這些社會區分被認為是自然而必須的。藉著想像一個種族和性別不再具有社會意義的社會，人們更清楚地看見這些群體範疇如何在各領域中不必要地限制了一些人在現存社會中的可能性。其次，同化主義理想提供了一個清楚、明白的平等及正義標準。根據這樣的標準，任何與群體相關的分化或歧視都是可疑的。無論何時，只要法律或規則、勞動分工、或是其他的社會實踐根據群體成員身分的不同而分配不同利益時，這就是個不正義的跡象。而正義的原則很簡單，就是根據同樣的原則、規則及標準來對待每一個人。第三，同化主義理想極大化了選擇。在一個差異不會造成社會差異的社會，人們可以尋求個體的自我發展，而不會受到群體規範及期望的束縛。

排除群體差異的解放理想，在解放政治史中具有十分重要的位置，這是毫無疑問的。在針對排除及地位分化的抗爭中，否認自然差異的普適人性理想始終是關鍵的歷史發展。它讓人人皆具同等道德價值的宣稱成為可能，於是也讓人人都有權參加並被包含在一切制度、權力位置和特權的宣稱成為可能。然而，女性、黑人及其他群體具有本質上的不同及劣等本性，這樣的信念持續存在；在面對這些信念時，這種同化主義理想亦保留了其顯著的修辭性力量。

同化主義理想的力量固然啟發了受壓迫群體及其支持者共同抵抗對他們群體的排除及貶損之抗爭，並持續啟發許多後進；然而一直以來，在美國歷史上卻週期性地出現質疑、拒絕這條「歸屬之路」（path to belonging）的受壓迫者運動（Karst, 1986）。他們並不認為自我組織及正面群體文化認同的宣稱是取得權力及參與支配性制度的更佳策略。近幾十年來，不僅能在種族及族群中見證了這個「差異政治」的復興，在女性、男女同志、老人及身心障礙者之中也同樣看見了這股潮流。

一九六〇年代中期，在民權法案及選舉法案通過後不久，許多黑人民權運動的白人及黑人支持者對黑人權力運動（Black Power）的興起感到驚訝、困惑及憤怒。黑人權力的倡議者批判融合主義（integrationist）的目標，以及成為民權運動之特徵的、對白人自由主義支持力量的依賴。他們鼓勵黑人打破與白人的聯盟，主張自身文化、政治組織及目標的特殊性。他們鼓勵的不是融合，而是黑人在他們各自社區中尋求經濟及政治的賦權（Carmichael and Hamilton, 1967; Bayes, 1982, chap. 3; Lader, 1979, chap. 5; Omiand Winant, 1986, chap. 6）。六〇年代末以來，許多黑人宣稱民權運動的成功融合，結果是摧毀了黑人組織的社會及經濟制度基礎，至少與它們減少黑白種族間敵意並打開機會大門的程度相當（Cruse, 1987）。儘管一些個別黑人的處境也許比這些變遷不曾發生時要好些，但做為一個群體，黑人的處境並未改善，而且也許是惡化了；因為那些成功同化進美國中產階級的黑人們不再與下層階級黑人有密切的連結（參看 Wilson, 1978）。

儘管許多黑人政策質疑經濟及政治角度上的同化理想，但過去二十年來人們也看見，對非裔美國人歷史的恢復與重新評價、以及在新文化形式的創造上，黑人對獨特非裔美國文化的堅持與頌揚。「黑就是美」的口號穿透了美國意識，深刻地擾動了我在第五章中論證過的公認的身體美學，這種身體美學強力地再製了種族歧視。留一個非裔美國髮型，是宣告自己具有與眾不同的風格，而不是比較不時尚。語言學理論家宣稱黑人英語只是用不同方式建構的英語，而不是比較差的英語，黑人詩人及小說家充分利用並探索了黑人英語特殊的細微差異。

六〇年代晚期，印地安人權力運動（Red Power）快速地跟上了黑人權力運動的步伐。比起黑人，美洲印地安人運動及其他的美洲印地安人基進組織更堅決地拒絕了同化目標——這樣的同化目標支配了大半個二十世紀的白人—印地安人關係。他們主張在印地安人土地上的自治權，並為取得且維持印地安人聲音在印地安事務局（Bureau of Indian Affairs）中的支配角色而進行奮戰。美洲印地安人尋求恢復及保存他們的語言、儀式及技藝，而復興傳統文化的榮光也促進了分離主義政治運動。對部落自決的狂熱承諾，使他們主張土地權利並爭取保留區資源的控制權。部落自決要追求的，是在白人社會中發展、維持印地安人的政治經濟基礎，而非發展、維持白人社會的印地安人政治經濟基礎（Deloria and Lytle, 1983,; Ortiz, 1984, pt. 3; Cornell, 1988, pt. 2）。

這些不過是在七〇及八〇年代受壓迫、弱勢或特別被標籤化群體之普遍政治趨勢的兩個例子；這是一股人們自主組織並主張自身文化的正面性及經驗特殊性的趨勢。許多說西班牙語的美國人，拒絕了傳統上認為要充分參與美國社會就必須進行語言及文化同化的假定。在過去的二十年裡，許多人對他們的波多黎各、奇卡諾／墨西哥、或其他拉丁美洲遺產重新感到興趣並拾回驕傲。他們堅持有權利在維持他們特殊文化、使用他們語言的同時仍然享有公民身分的好處，像是投票權、良好的教育及工作機會。許多猶太裔美國人也同樣拒絕了同化理想，而主張猶太認同的特殊性及正面意義，他們經常公開強調基督教文化不再是規範準則。

自六〇年代末開始，同志文化表現、同志組織及同志在遊行及其他論壇的公開現身就如雨後春筍般興盛，這股潮流劇烈改變了年輕人建立性取向認同的環境，也改變了許多人對同性戀的看法。早期的同志權利倡議曾有種獨特的同化主義及普適主義傾向：目標是要消除同性戀汙名，避免制度性歧視及取得社會認可——同志和任何其他人都「沒有不同」。然而，正是對抗歧視與警察騷擾、以及推動公民權實現的政治組織過程，促進了男女同志社群的發展及文化表現。七〇年代中期，他們在聚會地點、組織、文學、音樂及大型街頭慶祝活動中呈現出欣欣向榮的景象（Altman, 1982; D' Emilio, 1983; Epstein, 1987）。

今天，大部分的男女同志解放運動都倡議不僅要求公民權，更要求肯定男女同志做為社會群體的特殊經驗及觀點。透過拒絕接受支配文化對健康性欲及可敬家庭生活和社會實踐的定義，男女同志解放運動驕傲地創造並展示了獨特的自我定義及文化。對男女同志而言，與種族融合的類比是典型自由主義對性欲取向的思考方式；這種觀點認為只要是私下從事，任何行為都是被容許的。同志榮光聲稱，性認同是文化及政治的事，而不僅僅是要被容忍或禁止的一種「行為」。

女性運動也創造了自己版本的差異政治。在十九世紀、及直至二十世紀七〇年代末的當代女性主義運動中占主導地位的人道女性主義（humanist feminism）認為，任何對兩性之間差異的主張，不過是一種女性壓迫的遺緒，以及一種正當化將女性持續排除於社會價值看重的活動之外的意識形態。因此，在將兩性平等類同於性別盲的這點上，人道女性主義出現了類似同化理想的作法，即根據同樣的標準來評量男性和女性、並給予他們相同待遇。確實，對許多女性主義者來說，雌雄同體可說就是性解放的理想——一個性別差異本身被排除的社會。考慮到這個兩性平等版本的力度及表面合理性，實在令人忍不住困惑：女性主義何時也開始轉向差異，並主張女性經驗價值的正面性及特殊性了（參見 Young, 1985; Miles, 1985）。

女性主義分離主義（feminist separatism）是這類女性中心論女性主義（gynocentric feminism）最早的表達形式。女性主義分離主義完全或部分拒絕了進入男性支配世界的目標；因為這個目標要求女性遵照由男性制定、且一直被用來對付女性的那些規則來玩遊戲，也因為嘗試要符合男性制定的標準時，無可避免地會涉及到迎合或取悅持續支配著社會價值看重之機構及活動的男性。分離主義促進女性透過自我組織而獲得賦權，在所創造出的分離而安全的空間中，女性得以分享並分析她們的經驗，傳達她們的憤怒，彼此玩耍、創造親密關係，並發展出更新更好的制度及實踐。

當代女性運動的大部分要素都具有某種程度的分離主義性格。幾乎可以說正是這群尋求盡可能生活在純女性機構中的分離主義，創造出在一九七〇年代中期如雨後春筍般在全美各地冒出、並持續獲得數百萬女性忠實支持的女性文化——形式包括了音樂、詩歌、靈性活動、文學、慶祝活動、嘉年華及舞蹈（參見 Jaggar, 1983, pp. 275-86）。無論是亞馬遜女戰士的形象描繪、恢復及重新評價傳統女性的藝術（例如拼布和編織）、或是以中世紀女巫巫術為基礎發明新的儀式，這類女性文化表現的發展帶給許多女性主義者以女性為中心的力與美形象，這些形象全然外在於資本主義父權定義下的婦容（pulchritude）。分離主義的衝動也促進了許多獨立自主的女性機構及服務之發展，這些機構及服務具體改善了許多女性的生活，無論她們是否是女性主義者——例如健康診所、受暴婦女的庇護所、強暴危機處理中心，以及女性咖啡館和女書店。

自七〇年代末開始，大部分的女性主義理論及政治分析也從人道女性主義轉向了；它們開始質疑傳統女性活動表現的主要是女性的受害犧牲、並扭曲了她們人性潛能的假定，也質疑女性解放的目標是否就是平等地參與現今由男性主導的公共制度。以女性為中心的分析，不把與傳統陰柔特質相關的活動與價值理解為大多是扭曲的、或是對女性真正人類潛能的戕害，而是去重新評估透過照顧、養育及合作方式建立起的社會關係價值；他們認為這些與女性的社會化過程相關，他們也在女性的特殊經驗中尋求一種面對身體與自然的態度，一種相較於由男性支配的西方資本主義主流文化更為健康的態度。

這些社會運動中，沒有一個主張它們正面的群體特殊性其實是個統一體。所有社會運動的內部都有著群體差異。以黑人運動為例，就包括了中產階級和工人階級黑人、同志和異性戀、男性與女性，而其他的群體也一樣。有關社會群體內部群體差異的意涵，女性運動曾做過最系統化的討論。針對種族盲、族群盲的壓迫、以及處理女性間群體差異的重要性，女性主義會議和出版品都產生了尤其豐碩的討論成果，儘管這些討論也往往令人情緒緊繃（Bulkin, Pratt, and Smith, 1984）。從這樣的討論中浮現的原則性努力，是提供一些自行組織的論壇給黑人、拉丁裔、猶太裔女性、女同志、身心能力不同的女性、年長女性，以及任何女性，只要她們認為有理由主張自己做為一個群體擁有獨特的聲音、但在一個一般性的女性主義論述中會被消音的話。那些討論，以及為了形塑不同群體認同的女性間的討論及互動結構而創立的女性主義實踐，都提供了發展異質性公共的一些起初模式。每個其他的社會運動也都引發了涉及他們認同的群體差異之討論，並產生其他合縱連横的可能性。

透過差異政治而解放

主張群體差異正面感受的解放運動所隱含的，是一種不同的解放理想，也許可以稱之為民主文化多元主義（參看 Laclau and Mouffe, 1985, pp. 166-71; Cunningham, 1987, pp. 186-99; Nickel, 1987）。在這個看法中，好的社會並不排除或超越群體差異，而是在具有社會和文化差異的群體之間存在著平等關係，相互尊重並彼此肯定對方的差異。那麼，拒絕同化主義理想、而提倡差異政治的理由是什麼？

正如我在第二章中討論過的，有人否認存在社會群體的現實。對他們而言，群體差異是種有害的杜撰，它被產生並保存下來的目的只是為了維持少數人的特權。而其他人，像是華瑟史壯，則可能會同意現在確實存在著社會群體，而人們認同自己與彼此的方式也會產生真實的社會後果，但他們主張這類的社會群體差異是不受歡迎的。同化主義理想涉及的就是否認這個真實、或是社會群體存在的可取性。

那些提倡差異政治的人，則懷疑一個沒有群體差異社會的可能性或可取性。和現代化理論的假定相反，逐漸增加的都市化與擴及所有群體平等的名義性權利，並未導致特殊主義的社會歸屬性式微。如果有什麼區別的話，都市集中化及社會過程的現代化所導致的群際互動，就是去再次強化群體團結及分化（Rothschild, 1981; Ross, 1980; Fischer, 1982）。對特殊傳統、實踐、語言及其他文化特殊形式的依戀，是群體生存的關鍵面向。人們不常去放棄他們社會群體的身分認同，即便受到了壓迫。

然而，長期而言消除社會群體差異是否可能或可取，是一個學術課題。今天以及可見的未來，社會都無疑受到了群體的結構形塑；有些群體擁有特權，而其他群體卻受到壓迫。官方版故事主張，消除差異並對每個人一視同仁的解放理想，已顯著改善了被排除群體的地位；以群體特殊性為基礎的新社會運動並不否認這點。它的不滿主要是針對故事的結局：因為我們已經達成名義上的平等，只留下差別性特權的殘餘勢力苟延殘喘，而這也終將隨著持續不懈地堅持一種社會關係的理想而消亡，該理想讓差異與個人生活的展望變得毫無關聯。形式平等的達成並不會消除社會差異，人人皆同的修辭性承諾則讓指認這些差異如何形塑特權及壓迫結構變成了不可能。

雖然從許多方面來看，現在的法律對群體差異是視而不見的，但一些群體仍持續被標記為偏差，是大寫的他者。在日常生活互動、圖像及決定中，對女性、黑人、西班牙裔人、男女同志、老人及其他被標記群體的假設，仍在持續合理化排除、迴避、父權主義及威權式的對待方式。種族歧視、性別歧視、恐同、年齡歧視和身心障礙歧視的制度及行為不斷出現，為這些群體創造出特殊的境遇，將他們置於不利位置上，使他們沒有機會開發自己的能力。最後，部分是由於他們彼此隔離、部分是由於他們擁有特殊的歷史與傳統，在社會群體中也存在著文化的差異——在語言、生活風格、身體舉止及姿勢、價值及對社會看法上的差異。

在今天的美國社會，正如在許多其他社會中一樣，人們廣泛同意沒有人該因先賦特質而被排除在政治經濟活動之外。然而，群體卻持續存在，而某些群體也持續享受著特權。在這些境遇下強調平等解放，並忽視差異，將帶來三個面向的壓迫後果。

首先，對於差異的盲目，會讓經驗、文化及社會化能力與特權群體不同的那些群體處於不利地位。同化策略的目標是將從前被排除的群體帶進主流之中，因此同化始終意味著在遊戲已經開始、規則和標準已經制定完成時加入此遊戲，且須根據那些規則及標準來證明自己。在同化主義策略中，特權群體隱約地定義了將用來評價所有人的標準。由於他們的特權是不去承認這些標準在文化及上都是特殊的，因此那個無論種族、性別、宗教或性取向，所有人都能夠參與的共通人性的理想，就能佯裝成中立、普適的樣子。然而，存在於受壓迫群體及支配規範之間的真實差異，往往讓他們在努力符合這些標準時處於不利地位，同化主義政策也讓他們維持著不利地位。我在本章稍後以及第七章將提供幾個範例，說明表面上中立的標準如何運作，讓已經處於不利地位的群體持續處於不利地位、或是排除他們。

其次，這個沒有社會群體差異的普適人性理想，允許特權群體忽視他們自身的群體特殊性。透過允許表達特權群體觀點及經驗的規範表現出中立、普適的樣子，對差異的盲目維持了文化帝國主義壓迫。同化主義理想預設存在著一般人性，亦即人類具有一種不受情境影響、群體中立的自為能力；若是聽其自然不加干預，個體性就會繁盛起來，因此能夠保證每個個人都會是不同的。正如我在第四章中所論證的，因為不存在這樣一種不受情境影響、群體中立的觀點，於是支配群體的情境及經驗往往就定義了這樣一種普遍人性的規範。然而，和這樣一種想像上中立的人道主義理想相牴觸的是：只有受壓迫群體被貼上了特殊性的標記；是他們，而不是特權群體，被標記、被客體化為大寫的他者。

於是，第三，那些偏離聲稱中立標準的族群所招致的貶損，經常被這些群體成員內化為一種無價值感。當存在著一種普適人性標準、而每個人都應該根據這種標準來被評價時，那麼波多黎各人或華裔美國人就會因為自己的口音或自己的父母而感到可恥；黑人小孩就會鄙視在他們社區中由女性主導的親友網絡；女性主義者就會努力抹煞自己容易掉眼淚或同情失意陌生人的傾向了。而同化的理想抱負，也有助於製造出壓迫所具備的自我厭惡及雙重意識特質。同化的目標要求人們必須「適應」，行為、價值和目標都必須符合主流。同時，只要仍存在群體差異，群體成員就會被標記為不同——被標記為黑人、猶太人、同性戀——因此他們不能僅只是適應而已。當參與就必須同化時，受壓迫者就陷入一種沒有出路的困境之中：參與意味著接受並採取一種非己所願的認同，嘗試參與則意味著被自己和其他人提醒自己真正的認同。

對於同化理想的更細膩分析，可能會區分尊奉性或轉型性的同化理想。在尊奉性理想中，現狀下的制度及規範並假定為既定的，而不同於這些規範的弱勢群體則被期待要遵奉它們。另一方面，轉型性同化理想則承認既定制度表達了支配群體的利益及觀點。於是，要達成同化就必須根據中立的規則修改許多制度及實踐，這些規則不會讓任何人陷入不利的處境或對其污名化，這樣才能讓群體成員的身分真的不會影響其所受到的待遇。華瑟史壯的理想及一些女性主義者所提倡的群體中立的理想，都符合轉型性同化的定義（Taub and Williams, 1987）。轉型性同化主義者與遵奉性同化主義者不同，他們也許會允許通過群體特有的政策，像是積極矯正歧視措施，並認為它們是從事制度轉型以符合同化主義理想的必須且適當工具。然而，無論是遵奉性或轉型性，同化主義理想依然否認群體差異可以是正面、可取的；於是，無論是哪一種形式的同化理想，都將群體差異建構為缺點或劣勢。

在這些情況下，主張群體差異正面性的政策具有解放及賦權的效果。重新取回支配文化要他們去鄙視的認同（Cliff, 1980）並肯定它做為一個認同，是值得慶賀的；在這樣的行動中，受壓迫者得以消除雙重意識。我正是他們說我是的那個人——猶太男孩、有色人種女孩、「玻璃」、搞同性戀的女人，或又老又醜的婆娘——且我以此為傲。人們不再徒勞無功地努力變成不是自己的那個人；在那些情況下，這些努力不過是在提醒一個人自己是誰。這個政策主張受壓迫群體有獨特的文化、經驗和對社會生活的觀點，具有人性的正面意義，其中有些甚至比主流社會的文化和觀點更優越。對一個人的文化和觀點的拒絕及貶損，不應該是充分參與社會生活的條件。

此外，主張受壓迫群體的文化和特質的價值及特殊性，也會導致對支配文化的相對化。當女性主義者主張女性感受性的有效性，以及滋養哺育行為的正面價值；當男同志將異性戀的偏見形容為恐同症，而將他們的性取向形容為正向的、自我開發的；當黑人肯定非裔美國人的特殊傳統——這時支配文化就被迫第一次發現，原來自己才是特殊的：自己是盎格魯裔、歐洲、基督教、陽剛氣質、異性戀的。在這場受壓迫群體主張自身特殊文化及經驗的正面價值的政治鬥爭中，支配群體越來越難誇耀自己的規範是中立、普適的，並將受壓迫群體的價值與行為建構為偏差、變態或劣等的。普適主義宣稱的統一性驅逐了某些群體並將他們變成大寫的他者，透過揭穿這個神話，正面的群體特殊性的主張引進了理解群體間關係的一種可能，即群體間的關係僅是一種差異而已，而不是排除、對立或支配。

差異政治也推廣群體團結的觀念，以對抗自由人道主義的個人主義。自由人道主義將每個人都當作個體對待，並忽視種族、性別、宗教及族群的差異性；每個人都應該只根據她或他個人的努力和成就而受到評價。透過形式平等的制度化，一些過去被排除群體的成員確實成功了，就主流的標準來看。然而，群體特權和壓迫的結構卻仍維持不變。當受壓迫群體的政治領袖拒絕同化時，他們往往正是在肯定群體的團結。支配文化除了自主性個體的成就外拒絕看見任何事物，但受壓迫者卻主張我們不該和那些我們認同的人分離，只為了在白人盎格魯裔男性世界中「成功」。差異政治堅持整個黑人、女性、美洲印地安人群體的解放，並認為只有透過基本的制度變革才能達成。這些變革必須包括在決策過程中納入群體代表，並消滅報酬的階層制度；這種制度迫使每個人為了頂層的稀缺位置而彼此競爭。

於是，群體差異正面性的主張提供了一個可以批判主流制度及規範的立場。非裔美國人在他們以「兄弟姐妹」稱呼成員的傳統社區中找到的團結感，是在白人專業化資本主義社會的計算性個人主義中看不見的。女性主義者在滋養哺育的傳統女性價值中找到對軍國主義世紀觀的挑戰；女同志在她們的關係中發現了對性關係中立性別角色互補預設的衝撞；從美洲印地安人連結於土地的文化經驗中，他們得以深刻批判導致污染及生態破壞之歐洲文化的工具理性。在揭露了宣稱普適、中立的支配規範的特殊性之後，由受壓迫者發起的社會運動得以站在一個立場上去詰問：支配制度必須如何改變，才能不再複製出這些特權及壓迫模式。

正面差異的主張促成了受壓迫群體的自我組織。自由人道主義及左翼政治組織和運動很難接受這個群體自治的原則。在人道主義解放政治中，如果一個群體受到不正義的待遇，那麼所有期盼公義社會的人們都應該團結起來，和維持不正義的那些權力戰鬥。然而，如果許多群體都受到不正義的待遇，那麼他們就應該團結起來，為一個公義社會的理想目標而共同努力。差異政治當然不反對結盟；而舉例來說，也不認為白人就不該站出來反對種族不正義、男人就不該反對性別不正義。然而群體主張政治的基本原則是：受壓迫群體成員需要有各自的組織，排除其他人，尤其是那些來自擁有更多特權群體的人。為了讓這些群體能夠發現並加強他們特殊經驗的正面性、瓦解及消除雙重意識，分開組織也許是必要的作法。在自治組織內部的討論中，群體成員可以決定自己的特殊需求及興趣。隔離及自我組織的風險會造成群體自身的同質化、新的特權及排除，這個問題我將在第八章中討論。但當代解放社會運動已經發現，群體自治是賦權及發展群體特殊聲音和觀點的重要工具。

整合進完整的社會生活中，不該被要求和支配規範同化、放棄群體歸屬感和文化（Edley, 1986; 參看 McGary, 1983）。被支配意識形態定義為大寫他者的群體受到壓迫性的排除，如果唯一的替代方案就是主張他們和其他每個人都一樣，那麼他們只會繼續被排除，因為他們根本就不一樣。

一些人也許會反對我對同化主義的解放理想和基進民主多元主義的區分方式。他們可能聲稱，我並未公平地描繪這個超越群體差異的社會的理想，而將它呈現為同質、遵奉主流價值的。他們也許會說，自由主義者所展望的自由社會當然是多元主義的：在這個社會中，人們可以和自己所選擇的人交往；自由會促使生活風格、活動及社團的大量產生。儘管我對這個意義上的社會多元性沒什麼好爭論的，但這種版本的自由多元主義並未碰觸到產生差異政治的那些基本課題。

超越群體差異的解放版本追求的是廢除群體差異在公共及政治上的重要性，但在私人或非政治的社會脈絡中則保留、促進個體和群體的多元性。在第四章中我曾主張，這種區分公私領域的方式將公共領域視為普適公民身分的代表，而私領域則代表了個人差異，結果往往導致從公領域中排除群體。基進民主多元主義承認並肯定社會群體差異的公共及政治重要性，並認為這是確保每個人都能參與並納入社會及政治制度的一種手段。

重新宣告差異的意義

在我討論過的這個運動的內外都有許多人認為，拒絕自由人道主義理想以及主張群體差異的正面意義，是令人困惑且有爭議的。他們擔憂，只要受壓迫群體稍稍承認他們和支配群體是不同的，就會再次讓從屬關係、特殊標記及群體的排除死灰復燃。由於讓婦女回到廚房、黑人重新扮演奴僕角色、就讀種族隔離學校、身心障礙者回到療養院的諸般呼籲從未從當代政治中消失，因此這種危險是真實的。平等對待每個人、以相同標準要求所有人的同化主義理想維持了某些群體的不利地位，因為真實群體差異仍然存在，而這讓條件不相等的人之間的比較變得不公平，這也是真實的；但是，比起基於群體差異之由而重新為不同群體設立隔離而不平等的空間，這還是好得多了。

由於那些主張群體特殊性的人真的盼望一個能所有人具有同等道德價值的自由人道主義原則，他們因此面臨了一個兩難。在分析杜波依斯（W. E. B. Du Bois）主張的文化多元主義時，伯納德・波克索（Bernard Boxill）用下述方式說明了這個兩難：「一方面是我們必須克服隔離，因為隔離否定了人類同胞之愛的理想；但另一方面，要克服隔離我們就必須自我隔離，於是同樣也否定了人類同胞之愛的理想。」（Boxill, 1984, p. 174）瑪莎・米諾（Martha Minow）認為，任何想要為現在受壓迫或處於弱勢地位的群體伸張正義的人，都會面臨到一個差異的兩難：忽視群體差異、徒具中立形式的規則及政策，往往維持了那些差異被定義為偏差者的不利處境；但是把焦點放在差異上，又恐怕會重新製造出差異過去所承受的污名（Minow, 1987, pp. 1-13; 參看 Minow, 1985; 1990）。

這些兩難都是真實的，同時也顯示了集體生活的風險；一個人所提出的主張、行動及政策，其結果未必如其所設想，因為其他人有不同的理解，或將它們轉向了不同的目標。然而，由於在公共政策中忽視群體差異並不意味著人們在日常生活及互動中也會忽視群體差異，因此壓迫仍持續存在，即便法律及政策都宣稱人人平等。因此我認為，對許多群體而言以及就許多情況來說，在政治生活中肯定並承認已存在於社會生活中的群體差異，會更具賦權的效果。如果差異的意義本身成為政治鬥爭的場域，一個人在這麼做時就更有可能避免差異的兩難。主張群體差異正面性的社會運動已經將這塊領域建立起來，並提供差異的解放意義，以取代舊有的排除性意義。

群體差異的壓迫意義將其定義為絕對的他者性、相互排除、無條件對立。這個差異的存在主義式意義服從於認同的邏輯。一個群體占據了規範的地位，所有其他人都必須按照這個規範來衡量。將所有人化約為適用於同一度量的統一體的企圖，將那些特質異於這個規範所隱然假定的群體特殊特質的人建構為偏差者。將實踐、文化象徵及關係方式統一於清楚、有別的範疇內的那股驅力，將差異變成了排除。

因此我在前兩章中探討了在社會上具有特權的群體，在占有了普適主體的地位之後，如何將那些他們定義為不同的人強迫排除在完整人性及公民身分的定義之外。以某種普適標準來衡量所有人的企圖，產生了一種階層式二分法的差異邏輯——陽剛氣質／陰柔氣質、文明／野蠻等等。第二個詞語被否定地定義為缺乏真實人類品質，同時更被定義為珍貴詞語的補語，是關聯於其主詞的受詞，而主詞則將圓滿、完整及認同帶給它。在對男性的愛及肯定中，女性扮演了男性的一面鏡子，展現他的德性讓他觀看（Irigaray, 1985）。透過肩負起白人男性馴服及教化野蠻人的責任，文明人將可實現普適的人性。異國風情的東方人存在之目的就是為了被認識及征服，就是為了完滿理性的歷史進程，而理性所追求的是世界的統一性（Said, 1978）。在每個案例中，珍貴的詞語都是透過與大寫他者間決然的否定關係而實現其價值。

在種族歧視、性別歧視、反猶主義及恐同症意識形態的客體化過程中，只有受壓迫及排除的群體才被定義為不同。然而特權群體是中立的，並展現出自由及具有可塑性的主體性，而被排除群體卻被標記為某種本質，是一組既定的可能性的囚徒。這些意識形態宣稱，由於據稱是那個群體生而既有的那些特質，群體成員因此有其特殊的秉性，使他們適合從事某些活動、而不適合從事其他活動。在這些意識形態中，差異始終意味著與規範的排除性對立。有理性的男人，於是就有女人；有文明人，於是就有野蠻、未開化的民族。差異的標記始終是意味著好／壞的對立；始終是一種價值的否定；始終是根據某種優越的人性標準，來指認出某種劣等性。

差異在這裡指的是絕對他者性；被標記為不同的群體，與正常或中立的那些群體沒有任何共通的本質。群體間的絕對對立將他們本質化，壓抑了群體內部的差異。透過這種差異即為排除、對立的定義方式，實際上否認了差異。這個本質化的分類方式也否認了差異，因為它的普適化規範妨礙了群體從自己的角度承認及肯定群體的特殊性。

本質化差異表達的是對特殊性的恐懼，以及對讓自我和他者之間的絕對邊界變得可以穿透的恐懼。我在前一章中曾論證，這種恐懼不只是知識上的，也不只是源自於捍衛特權的工具性要求，雖然那也許占了很大的成分。它源自於西方式主體的認同感深處，尤其是（但不僅限於）特權群體的主體性之中。此外，隨著差異的明確本質論的衰退，隨著對女性、黑人或同性戀特殊本質的信念越來越站不住腳，這種恐懼更可能增加。

差異政治對抗這種恐懼，目標是要將群體差異理解為實際上是模糊的、關係性的、時時改變而沒有讓人們可以遵循的清楚界線——理解為既不是無定形的統一性也不是純粹的個體性。透過堅持自身認同的正面意義，受壓迫群體尋求奪回指稱差異本身的權力，並推翻將差異視為偏離正軌的隱含性定義；這樣的定義將一些群體凍結在自我封閉的本質當中。差異如今的意義不是他者性、排除性對立，而是特殊、變化、異質性。差異指稱的是相似與相異的各種關係；它們既無法被化約為共存的認同，也無法被化約為互不重疊的他者性。

替代差異即對立的本質化、污名化意義的選項，是將差異理解為一種特殊性及變化。在這個邏輯裡，正如米諾（Martha Minow, 1985; 1987; 1990）所指出的，群體差異應被構想為關係性的，而不該由實在的範疇及屬性來定義。對於差異的關係性理解，會將過去被視為具有普適性的特權群體立場相對化，那樣的立場只會讓受壓迫者被標記為不同。當群體差異就像在群體間進行比較的一個函數時，白人就像黑人或拉丁裔人士、男人就像女人、身心功能健全的人就像身心障礙人士，人人都一樣特殊。於是差異不再是要描述一個群體的特質時才會出現，而是群體間關係、以及群體與制度互動的一個函數（參看 Littleton, 1987）。

在這個關係性的理解中，差異的意義也變成了脈絡性的（參看 Scott, 1988）。群體差異將或多或少是顯著的，視比較的群體、比較的目的、以及比較者的觀點而定。對於差異的這樣一種脈絡性理解，削弱了本質論的假定。例如在體育運動、健康照護、社會服務支持等的脈絡中，輪椅人士和其他人不同，但他們在許多其他方面卻並沒有不同。傳統對身心障礙人士的對待方式必然導致排除與隔離，因為對身心障礙與身心健全人士之間差異的概念化方式，將差異延伸到所有或是大部分能力上。

一般而言，群體差異的關係性理解拒絕排除。差異不再意味著群體間彼此分隔。說群體之間存在著差異不再意味著沒有重疊經驗，或是兩個群體間沒有任何共通點。社會親近性、文化或特權上的真實差異，就意味著對立性分類的這種假定必須受到挑戰。不同的群體始終會在某些面向上有相似之處，也始終潛在地共享著某些屬性、經驗與目標。

對於差異的這樣一種關係性理解，必然也會重新修正群體認同的意義。在主張他們經驗、文化及社會觀點的正面差異中，經歷過文化帝國主義的群體所發起的社會運動也否認他們擁有共同的認同，也就是一組可以清楚標記誰屬於、誰不屬於群體的混合屬性。讓一個群體成為一個群體的，是互動及分化的社會過程，在這過程中有些人會開始對其他人產生一種特殊的親近性（Haraway, 1985）。我提出的在一個既定社會情境下的「同契團體」概念涵蓋了那些我跟他們在一起時感覺最舒服的人，他們是我較熟悉的人。親近性指稱的是與他人分享視為理所當然的看法、情感連結及人際關係網，這樣的方式可以在團體中區別出彼此，但卻不是根據某種共通的本質。一個特殊個人的群體親近性的顯著程度，可能會根據社會情境、或是她或他人生的轉變而變化。一個社會群體的成員身分不是透過滿足某些客觀標準而來，而是根據一個人對和那個群體的親近性的主觀肯定、根據其他群體成員對這份親近性的肯定，也是根據認同其他群體的人對那份親近性的肯定。群體認同是從流動的過程中建構起來的；在這流動過程中，個人根據群體而認同了自身及他人，於是群體認同本身是流動的，會隨著社會過程的轉變而變化。

經歷了文化帝國主義的群體發現自己被客體化，被一個他們被排除在外、無法參與其形成的支配文化從外部標上了本質下賤的標記。而這些群體對群體差異正面意義的主張是解放性的，因為它重新宣告了群體對自己群體的定義；群體是種創造與建構，不是一個給定的本質。可以確定的是，要能清晰地說明群體親近性的正面要素而不將他們本質化，是困難的，且這些運動也並不總是能成功做到（參看 Sartre, 1948, p. 85; Epstein, 1987）。但是，他們正在發展一種語言來描述他們相似的社會情境以及彼此之間的關係，以及他們對社會生活的相似感受與觀點。就他們將文化視為部分是集體選擇的事而言，這些運動參與了我在上一章中介紹過的那個文化革命大業。雖然它們對女性文化、非裔美人文化及美洲印地安人文化的的觀點仍依賴著過去的文化表現，但在相當程度上，這些運動仍然自覺地建構了他們宣稱定義了他們群體獨特性的這個文化。

將差異的意義以及認同兩者脈絡化，於是允許了人們承認同契群體之中的差異。在我們複雜、多元的社會中，每個社會群體都被各種群體差異所切割，這些群體差異是智慧、激情、衝突和壓迫的潛在來源。舉例來說，男同志們也可能是黑人、富人、街友或是老人，這些差異在男同志中間產生出不同的認同感及潛在衝突，也在他們和某些異性戀男性之間產生出親近感。

尊重差異的政策

我將假定，一個社會正義的目標是社會平等。這裡的平等不是指社會財貨的分配，雖然分配當然也必須蘊含在社會平等之中。社會平等主要指的是每個人都能充分參與、並被納入社會的主要制度中，所有人都能享有受社會支持的實質機會，以發展並運用自己的能力、實現他們的選擇。美國社會已制定了所有群體成員享有形式上法律平等的制度，然而重大而可恥的遺憾是，男女同志竟被排除在外。對許多群體而言，社會平等仍然遠在天邊。那些追求社會平等的人對於究竟是群體中立、還是群體意識的政策最符合該目標無法達成共識，而他們的分歧經常取決於他們究竟是抱持著同化主義、或是文化多元主義的理想。在這個小節，我將主張群體意識的社會政策的正義，並討論這樣的政策正在今天的美國引起爭論的三個脈絡：工作場所的女性平等、非英語人士的語言權利，以及美洲印地安人權利。我將在第七章中討論另一個群體意識政策的範疇，也就是積極矯正歧視措施。

形式上平等對上群體意識政策的課題，主要是產生自職場關係及政治權力之近用性的脈絡。我已討論過我更偏好採取群體意識、甚於中立政策的主要原因之一——以一視同仁方式規劃的政策，會無視於種族、文化、性別、年齡或身心障礙的差異，產生的結果通常是持續了壓迫而不是削弱壓迫。舉例而言，以普適方式陳述的標準或規範，是評價社會位置的所有競爭者的根據，但這些規範或標準經常是將支配群體典型的能力、價值，以及認知和行為風格拿來當作準則，因此讓其他群體陷入不利的地位。此外，種族歧視、性別歧視、恐同症、年齡歧視、以及針對身心障礙者的嫌惡及刻板印象，也持續貶低某些人的價值或令其不被看見，同時也讓他們在經濟及政治互動中處於不利地位。而制定出留意受壓迫群體特殊處境的政策，則可以抵銷掉這些劣勢。

人們可能提出反對意見，認為當表面中立的標準或政策令一個群體陷入劣等事實，這些標準或政策就應該被重新制定為真正中立的，而不是以群體意識政策取而代之。就某些情況而言，這可能是恰當的，但也有許多與群體有關的差異情形是不允許中立表述的。在這裡也許能以語言政策做為範例；但正如我將簡短討論到的，一些性別議題也是如此。

然而，更重要的是，受壓迫群體承受的一些不利處境，只能透過在政策中以肯定的方式承認該群體的特殊性而得到補救。文化帝國主義的壓迫將一個群體給刻板印象化，同時讓它自身的經驗無法被看見；這些壓迫只能透過對該群體特殊性的明顯關注及表達來補救。舉例來說，拿掉對黑人、拉丁裔人士、印地安人、阿拉伯裔及亞裔人士的壓迫性刻板印象，並透過跟白人一樣的角色來描繪他們，這樣做並不會讓種族主義從電視節目中消失。我們需要以正面有趣的方式、在源自他們自身的自我感知情境與生活方式中描繪有色人種，我們也需要遠多於現在存在的所有這些群體的正面身影。

除了反制壓迫及不利處境的功能之外，這些考量還產生了推廣群體意識政策的第二個理由。

為了肯定群體的團結，讓他們能夠肯定他們群體的親近感、而不至於在更大的社會遭受到不利的處境，有時也會需要群體意識政策。

有一些群體意識政策符合同化理想；只要這樣的政策被理解為達到目的之手段，因而暫時與群體中立規範分道揚鑣，群體差異在裡面就沒有任何社會意義。許多人這樣看待積極矯正歧視措施政策，而正如我將簡短討論到的，人們通常就這以這種方式理解雙語教育。然而，一個文化多元主義的民主理想支持群體意識政策的理由，並不只是做為達到平等目的的工具而已，也是因為它是社會平等的理想本身所內在固有的價值。除非他們特殊的經驗、文化及社會貢獻被公開肯定及承認，否則群體無法在社會上平起平坐。

差異的兩難揭露了處理及忽視差異這兩種做法所涉及的風險。肯定差異的危險，是群體意識政策的實施將讓污名及排除死灰復燃。在過去，群體意識政策被用來將那些被定義為不同的群體隔離開來，使他們無法接近使用支配群體所享有的權利及特權。那麼，民主的文化多元主義的一個關鍵原則，就是群體專屬的權利及政策應該要和參與包容的一般性公民權、政治權並立。群體意識政策不能被用來合理化對群體成員行使一般性政治及公民權時的排除或歧視。一個民主的文化多元主義，因此會要求雙元的權利制度：一個是人人平等的一般性權利制度，一個則是更特定的群體意識政策及權利體制（參看 Wolgast, 1980, chap. 2）。用肯尼斯・卡斯特（Kenneth Karst）的話來說：

當平等公民身分的承諾被實現時，歸屬之路就朝著兩個方向對文化弱勢者打開了。身爲更大社會的充分成員，他們有權選擇要參與到什麼樣的程度。他們也許會向內看，在他們的文化群體中尋求團結，但卻不會因爲那個選擇而受到懲罰。（Karst, 1986, p.337）

如果對於「文化弱勢」的詮釋，是用來意指任何受到文化帝國主義支配的群體，那麼這個聲明就適用於女性、老人、身心障礙者、男女同志及工人階級，正如它適用於族群或民族群體。我現在將簡要地考量三個需要群體專屬政策來支持社會平等的個案：女性、拉丁裔人士及美洲印地安人。

（一）該透過性別中立政策還是群體意識的規則，才能最大程度地促進女性的利益？這一直是近年來引起女性主義者火熱爭論的問題。這些爭論所產出的文獻對把平等當成同一的法律及政策支配模式提出了關鍵問題，對於平等的意義也提供了細緻的、不去假定認同的分析（參見Vogel, 1990）。這個討論的絕大部分，都聚焦於職場中的懷孕及生產權利的問題。

針對懷孕訴求平等待遇的倡議者主張應強力推動，將懷孕假（pregnancy leaves）和懷孕給付納入與任何造成男性及女性無法工作的身體狀況相關之性別中立假期及給付政策，才是確保女性利益的最佳做法。保護性立法的歷史顯示，女性無法信任雇主和法院不會以特殊分類做為藉口來排除女性、並讓女性處於不利地位；因此，只有中立的政策才最能保護我們免於這類的排除（William, 1983）。然而，即便是這類平等待遇的支持者也同意，以男性生命為準則的性別中立政策對女性是不利的。根據娜丁・陶伯（Nadine Taub）及溫蒂・威廉斯（Wendy Williams）的說法，此狀況的解答是一種職場平等模式，它承認所有勞工的特殊需求並加以調節適應；這樣的一種模式要求針對大部分的職場政策進行重大的結構性重整（Taub and Williams, 1986）。

就我的觀點，任何針對懷孕及生產的平等待遇取徑都是不恰當的，因為它要不是暗示女性懷孕時沒有權利享有休假及工作保障，就是將這樣的保障放在「身心障礙」的所謂性別中立範疇底下一視同仁。這樣的同化是不可接受的，因為懷孕與生產本身應視為是社會必須的工作，也因為它們有著獨特而多變的特質與需求（Scales, 1981; Littleton, 1987）。將懷孕與分娩等同於身心障礙，往往是將這些過程污名化為「不健康的」。此外它還暗示，女性享有休假及工作保障權利的主要且唯一理由，就是她在身體上無法勝任她的工作，或是勝任工作的困難度比起她沒有處在懷孕及產後恢復期時更高。儘管這些都是重要的考量，但還有另一個理由，那就是她應該有時間建立親餵母乳的習慣、並與她的孩子發展親密關係及生活常規，如果她選擇這樣做的話。重要的不只是消除因不受中斷的男性工作模式而讓女性承受的不利處境，建立並確認公眾對育兒的社會貢獻之正面認可也是一個問題。不需要將女性化約成生孩子的人，或是暗示所有女性都該生兒育女，如果沒有就是少了什麼；人們可以、並且應該給予女性這類的認可。

和女性權利的性別中立模式分道揚鑣的女性主義者，一般而言都會在生兒育女的生物處境上對這個立場做出限制。舉例來說他們大多要求，不必工作的產假與育嬰假（parental leave）應該是性別中立的，目的是不要讓女性持續與育兒工作連結，以及不要懲罰那些選擇負擔比平均更多的育兒責任的男性。我自己也同意在這個議題上應採取性別中立政策。

然而，在育兒工作上對女性群體意識政策的議題做出限制，會迴避掉在促進女性職場平等地位方面最困難的那些問題。女性在職場上處於劣勢的原因不只是、甚至不主要是因為她們的生育功能，而是因為她們的性別社會化及認同會將許多女性的欲望、性情及能力導向某些活動而遠離其他活動，因為許多男性會根據不恰當的性別觀點看待女性，也因為女性的衣著、舉止、聲音等有時會破壞陽剛文化階層體制的去肉體化理想。兩性之間的差異不只是生物性的，也來自於社會上的性別文化。這樣的性別差異是多元、多變的，而不是將兩性化約為隔離的本質。也許這樣的差異不該存在，但它們現在仍然存在著，這是毋庸置疑的。忽視這些差異有時會讓女性在公共場合中陷入劣勢，因為在這些場合中占據主導地位的，仍是陽剛文化的規範及作風。

在克莉絲汀．立朵頓（Christine Littleton）稱之為「接納式平等」（equality as acceptance）的模式中，她主張性別意識的政策取徑，目標是要正面接納陰柔的性別文化特質，這些特質對女性而言具有無上的價值。這個模式的起點是假定存在著結構性的社會性別差異——舉例而言，受到性別支配的職業分類，受到女性支配的育兒及其他家庭成員的照顧工作，以及人們希望從事的運動中的性別差異。這些都不是本質性的；儘管所有男性和女性似乎都遵從著性別化模式，但這些模式是可認同的，並可廣泛運用於許多人的生活中。立朵頓的接納式平等模式支持的政策，不只不會讓從事傳統陰柔氣質活動或行為的女性陷入不利地位，還能賦予陰柔文化與陽剛文化同等的價值：

> 因此，接納式平等的焦點不是放在女性是否不同的問題上，而是放在如何處理性別不對稱的社會事實，才能在所有社群成員的眞實生命經驗中創造出某種對稱性的問題。我不認爲差異是否是「自然的」有這麼重要；不管自不自然，它們就是被建入了我們的結構與自我之中。做爲社會事實，差異是從人際互動或人與制度的互動中創造出來的，它們存在於關係之中，而不是存在於個人身上。從這個觀點，平等的功能就是讓感知到的或實際的性別差異對於彼此都是無價的，這樣一來任何人都可以依據自己自然的傾向或選擇，而追隨一種男性、女性或兩性同體的生活風格，不必因爲追隨的是一種女性的生活風格就受到懲罰，追隨的是男性的生活風格就得到獎勵。（Littleton, 1987, p. 1297）

於是，接納式平等公開承認以文化為基礎的性別差異，並採取步驟來確保這些差異不會造成任何的不利。雖然立朵頓並未強調，但是這種模式意味著首先，性別差異不應該以或明或暗的方式被用來當作將人們從制度、位置或機會中排除的根據。也就是說，必須能夠獲得享有平等機會的一般性權利，以及其他的公民權和政治權。但除此之外，對於被歸類為屬陰柔文化的活動及行為，接納式平等也重新給予其和陽剛文化活動同等的價值。

在重新評價陰柔文化方面，同酬同值政策（comparable worth policy）受到了廣泛的討論。具同酬同值的工作應付給同等薪資的方案要求，如果主要由男性擔任及主要由女性擔任的工作兩者涉及的技巧、困難度及壓力等的程度相似，就應具有同樣的薪資結構。當然了，實施這些政策的問題在於如何設計一個比較不同工作的方法。大部分的比較方案仍選擇透過運用假定的性別中立標準來最小化性別差異，這些標準包括教育程度、工作速度、工作中是否涉及符號的操作、工作條件的宜人程度，以及決策能力等等。然而一些作者認為，工作特性的標準分類也許具有系統性的偏誤，從而隱藏了許多以女性為主的職業所涉及的特殊種類任務（Beatty and Beatty, 1981; Treiman and Hartman, 1981, p. 81）。許多由女性主導的職業涉及了性別特殊類型的勞動——像是哺育、潤滑社會關係，或性徵的展示——而大部分任務觀察都忽略了這些勞動（Alexander, 1987）。對於許多女性為主的工作所涉及的技巧與複雜性，一個公平的評估也許需要關注到性別的差異，而不是運用無視性別差異的比較類別（參看Littleton, 1987, p. 1312）。

立朵頓以運動做為另一個重新評價的場域。她指出，一個接納式平等取徑會支持將資源平等分配給男性與女性的運動方案，而不是按人頭來分配所獲得的體育預算（Littleton, 1987, p.

1313）。如果參與體育活動的人數之間落差太大，我不認為這個提議是公平的，但我同意立朵頓所要提出的一般性原則。希望參與體育活動的女性不應該因為目前沒有更多的女性想要參與而陷入劣勢；比方說，她們應該有一樣多的高薪教練，就跟男性一樣，她們的更衣室設備應該要一樣好，她們也應該要可以自由使用所有達到良好表現所需要的設備。更重要的是，刻板印象上被歸類為陰柔氣質的運動，例如水上芭蕾或草地曲棍球，應該要和更為陽剛氣質的運動如足球或棒球一樣，收到同樣程度的支持。

（二）一九八六年十一月，大多數的美國加州選民支持了一項宣布英語為該州官方語言的公投。這個政策的未來發展尚不明朗，但至少它意味著州立機構沒有義務在選票或其他政府印刷品上印上英語之外的其他語言，或以英語之外的語言提供其他服務。加州的公投成功掀起了一場宣布英語為美國官方語言的全國性運動，同時出現的還有許多地方性運動，尤其是在那些第一語言並非英語的人口急速增加的地區。舉例而言，一九八九年冬天，一個英語提案被提交給蘇福克郡長島市議會，即便一些英語優先的倡議者也覺得這個提案太過頭了：它不只要將英語制定為蘇福克郡的官方語言，而且還禁止公共服務的提供者對服務對象說除了英語之外的其他語言（Schmitt, 1989）。

許多倡議只說英語的人表示，這不過是許多措施中另一個用來削減政府支出的方法而已，以此來證成他們的立場。但是這個運動的主要訴求是針對這個政體的統一性的規範性理想；也就是說，非英語人口不是「真正的」美國人，無論他們在這塊土地上的歷史可以往前追溯到幾代。這個論點的看法是，一個政體無法在沒有相當程度共通性及公民間彼此認同的情況下維持自身，而共通語言就是這類統一力量的最重要力量之一。語言學及文化多元主義導致了衝突、分裂及黨派之爭，而最後將導致瓦解。公開給予英語優先權利會支持這種統一性，而且會鼓勵非英語人口更快同化。

至少有三個論點可以反對這個對單一和諧政體的統一性的訴求。首先，這根本不符合現實。從立國以來，美國就一直是許多語言及文化少數群體的庇護所。美國的帝國主義兼併歷史以及它的移民政策，又造成了更多的少數群體。過去二十五年來，美國的軍事及外交政策導致大量拉丁美洲及亞洲人口的湧入。此外，有些人估計到了西元兩千年，美國的拉丁裔及亞裔人口將會分別增加八十四及一〇三個百分點（Sears and Huddy, 1987）。許多屬於文化少數群體的個人選擇了同化，有些群體也選擇這麼做，但還是有許多選擇不這麼做。即便官方並不支持他們這樣的做法，並施加相當程度的壓力，許多群體還是維持著自己獨特的語言及文化認同，即便許多群體的全體成員已在美國居住了好幾代。西班牙語人口也許是最明顯的例子，因為他們相對數量大，也因為他們和波多黎各、墨西哥或其他拉丁美洲國家一直保持著很強的連結。許多語言及文化少數族群決心，即便他們主張有權享有美國公民身分的全部福利，也仍要維持他們的特殊認同，而這份決心似乎持續增長；有鑑於此，英語唯一運動想要透過強制語言政策來創造統一性的願望，根本就是愚不可及。

其次，正如我已在幾個地方論證過的，這種和諧公共（harmonious public）的準則是壓迫性的。它不只是讓未能同化的人們和群體在競爭稀少位置及資源時陷入極為不利的處境，而且還要求人們為了同化而改變自己的認同感。自我滅絕（self-annihilation）是對公民資格的不合理、不公正要求。美國文化少數群體的傳說、詩歌及歌曲充滿了因這類要求所帶來的痛苦與失落，記錄了同化主義價值如何徹底違背了對人們的基本尊重。

因此，第三，和諧公共的規範性理想無法成功創造出它所宣稱要創造的和諧國家。在一個群體分化的社會，衝突、黨派之爭、分裂、內戰確實經常在群體之間上演。然而，這類衝突的主要原因並不是群體差異本身，而毋寧是群體之間的支配與壓迫關係，這些關係在受壓迫者中間製造出怨恨、敵意與反抗。將和諧做為規範性價值只是加劇了分裂與衝突，因為它讓壓迫群體的成員有理由採取一種自以為義的強硬姿態。

我在第四章中曾主張，一個公正的政體必須擁抱異質公共的理想。性別、年齡及性傾向的群體差異不該被忽視，而應該得到公開的承認與接納。甚至連民族或族群的群體差異都應該被接納。在二十世紀，一個理想的國家是由多元民族或文化群體所組成，他們享有一定程度的自決及自治，以及與之兼容的聯邦的平等公民權利及義務。世界上有許多國家擁抱這個理想，雖然它們僅以非常不完全的方式來理解它（參見 Ortiz, 1984, pt. 2）。英語唯一的倡議者經常以恐懼心情看著在美國數量龐大、且快速成長的文化少數族群，尤其是說西班牙語的少數族群，並主張只有強制讓英語享有首要地位才能避免我們成為像加拿大那樣的文化多元社會。這樣的論點冥頑不靈地拒絕去看見：其實我們已經是了。

同化主義和文化多元主義理想之間的差異，在教育政策上變得尤其明顯。雙語教育在今天的美國受到高度爭議，部分原因是它被賦予了不同的文化意義。一九七四年，美國最高法院裁定美國有義務為英語能力不足的學生進行補救，以便讓他們能夠有同等的機會學習所有科目，但法院並未明定該如何進行。一九七八年通過、並經過數次修訂的雙語教育法（Bilingual Education Act）設立了聯邦基金，提供學校系統用來發展雙語教育（參見 Minow, 1985; Kleven, 1989）。即便如此，在一九八〇年，美國有百分之七十七的拉丁裔兒童沒有接受任何符合他們語言需求的特殊學程（Bastain, 1986, p. 46）。一九八六年在德州，有百分之八十的學區沒有遵守國家頒布的雙語教育計畫（Canter, 1987）。

有幾個不同的語言支持計畫模式。有些模式，像是英語做為第二語言（English as Second Language，簡稱ＥＳＬ）的模式，並沒有提供任何以學生的母語為主的授課，也常是由不會說該學生語言的人士來進行教學。而被稱為沉浸式教學（immersion program）的其他模式，則主要以英語進行授課，但由擁有雙語能力者擔任教師，學生能以自己的母語來詢問問題。過渡式雙語教育方案則採用真正的雙語授課，雙語和母語的比例隨著學生的進步而調整。過渡式方案採用學生的母語來教授諸如數學、科學和歷史科目，並讓他們同時養成英語技巧；這些方案的目標都是要增加以英語授課的時數。

就意圖來說，所有這些方案都是同化主義的。他們的目標是增加英語的精熟程度，以達到不需要母語授課的標準，沒有一個方案的目標是維持並增進母語的精熟度。針對在美國英語不夠好的學生，所提供的方案絕大多數都是採取這些形式的其中之一。使用過渡式雙語方案、而不是ESL或沉浸式教學方案，造成了熱烈的爭論。為了協助英語能力有限的學生學習英語，大多數美國人都支持應提供他們特殊教育；但是當這些教學方案越使用母語進行教學，尤其是在教授像是數學或科學這類科目時，英語人士就越認為這是種不公平的溺愛及稅金的浪費（Sears and Huddy, 1987）。但另一方面，語言少數群體則通常偏好過渡式雙語教育方案。

另一個雙語教育模式由於很少在美國得到實踐，因而很難搬上公共議程，那就是雙語—雙文化維持方案。這些方案的目標是要重新強化學生的母語及文化知識，同時訓練他們精熟支配性的語言，也就是英語。在美國，極少有倡議文化多元主義及群體自治的人士會否認精熟英語是充分參與進美國社會的必要條件。問題只是在於語言少數群體是否能被承認是有其特殊性的充分參與者，而社會也支持他們維持自身的語言及文化。只有雙語—雙文化維持方案能夠同時確保語言少數群體的成員充分納入並參與所有社會制度的可能性，同時仍能保持並肯定他們群體特殊的認同（參看 Nickel, 1987, p. 119）。

（三）在美國，美洲印地安人是最難被看見的受壓迫群體。他們的人數僅一百多萬，在大多數區域人口中所占的比例都太小，以至於無法組成具有影響力的壓力團體，或足以構成對白人社會生活造成重大破壞的威脅。聯邦及國家政策常能安穩地忽視印地安人的利益與渴望。許多印地安人生活在保留區，保留區的非印地安人很少和他們接觸。即便是在城市，印地安人也常形成自己的支持體系與網絡，很少和非印地安人打成一片（Cornell, 1988, pp. 132-37）。無論是在保留區內或保留區外，在任何社會群體中印地安人都承受了最嚴重的邊緣化與剝奪；收入、失業率、嬰兒死亡率等等，無論從任何標準來衡量，印地安人都是最貧窮的美國人。

在這同時，在美國印地安人也是受到最嚴重法律分化的人群，是聯邦政府正式給予特殊地位的唯一群體。印地安人代表的是本原差異（arche-difference），從起點就顛覆了新世界起源的宣稱，這個宣稱建立了美國是說英語的農人、商人及發明家家鄉的神話。美國政府的代理人持續執行種族滅絕政策，曾經多次以燒殺擄掠遷居圈禁的方式對待印地安人，試圖從內部清洗掉這個差異。然而，法律史和聯邦條約都表明美國勉強承認印地安民族為政府必須與之談判的獨立政治實體。直到二十世紀，印地安人的特殊法律地位始終都被概念化為幾乎完全是劣等野蠻民族及高等文明統治者之間的監護及依賴關係，而這種概念化的陰影甚至更籠罩了直至最近的法律決定（Williams, 1987）。就和女性、黑人以及智能不足者一樣，印地安人的差異在正常化法律中被編製為劣等的未熟幼稚狀態，藉以證成對他們完整公民身分的剝奪。

二十世紀之交的政策制定者假定，要終結這種受到指導、監護的地位，就必須與支配文化同化。於是十九世紀晚期的那些土地重劃政策（land reallocation policy），就是為了鼓勵印地安人珍視私有財產權及自由農耕作的美德。一九二〇年代，當美國國會投票通過賦予印地安人完整公民資格時，聯邦政策透過禁止印地安孩童在被送往就讀的寄宿學校中使用母語，來強制實行同化，這些寄宿學校有時甚至離家幾千英里之遙。在這段期間，印地安人也被禁止從事許多傳統的宗教儀式。

在三〇年代，印地安重整法案（Indian Reorganization Act）汰除並翻轉了許多這類政策，創造出當代由聯邦重整後的部落政府體系。但到了五〇年代，鐘擺又擺到了過去那頭，美國國會終止了聯邦與部落的關係，撤銷對印地安人做為特殊民族的所有認可，再次企圖強制印地安人與白人社會同化。這段美國與印地安民族關係來回擺盪的殘暴歷史，造成印地安人改變了自己的價值、實踐、制度、甚至他們的認同，以適應白人社會。在白人政策的壓迫下，隨著印地安群體對彼此關係的合併或重整，許多獨特的印地安認同消失了。然而，綜觀這段歷史，同化對印地安人而言從未是一個真正的選項。儘管許多人可能離開了自身群體並成功融入支配的白人文化，然而在最最激烈的反對下，各個印地安人群體仍堅定不懈地保存了自己與白人社會的差異。今天，有許多印地安人認為目前的部落組織、對部落角色的定義，以及他們與美國政府的法律關係存在著許許多多的缺陷，但是幾乎沒有人會提議消除部落體制；這個體制在形式上認可了特殊獨立定義的印地安群體，並保障他們在部落事務的定義及運作上享有特殊的權利。

美國印地安人的歷史是本章尤其要論證的一個範例，因為從這個個案中，或許可以最清晰地看見群體的正義需要具備特殊權利，以及同化主義的理想等同種族滅絕。然而，這類的特殊權利不該做為排除人充分參與由自由、機會平等價值所構成的美國夢的正當理由。認可一個群體的特殊需求、以及在這個政體中得到充分參與及接納的權利，這樣的正義在美國—印地安法律中有清楚的先例。印地安人是唯一擁有幾乎等同於雙重公民身分的群體：做為一個部落的成員，他們擁有特殊的政治、法律及集體權利，而做為美國公民，他們擁有其他公民擁有的完整公民及政治權利（Deloria and Lytle, 1984, pp. 3-4）。受到認可的印地安部落能擁有特殊的司法管轄權及領土主權，以及許多特殊的宗教、文化及博彩權利（參見 Pevar, 1983）。

許多印地安人認為這個特殊的權利體制受到聯邦政府裁量權的太多限制，有些人則將他們追求更大程度自決的主張送交國際司法機構（Ortiz, 1984, pp. 32-46）。就我的看法，清楚明白地認可美國印地安人群體為美國社會完整而平等的一員，這樣的正義形式需要美國政府放棄變更或取消印地安權利的絕對權力。

即使沒有實現充分的正義，但是印地安人的案例提供了一個重要的例子，也就是我所主張的，許多受壓迫或劣勢群體要獲得平等，一般性權利及特殊權利的結合是必須的。部落權利制度與一般性權利之間的關係當然是複雜的，對於這些權利的意義與潛在含義也經常出現不同意見。此外，也有許多印地安人認為他們的權利，尤其是決定土地、水及資源相關事務的領土權利，由於忽視它們所帶來的經濟利益，因此尚未受到充分的認可與執行。我不是企圖主張這個特殊權力體制或其所採取的階層制形式應該要延伸到其他受壓迫或劣勢社會群體。每個群體的特殊性都要求與其相應的一組特殊權利，某些群體的制度應該比其他群體更具有全面性。然而，美國印地安人的個案描繪出一個事實：一個群體基於正義的理由而希望擁有特殊的權利體制，因為它們強化群體的自主性，並保護它做為一個受壓迫少數群體的利益。這是有先例的。

異質公共及群體代表制

我已經論證參與式民主是社會正義的要素及條件。然而，當代參與式民主理論從共和主義繼承了對統一性公共的承諾，因而在實作上傾向排除某些群體或使其消音。在某些群體擁有物質上的特權並實施文化帝國主義的地方，形式上的民主過程經常抬高了特權群體的特殊經驗及觀點，卻貶抑、或讓受壓迫群體的特殊經驗及觀點消聲匿跡。

舉例而言，在珍．曼斯布里吉（Jane Mansbridge）對新英格蘭城鎮政府會議運作的研究中，她證明了女性、黑人及工人階級往往較少參與；而相較於白人、中產階級專業人士及男性，他們的利益也較少得到代表。白人中產階級男性比其他人得到更多的權威，他們更能老練地以說服式的口吻；母親及老人認為自己比其他人更難參與會議（Mansbridge, 1980, chap. 9）。我在第三章引用了古特曼的例子說明在一些學校體制中增加民主如何導致了隔離的增加，因為就會有更多物質上享有特權、口才便給的白人可以促進他們所認為的利益，並反對黑人在一個整合體制中得到平等待遇的公正要求（Gutmann, 1980, pp. 191-202）。

在這些類似個案中，存在於社會中的特權及壓迫的群體差異對公共產生了影響，即便公共宣稱其無視於差異。針對這些偏差的證據，傳統的政治理論及實踐卻企圖再一次以建立一個真正的普世公共做為回應。我在第四章中已經論證，這樣一種超越社會位置的特殊性以及隨之而來的一隅之見的純真觀點，是不可能的。如果統一公共並沒有超越群體差異，並且經常允許特權群體的觀點與利益占據支配地位，那麼民主公共就只能透過承認並給予內部的群體差異發言權來抵銷這種偏差了。

於是，我提出了以下的原則：一個民主的公共應該提供機制，以便有效地認可及代表那些組成民主公共的受壓迫或劣勢群體他們的特殊聲音及觀點。這類的群體代表制，意味著制度性機制及公共資源必須支持：（一）群體成員的自我組織，以便他們達到集體賦權，並能夠反身性地理解他們在這個社會脈絡中的集體經驗與利益；（二）針對制度化脈絡中政策提案的群體分析及群體產生，在這些脈絡中決策者有義務說明他們的審議已將群體的觀點納入考量；（三）針對直接影響一個群體的特殊政策，例如女性的生育權政策或印地安人安保留區的土地使用政策，群體應擁有否決權。

透過幾種兼具程序性及實質性的方式，受壓迫群體在一個民主公共的決策程序中得到的特殊代表，可以比一個同質公共更好地促進正義的實現（cf. Beitz, 1988, pp. 168-9）。首先，在設定議程及聆聽與其事項相關的意見時，它更能夠確保程序的公平性。社會及經濟特權最重要的是意味著擁有這種特權的群體會表現得好像他們有權說話而人們必須聆聽，意味著其他群體對待他們的方式好像他們擁有這種權利，意味著他們擁有物質、個人及組織資源可以讓他們說話，而且被聽見。其結果是，政策議題經常被特權群體的「想當然耳」及「優先事項」所定義。受壓迫群體的特殊代表打斷了這樣的過程，因為它讓其他群體的「想當然耳」及「優先事項」也能夠發出聲音。

其次，群體代表制確保了受壓迫群體和特權群體都能夠發生，因此它更能確保公共中的所有需求及利益都能夠在民主審議過程中得到認可。特權群體通常不會想要保護或促進受壓迫群體的利益，部分是由於他們的社會地位讓他們無法了解那些利益，部分是由於在某種程度上他們的特權有賴於對他人的持續壓迫。此外，雖然不同的群體可能共享許多的利益，但是他們的差異往往造成了一些特殊需求，而只有這些個別的群體自身才能以最好的方式表達出來。正如我已經指出的，如果我們只將民主決策當作詮釋需求的政治，那麼民主制度應該要讓那些往往被社會邊緣化、或是受到文化帝國主義消音的人們能夠公開地表達需求。在公共中的群體代表，能夠促進這樣的表達。

在前一個小節，我論證了受壓迫群體主張差異正面意義的理由，以及這些群體應享有特殊權利的原則。我在那裡討論了許多解放性社會運動中的人們正當的憂慮：他們害怕一旦拋棄無視群體的政策而採納正視群體特殊性的政策，將再次污名化這些群體，並合理化新的排除措施。群體代表制可以協助阻止這樣的結果產生。如果受壓迫及劣勢群體可以在公共中自我組織並擁有特殊的聲音，可以去詮釋他們對群體分化政策的意義及理由，那麼這樣的政策就更可能有利於他們，而不是傷害他們。

第三，群體代表制鼓勵以訴求正義的方式來表達個人及團體的需求及利益，以皮特金的話來說，就是將「我想要」的說法轉變成「我有權利要」。我在第四章中論證公共性本身就鼓勵這樣的轉變，因為公共的一個條件就是人們彼此要求問責。群體代表制是對問責性的補充，因為它可以揭開自我欺瞞的自利所戴上的公正或普遍利益的面具。除非遭遇到對社會關係及事件的不同觀點、不同價值及語言的挑戰，否則大多數的人們往往會堅持自己的觀點是普適性的。當社會特權允許某些群體的觀點支配公共、而其他群體的觀點則被消音時，這類普適化的特殊將會受到許多其他人的再次肯定。因此測試一個對公共的主張是否公正、或只是表達自我利益而已，最好的方式就是讓這個主張必須面對來自其他人的意見；這些人擁有顯然不同，雖然不必然是彼此衝突的經驗、優先事項及需求（參看 Sunstein, 1988, p. 1588）。身為一個擁有社會特權的人，當我必須聆聽那些我的特權會將其消音的人的聲音時，我就更可能走出自我、關心社會正義。

最後，群體代表制促進公正的結果產生，因為它可以極大化在討論中表達出來的社會知識，因此增進實踐智慧。不僅在不同的需求、利益及目標上有明顯的群體差異，在不同的社會定位及經驗上也會有明顯的群體差異。不同群體的人們常常知道一些多少不同的制度、事件、實踐及社會關係，也常對同樣的制度、關係或事件有不同的感知。由於這個原因，某些群體的成員有時會比其他群體的成員處在更好的位置上，可以了解特殊社會政策的實施可能造成的後果，並且預作準備。能夠利用所有這類存在於其分化的多元成分中的社會知識，這樣的公共最可能做出公正而有智慧的決定。

我必須減少針對這個群體代表制的意義及潛在含義所可能產生的以下幾個誤解。首先，這個原則要求社會群體要有特殊代表，但不適用於利益群體或意識形態群體。我所指的利益群體是任何個人，無論是尋求特殊目標、渴望有相同的政策，或是在某種社會影響下有相同處境的個人；舉例來說，俄亥俄州煙囪工業所製造出的酸雨受害者，他們的聚集或結社。社會群體通常共享某些利益，但是共享的利益並不足以構成一個社會群體。一個社會群體是因為一組實踐或生活方式而彼此產生親近性的一群人；他們根據這些文化形式，而將自己和至少一個其他群體區分開來，或是被區分開來。

我所指的意識形態群體，是享有共同政治目標的一群人。納粹主義者、社會主義者、女性主義者、基督教民主人士，以及反墮胎主義者都是意識形態群體。社會群體的處境也可能孕育出意識形態群體，且在某些情況下，一個意識形態群體也可能變成社會群體。然而，即便懷抱著深刻的激情，共享的政治或道德信念本身並不構成一個社會群體。

一個民主政體應該容許所有利益與意見的表達，但是這並不意味任何群體都需要擁有特殊的代表。一個民主政體也許會希望為某些種類的利益或政治取向提供代表；舉例來說，大多數的議會體制都根據政黨得票數提供比例代表給政黨。然而，我在這裡主張的群體代表制原則指的只有社會群體。

其次，重要的是要記得，這個原則只要求是壓迫或劣勢群體的特殊代表。就他們的聲音、經驗、價值以及優先事項已經被聽見並且採取行動而言，特權群體已經得到了代表。第二章中說明的不同壓迫提供了至少是一開始的標準可以去決定一個群體是否受到壓迫並且因此值得給予代表。一旦我們都清楚了群體代表制的原則指的只有受壓迫的社會群體，那麼對於大量產生群體代表將窒礙難行的憂慮就該消散了。

第三，儘管我當然希望這個原則能夠運用到政府機構的代議機關中，但它的運用卻絕不僅限於此。在之前的書章中我已經論證，社會正義要求對民主進行遠比目前美國社會的運作更廣泛的制度化。面對任何有權影響人們行動的機構，人們應該有權參與其規則與政策的制定。群體代表制原則適用於所有這類的民主公共。舉例來說，它應該適用於由受壓迫群體構成的決策體，這些決策體的目標是開發有助於異質公共的政策提案。在這些群體中的受壓迫群體，應該要在這類自主性論壇中擁有特殊代表。比方說，黑人小組會議（Caucus）就應該要讓女性擁有特殊的代表，而女性的小組會議也應該要有黑人的特殊代表。

最後，群體代表制原則不必然意味著比例代表制，亦即按照某些最近關於群體代表制的討論中所提出的方式（參見 Bell, 1987, chap. 8; Beitz, 1988, p. 163）。就它所依據「一人一票」的原則而言，比例代表制還保留了必須主要是由個人在決策體中得到代表的這個假設。當然它們必須保留這個假設，而且各種形式的比例代表制，包括群體或政黨的比例代表制，有時可能是個平等地代表個人的重要工具。然而，以我在這裡所主張的這個原則而言，我關注的是群體經驗、觀點及利益的代表。群體成員的比例代表制有時可能會太小或太大，因此無法達成這個目標。舉例來說，美國國家和聯邦政府中的比例群體代表制可能會導致沒有美洲印地安人的席位。然而，考慮到印地安人做為一個群體的特殊處境及其受到的深惡壓迫，這個原則當然要求他們得擁有特殊的聲音。從另一方面來說，嚴格地將半數位置分配給女性，可能又比單純強化女性觀點的聲量所需的更多；而且這也讓其他群體更難得到代表。

幾個奮力對抗壓迫及支配的當代社會運動一直含蓄地主張群體代表原則，但有時他們也會明確主張。為了回應女性、黑人、男女同志、美洲印地安人及其他群體控訴傳統一元基進群體及工會的憤怒與批評，許多運動在他們的決策體中實施了某種形式的群體代表制。一些政治組織、工會及女性主義群體都有黑人、拉丁裔人士、女性、男女同志、身心障礙者及老人的正式小組；如果沒有明確的代表，他們的觀點可能會被消音。這些組織經常有一些程序可以在全組織參與的討論中讓小組發聲，並讓小組代表參與決策。一些組織也要求劣勢群體的成員必須在領導階層中擁有代表性。

舉例來說，在核電廠工地占領運動的最高峰期，許多反核行動及組織就回應了女性主義者或有色人種對該運動由異性戀白人男性支配的批評。社會群體會有自己的同契群體，而同契群體的形成普遍受到鼓勵，它們可為之前看不見的群體提供團結及代表性。再舉個例子，全國女性研究學會（National Women's Studies Association）的決策階層就有個複雜且有效的群體小組代表制。

彩虹聯盟（Rainbow Coalition）的想法，即表達了具有群體代表制形式的異質公共。傳統聯盟符合的是一個超越經驗及關切之特殊差異的統一性公共觀念。在傳統聯盟中，各式各樣的群體為了他們的特殊目的共同合作，他們同意這些特殊目的以同樣的方式使他們產生興趣或對他們造成影響，他們一般也同意不會讓他們之間觀點、利益或意見上的差異在聯盟的公開聲明或行動中浮上檯面。理想上，這種形式適合於福利國家的利益群體政治。與之對照，在一個彩虹聯盟裡，聯盟的每個組成群體則肯定他者的在場，以及在社會議題上他們經驗及觀點的特殊性（Collins, 1986）。在彩虹公共中，黑人不只是容忍男同志的參與，工運分子不是勉強地與和平運動的退伍軍人並肩作戰，而所有這些家父長制作風的群體也不是對女性主義者的參與讓步。理想上，彩虹公共肯定並支持每個受壓迫群體或政治運動的在場及其構成主張；政治方案的達成不是藉由傳達某些將差異隱藏起來的「統一性原則」的聲音，而是容許它的每一個構成分子從其經驗所形成的觀點來分析經濟及社會議題。這意味著每個群體都能夠維持相當程度的自主性，同時也要求群體代表制。遺憾的是，傑西．傑克遜（Jesse Jackson）[1]運動對於建立一個表達這些彩虹聯盟理想的、有活力草根組織的許諾，至今仍未實現。

受壓迫或劣勢群體的代表制原則最常出現在福利資本主義社會的組織與運動中，它們挑戰政治就如同家常便飯。然而，一些更主流的組織也以某種形式實施了這項原則。美國民主黨（The National Democratic Party）[2]即規定黨代表中須有女性及有色人種代表，許多州民主黨組織也有

1 美國著名的黑人民權領袖、浸信會牧師，一九八〇年代曾兩度得到民主黨提名為總統候選人。

2 疑為民主黨（Democratic Party）之誤。國家民主黨（National Democratic Party）是在十九世紀末，由美國民主黨出走的一群人所創建的一個短命政黨。

類似規定。許多非營利機構都呼籲，在他們的理事會必須要有女性、拉丁裔、身心障礙者之類的特殊群體代表。在被一些組織稱為「珍視差異」（valuing difference）的計畫中，一些企業針對內部討論建立了有限的受壓迫社會群體代表制。人們可以想像，這樣一種群體代表制原則會擴展到其他的政治脈絡中。比方說，如果可以正式並明確地讓黑人、拉丁裔人士、女性、男女同志、窮人及工人階級、身心障礙者、學生社會正義在一個城市的學校會議中得到代表，那麼就會強化許多城市的社會正義。

有些人也許會提出反對意見，認為在管理階層實施群體代表原則，會加劇公共生活中的衝突及分裂，讓決策更難達成。尤其是當群體對於那些對他們群體成員有根本而獨特影響的政策擁有否決權時，似乎很可能——也許可以直接宣布——決策將會陷入僵持。這個反對意見的前提，是群體差異必然帶來本質上的利益衝突，然而事情並非如此。群體容或在議題上會有不同的觀點，但是當觀點得到表達的機會時，這些觀點經常是相容的，而且可以豐富每個人的理解。此外，就群體差異產生或反映出衝突的程度而言，群體代表制未必就會增加這類的衝突，而且可能還會減少衝突。如果他們的差異讓群體之間發生衝突，一個公正的社會應該將這類差異帶入公開的討論中。再者，就特權與壓迫的結構化關係做為衝突的來源這點來說，群體代表制能透過讓群體有平等的說話以及被聆聽的能力，而改變那些關係。因此群體代表制應該是緩和（雖然並非消除）某些種類的衝突才對。最後，如果決策僵持的替代選項是一個統一的公共——表面上體現了所謂的普遍利益，但卻系統性地忽視、壓抑特殊群體的利益，或是與其衝突——那麼僵持的決策有時或許也會是公正的。

第二項反對意見，是這個原則不可能開始付諸實行。因為要實施這個原則，就必須建構一個公共，以決定哪些群體——如果有的話——應該在決策程序中得到特殊代表。什麼樣的原則可以做為組成這個「制憲會議」的指導原則？誰能決定哪些群體應該得到代表，並通過哪些程序來做成這個決定？如果受壓迫群體沒有在這個創建會議上得到代表，那麼又如何確保他們能得到代表？如果他們得到代表了，又何必要實施這個原則呢？

這些問題指出了政治起源的弔詭；這個問題不是本提案所獨有，也沒有任何的哲學論證能夠解決它。沒有一個方案或一組原則可以創建一個政治，因為政治沒有起點，或是一個原始立場。政治始終是一個過程，而我們始終參與在其中。像是我在本章中提出的那些規範性原則，它們可以做為這個持續進行中的政治討論的提案，以及展望替代性制度形式的工具，但是它們無法創建政體。在實際的政治情況中，任何規範性原則的運用都是粗糙而現成的，並且始終要有接受挑戰及修正的心理準備。如果美國社會的民主公共接受這個群體代表性原則，正如我已經提出的幾點建議，那麼他們就會提名群體之中有資格得到特殊代表的候選人。這樣的一種開放性，讓公共敏感地意識到其他群體有需要得到代表。但若公共沒有意識到，這些群體就必須以請願方式提出論據；這些論據可能有說服力，也可能沒有。我看不出有任何實際方式可以解決這個有關起源的問題，但那並不是拒絕這個或任何其他規範性原則的理由。

人們也許會問，鼓勵群體自我組織及決策過程採取群體代表制的異質公共觀念，和我在第三章中批評的利益群體多元主義有何不同？我的看法是，利益群體多元主義的運作恰恰預先阻止了公共討論及決策的興起。每一個利益群體都盡自己的力量徹底並大力提倡自己的特殊利益；除了策略性質的考量、像是工作上的潛在盟友或敵手之外，從不需要考量在政治市場上競爭的其他利益。利益群體多元主義的規則並不要求合理化其利益，也不要求利益必須正確或與社會正義相容。然而，在一個異質**公共**中，參與者一起討論擺在他們眼前的議題，並根據正義的原則來討論。我已經論證了群體代表制可以培育這樣的公共性，因為它要求主張者必須在明確站在不同社會定位的其他人面前，為自己的需求提出正當理由。

在美國的全國及地方政治中實施群體代表原則，或是在重新進行結構化特殊機構中的民主公共，例如工廠、辦公室、大學、教會及社會福利機構中實施群體代表原則，都要求創造性的思考與彈性。沒有一個模式可以依循。舉例來說，歐洲模式的協商式民主制度就無法脫離它們的演進脈絡，即便在這個脈絡裡面，也還不清楚它們是否建構了參與式民主的模式。當代奈及利亞女性、原住民、工人、農人及學生中進行的制度化自我組織的實驗報告，提供了一個較接近我所提倡構想的範例（Ruchwarger, 1987）。

社會正義必然意味著民主。人們應該參與所有環境的集體討論與決策，包括職場、學校、社區等，因為這些環境乃是有賴於他們的承諾、行動、以及對規則的服從。當這些機構讓某些群體享有比其他群體更多的特權時，真正的民主政體會要求處於劣勢者能夠得到屬於群體的代表。不只是公正的程序必須有群體代表制、以便確保受壓迫或弱勢群體能夠發聲，這樣的代表制也是促進審議過程產生出公正結果的最佳工具。

我已經論證了公正社會的理想就是消除不符合現實、不可取的群體差異。在一個群體分化的社會中，正義要求的是群體的社會平等，以及對群體差異的相互認可及肯定。面對群體特殊需求及提供群體代表性，能夠同時促進這樣的社會平等，並提供削弱文化帝國主義壓迫所需要的認可。

第7章
平權法與績效迷思

Affirmative Action and the Myth of Merit

沒有語言可以表達我們承受的壓迫、我們的愁苦、以及我們的反抗：我們反抗枯竭、愚蠢、單調、以及我們工作與生活的意義缺乏，我們反抗對我們工作所加諸的蔑視；我們反抗工廠暴虐的階層體制；我們反抗這個持續讓我們淪為敗犬、拒絕我們享有其他階級視為理所當然的好處、只會不情不願地施捨我們些殘羹剩菜，還一副我們在要求特權一樣的社會。沒有語言可以形容工人的處境與感受：時時被懷疑，被擁有得較多的人呼來喚去，他們假裝懂得比我們多，強迫我們根據他們定下的規矩、為了他們的目的來工作——那是他們的，不是我們的。沒有語言可以用來表達這些事，因為統治階級不只壟斷了所有決策和物質財富的權力；他們還壟斷了文化和語言。

——安德烈・高茲（André Gorz）

我已經論證，不正義應該優先透過壓迫及支配的概念來定義，而不是透過分配。種族歧視和性別歧視是我們社會中的主要壓迫形式。對種族和性別不正義的哲學討論傾向於大幅限縮在機會平等的議題，尤其聚焦在讓女性或有色人種獲得平等機會而給予優待的平權法是否公正的問題上。

我將在本章指出，積極矯正歧視措施方案比許多支持者願意承認的還更加直接地挑戰了自由平等原則；而直接揭露這個挑戰，會讓情形在這些方案中變得更加嚴重。尤其是，積極矯正歧視措施挑戰了無歧視原則的首要性，以及人應該根據個人而非群體成員的身分被對待之慣例。然而，積極矯正歧視措施爭論的平等機會討論是一個部分，它代表了非常狹窄的、一種對種族與性別正義的思維模式。我認為，積極矯正歧視措施的辯論是運用正義的分配式典範的一個例子；它從群體間特權地位分配的角度來定義種族與性別正義，而沒有能力去質疑制度組織及決策權力的課題。

本章的大部分篇幅將聚焦並批評兩個有關制度性組織的假定；這些假定經常是平等機會討論的基礎，卻沒有對正義提出質疑。首先，哲學家及政策制定者往往將官僚制勞動分工假定為給定的，因此不是不正義的，而這樣的階層制內只有頂層的極少數位子擁有高薪、權力和聲望，底層的位子則擁有較少特權。此外，他們也假定這些位置應該根據功績來分配，也就是測量這些個人的個別技術能力，並根據對這些能力的公正評量，將最有競爭力的位子獎賞給那些被評定為最有資格的人。我對這兩個假定都提出了質疑。

因為績效原則要能夠運用，前提是必須能根據規範和文化上的中立標準來識別、測量、比較個人在工作相關任務上的表現，並給予評等。然而對大多數的工作而言，這是不可能的；而且我們社會中所使用的大多數評價標準，包括教育文憑和標準化測驗分數，都受到規範和文化內容的污染。因為不存在公正、價值中立、科學的績效測量，所以我主張正義的首要議題必須是「由誰來決定得到某個既定位子的適當資格是什麼」、「它們如何被評估」，以及「擁有這些位子的是否為特殊的個人」。

如果客觀、價值中立的績效評價很難做到或是不可能，那麼階層制勞動分工的正當性就會受到嚴重質疑。我並不主張在任務及功能上的任何分工都是錯的；我所質疑的，是在任務設計和任務執行之間的分工，這樣的分工出現在專業及非專業工作的社會階級分工上。這種分工只允許較少的人發展及運用他們的能力，並讓大多數人都只能臣屬於支配結構，迫使許多人受剝削、無能及文化帝國主義的壓迫。發展職場民主可以為糾正這樣的不正義做出很多貢獻，然而一個保留了既有勞動分工的職場民主，還是不夠的。為了減少或消除壓迫，知識、自主性及合作的關係本身必須在任務的定義中被重新結構化。

積極矯正歧視措施及無歧視原則

在這個小節，我的目標不是要為那些特別注意被排除或劣勢群體、並時而給予其成員優待的教育及就業政策，提出徹底深入的辯護。我希望做的是將這個受到許多討論的正義及群體差異課題放入我在前幾章已經提出的論證脈絡中。因此，我將我的討論大幅限制在思考積極矯正歧視措施政策如何破壞了平等待遇原則，以及說明許多積極矯正歧視措施的討論如何預設了社會正義的分配式典範上。

大多數得到法院授權或支持的積極矯正歧視措施政策，都被證成為對過去歧視性作法的補償措施。用傳統的法律用語來說，當救濟措施讓實際遭受歧視者受益時，這樣的正當理由所引起的爭議最小，正如法院下令為那些被不當隔離為種族或性別特殊工作分類的人們提供優待升遷程序一樣。但法院在它們發現過去蓄意歧視的證據時，經常下令或支持採取積極補救歧視行動，即便受益的人和那些承受歧視待遇的人不是同一群人。

將積極矯正歧視措施政策視為對過去歧視的救濟或補償措施，是相當不受爭議的；然而這樣的合理化，也往往將可容許的方案限制在非常狹窄的範圍內。一些作者及訴訟當事人試圖證成積極糾正歧視政策，理由是這些政策要補償或救濟的，是針對女性或黑人受普遍性社會歧視的那段歷史（參見 Boxill, 1984, pp. 148-67）。這樣的論點是薄弱的；正如我將簡短說明的理由，他們讓歧視的概念模糊到一個令人難以接受的地步。更具說服力的說法是，積極矯正歧視措施政策可以抵銷現在決策者的偏誤與偏見。雖然明確的歧視政策不再合法，許多機構也善意地取消了明確歧視的做法，但女性和有色人種卻仍持續承受來自決策者經常是無意識的刻板印象、反應及期望，而這些決策者也仍然是白人或男性，或兩者皆是。要對抗這類仍持續排除、並使女性及有色人種陷入劣勢的假定及看法，積極糾正歧視措施就是必要而公正的工具（Davidson, 1976；引用於Fullinwider, 1980, pp. 151-52）。

羅伯特・富林懷德（Robert Fullinwider）指出這種說理方式創造出一種兩難。談到這個論點時，他說：「如果我們不採用優待性聘僱（preferential hiring），我們就是允許歧視存在。但優待性聘雇也是種歧視。因此，如果我們採用優待性聘雇，我們也是在允許歧視存在。這個兩難在於不管我們怎麼做，我們都在允許歧視。」（Fullinwider, 1980, p. 156）廣泛性積極矯正歧視措施政策的支持者經常發現自己陷入兩難，因為他們和自己的敵人共享了同一個信念：攸關正義的首要原則，就是無歧視原則。富林懷德的兩難陳述，同樣得依賴於歧視一詞的模稜兩可；它的第一義指的是讓女性或有色人種陷入劣勢的無意識偏誤、偏見及假定，第二義則是基於群體身分而有意識地獨厚群體成員的優待性作法。我的看法是，如果積極矯正歧視措施的支持者放棄無歧視是正義至高原則的這種假定，並停止去假定種族及性別的不正義必須歸類到歧視的概念底下，那麼這樣的兩難就消失了。

那些反對積極矯正歧視措施政策的人之所以這樣做，通常是因為這些政策構成了歧視。對他們來說，一個平等待遇原則、一個無歧視原則，應該具有絕對的道德優先性。在這種社會正義的構想上，無視於群體並將同樣的形式性規則適用到所有人的政策，既是社會正義的必要條件，也是充分條件。若誰要讓積極矯正歧視措施政策破壞這個平等待遇的原則，他們就錯了（參見 e.g., Reynolds, 1986）。我認為，積極矯正歧視措施政策的支持者如果能正面地承認這些政策就是歧視，而不是試圖主張這些政策是無歧視原則的延伸或能與之兼容，他們比較不會處於守勢。此外，我們應該拒絕一個積極矯正歧視措施的支持者與反對者都廣泛抱持的假定，那就是歧視是群體所承受的唯一或首要的惡行。壓迫才是指出群體相關之不正義的首要概念，而不是歧視。儘管歧視性政策有時也造成或強化了壓迫，但壓迫所涉及的許多行動、實作與結構，都與獎勵利益時獨厚或排除群體成員無關。

我在第六章中提出了理由，反對將社會平等視同於消除或超越群體差異的同化主義理想。將平等待遇或無歧視原則做視為是一種正義的絕對或首要原則，就假定了這樣一種將同一性視為是平等的理想。我已經論證平等待遇不應該占據這樣的首要地位。平等的定義是所有群體都能參與、並被包容進制度及位子之中，而差別待遇有時更能實現這樣的平等。這個論點改變了有利於受壓迫或劣勢群體的積極矯正歧視措施政策究竟是否正義的討論脈絡。積極矯正歧視措施不再需要被視為是無歧視的操作原則的一種例外。它反而會成為許多群體意識政策的其中之一，有助於削弱壓迫的基礎。

認為歧視是女性或有色人種在美國所遭受到的唯一或首要的不正義，這種看法是把注意力放在錯誤的議題上了。歧視首先是一種施為者導向，以及過失導向的概念。因此，它往往將注意力放在加害者及某個特殊行動或政策、而不是放在受害者及他們的處境上（參見Freeman, 1982）。以歧視來識別群體為基礎的不正義，傾向將證明受到傷害的責任放在受害者身上，就事論事。

此外，做為一種過失的概念，歧視也往往將群體所蒙受的不正義呈現為異常的，是例外而不是規則。既然法律與公共觀感都同意排除或讓女性或有色人種限於劣勢的特殊歧視是錯的，那麼人們就會開始認為一個正常的狀況是沒有歧視的（Fitzpatrick, 1987）。由於對女性和有色人種的明顯歧視已經減少，把以群體為基礎的不正義視同是歧視，就導致人們先入為主地認為針對這些群體的不正義已經被消除了。

我認為，歧視的概念應該被限制，僅僅指涉人們由於社會群體成員的身分，而在利益分配時明顯地排除或獨厚某些人，包括他們受到的待遇或得到的位子。諷刺的是，當這個意義上的歧視變成非法而不為社會所容時，卻因此變得很難證明它的發生。人們輕易地就撤退到資格論的訴求上，或撤退到堅持他們只是偏好某些種類的性格或舉止、而不是針對群體的立場上。許多法學家主張應針對歧視的結果而不是意圖來進行審查；也就是說，如果一項政策或實踐的結果以一種不成比例的方式排除了女性或有色人種，那麼它就應該被認為是歧視性的，無論制定者的意圖為何。在一九七一年美國最高法院就貴格斯（Griggs）一案所陳明的「差別影響」（disparate impact），指的就是這種擴大意義的歧視。然而近年來，無論法院或一般公共，似乎都不樂於接受這種擴張概念的歧視。

我同意道德焦點應該放在受害者及結果，而不是加害者及意圖。但是將這種對結果的關注放在歧視的概念底下，是對議題的一種混淆。面對劣勢群體所承受的不正義，一個好得多的策略是將歧視的概念限制於有意圖且明確表明的排除或獨厚政策，並主張歧視不是女性和有色人種所承受的唯一惡行，或者一定是首要惡行。做為群體，我們承受的首要惡行是壓迫。

我在第二章已經論證，不必然要從壓迫是由特殊施為者從事的角度來理解壓迫。雖然許多個人都參與了壓迫，特殊群體的成員因對其他群體的壓迫而享受特權，但如果假定個別壓迫者可以且永遠都該被找出來受指責的話，人們就會忽略壓迫的日常及系統性特質。在聚焦於個別施為者的同時，歧視的概念則掩蓋、甚至傾向於否認壓迫的結構性及制度性框架。如果人們將歧視視為群體所承受的首要惡行並聚焦於此，那麼我們依然承受著的更深刻剝削、邊緣化、無能、文化帝國主義、暴力，就將無人討論、不被處理。人們並未看見，社會制度及個人對他人所抱持的假定、習慣和行為的力量是如何被導向物質及意識形態條件的再生產；這些條件讓白人異性戀男人的生活更輕鬆、有更多好的機會，並讓他們的觀點獲得優先採納。

女性、有色人種及其他群體所承受的首要惡行是壓迫，而不是歧視；認明這點，讓我們可以承認積極矯正歧視措施政策的確是歧視性的（參見 Sumner, 1987）。它們要求，基於他們的群體成員身分，應該有意識而明確地優待特殊群體成員。這個意義上的歧視也許是錯的，也許不是，端視其目的而定。舉例來說，一個全由市府官員及商人所組成男性俱樂部是錯的，因為它重新強化並擴大了男人之間的特權網絡，這些網絡即便沒有現身，也還是存在著。另一方面，創辦一個全部由女性組成的專業性社團則不是錯的，因為它的目的是要抵消許多職業女性在身為她們領域中不受歡迎的弱勢群體時所經驗到的孤立與壓力。

如果對群體的分化會再次強化關於他們成員壞的刻板印象，排除他們、隔離他們，或讓他們只能處於次要的位子，那麼這種分化就是錯誤的（Rhode, 1989, chap. 10; 參看 Colker, 1986）。大部分的歷史性歧視之所以錯誤，不是因為它們根據群體屬性來區分人們，而是因為這些歧視的目標是正式、明確地限制群體成員的行動與機會，或是它們造成了這個結果。也就是說，它們之所以是惡行，是因為它們參與並幫助強化了壓迫。如果歧視達成了消除某個群體所受壓迫的目的，那麼這樣的歧視也許就不只是被容許而已，在道德上也會是有必要的。

制度及政策太常對過去受到排除或隔離的群體造成不同的負面影響，即便不是有意的。針對女性、有色人種、身心障礙者和男女同志的偏誤鑲嵌在制度當中，原因若不是因為設計者在設計時腦中想像的是特權群體的生活與觀點，就是因為它們的結構仍反映著已被形式性規定宣布為違法的主從關係。最後，排除、隔離及主從關係的明確政策留下了根據群體來區能力、文化及社會化的深刻遺產，持續讓白人男性在競爭報酬最豐富的社會位子時處於有利地位。能力或偏好方面的許多差異，應僅被視為是差異、而不是劣等性；但正如我將簡短討論到的，績效標準經常將差異轉化為階層制。於是壓迫仍然是個再生產持續進行的過程，透過許多規則、實踐、行動及圖像再生產。

因此，如果政策有意識地增加女性、黑人、拉丁裔人士或身心障礙人士在學校、辦公室以及高報酬高自主性職位的參與及包容，主要的理由就是它們要介入壓迫的過程（Hawkesworth, 1984, pp. 343-44; Livingston, 1979, chap. 1-3; Fullinwider, 1980, pp. 151-52; 1986, pp. 183-84; Boxill, 1984, chap. 7; Wasserstrom, 1980b; 1986; Rhode, 1989, chap. 10; Sumner, 1987）。這種正面的介入有幾個面向。透過強力的積極矯正歧視措施政策，可以讓一個機構宣布接納之前它排除的群體。積極矯正歧視措施政策也可以反制機構及決策者與特殊群體相關的偏誤，這些偏誤讓女性和有色人種陷入不利地位。最後一點是，女性、有色人種、身心障礙者等在機構和職位上的參與及包容，將群體代表制的好處帶入了決策階層。由於他們不同的經驗、文化、價值和互動風格，來自不同群體的人經常可以將獨特觀點帶進集體的嘗試之中，做為其他群體在這些方面的補充。於是，積極矯正歧視措施政策之首要目的不是要補償過去的歧視，也不是要彌補過去被排除群體所謂的缺陷。積極矯正歧視措施的首要之務，反而是緩和機構及決策者現在的偏誤及盲目所造成的影響。

積極矯正歧視措施的討論及分配式典範

我在第一章主張分配式典範支配了針對社會正義的哲學及政策討論。雖然分配性議題是社會正義的重要考量，然而一個僅聚焦於分配的取徑，往往會掩蓋社會制度的正義問題，這些問題至少和分配同等重要。聚焦於分配的正義論往往假定產生分配的制度結構是一個給定的背景條件，而不去質疑這些制度結構的正義。就這個正義典範將評價的範圍限制在分配、從而忽視並掩蓋了制度性組織的正義問題而言，它發揮了意識形態的功能，並隱約支持了它預設為給定的那些制度關係。

積極矯正歧視措施的哲學和政策討論，都展現出了社會正義的分配式典範。他們將積極矯正歧視措施概念化為分配正義的課題，華瑟史壯就是這些人的代表：

> 目前，沿著種族與性別界線有一種權力與職權的不當分配，這些界線屬於社會結構的一部分。在主要的政治及社會制度中，例如大學、法庭或議會、酒吧、州及聯邦的執行機構，以及企業世界，絕大多數職位都是由那些白人男性所占據。優待方案至少可以去宣稱，藉由它們的運作、增加占據實質權力及職權位子的非白人及女性數量，直接改變了這些機構的組成結構。這本身就是一件可取的事，因爲它是以一種創造新社會現實的方

式對位子進行再分配，而這個社會現實更接近一個好的社會概念所描繪的樣貌……。根據現在分配給這些群體成員的服務及財貨的不公平程度，這個分配上的改變是正當的，只因爲如今這是一個更公平的分配。（Wasserstrom, 1980b, p. 56）

當積極矯正歧視措施方案得到適當落實時，它們在重新分配好的職位給女性和有色人種上的確是成功的，否則的話這些人也許得不到那些位子。雖然有些人會主張，不該為了創造出更公正的職位分配模式而破壞形式平等待遇的程序，但我同意華瑟史壯，一個為了達到更大正義的目標，可以將優惠待遇給正當化。然而，即便大部分機構中存在著強勢的積極矯正歧視措施方案，但面對改變美國群體特權及壓迫的基本結構時，它們還是只發揮了很小的作用。因為這些方案要求，因種族或性別而得到優待的候選人必須符合資格，且實際上往往得是高度符合資格；面對那些因社會環境及資源的缺乏而幾乎沒有希望符合資格的黑人、拉丁裔人士或女性，這些方案並沒有直接為那些人做過什麼。要改變我們社會中種族及性別階層化的整體社會模式，就必須巨幅地改變經濟結構、工作分配過程、勞動社會分工的特性，以及教育及訓練的取得（參看 Wilson, 1978; 1986; Livingston, 979, chap. 11; Hochschild, 1988）。貫穿種族及性別壓迫的，是階級的壓迫。

過去二十年來，關於積極矯正歧視措施政策的辯論占據了政策制定者、政策分析人士、法院、工會及專業社團許多的注意力。這場辯論很重要，因為它提出了有關原則的基本議題。然而，這麼多的能量投注在積極矯正歧視措施的議題上，意味著其他種族或性別正義的面向所得到的能量減少了，包括去想像其他可能消除種族及性別壓迫的政策提案的能量也是如此。積極矯正歧視措施是美國處理性別及種族壓迫議題的社會議程上少數的政策提案之一。即便極少受到支持，它卻得到如此多的討論，我認為其中一個理由是，相較於其他可能被提出的處理群體不平等的提案，它是個「更安全」的提案。

積極矯正歧視措施辯論的規則限定了一組假定，這組假定接受了勞動分工的基本結構，以及分配位子的基本過程。在他們的辯論中，無論是積極矯正歧視措施的支持者或反對者都假定了「顯見」（prima facie）原則，認為社會位子應該分配給「最具資格」的人，差別只在他們對推翻這個原則是否公正的這件事上意見不同。兩方都假定一個階層制的勞動分工是給定的；在這個體制內，只有極少數人在競爭稀缺好位子的競賽中成為贏家，而大部分人都必須滿足於報酬微薄的位子，甚至根本沒有位子。如果沒有這樣的勞動分工，讓積極矯正歧視措施辯論如此激烈的賭注也就不會如此之高了。一些積極矯正歧視措施辯論的參與者也許在其他脈絡中就不會接受這些假定了；但辯論的規則本身就已經預設了它們。由於積極矯正歧視措施的議題被限制在職位的分配與再分配上，關於位子定義的正義與否、以及錄取方式是如何決定的，這些更廣泛結構性問題就鮮少成為公共的討論焦點。積極矯正歧視措施辯論將公共注意力限制在一個給定框架內的職位再分配，這種相對狹窄、表面的議題上，其嚴重程度足以起到支持結構現狀的功能。

本章剩餘的篇幅將用來仔細檢視兩個有關制度性結構的假定，這兩個假定往往是積極矯正歧視措施辯論的基礎：有關位置應該分配有最有資格的人的假定，以及階層化的勞動分工是公正的假定。

績效迷思

在我們社會得到廣泛支持的一個正義原則，是職位和報酬應該根據個人績效來分配。績效原則認為，位子應該是給最有資格的人的獎賞，也就是那些最有天分與技巧、能夠在該職位所要求的任務上得到最好表現的人。這個原則是正當化在自由民主社會中階層化勞動分工的關鍵，因為這樣的社會假定所有人都有同等的道德與政治價值。將高報酬稀少職位與低報酬大量職位間存在的結構分化視為是給定的，基於這樣的假定，績效原則堅持這樣的勞動分工是公正的，因為沒有群體會基於出身、法律或任意武斷的特質，諸如種族、族群或性別，而得到享有特權的職位。不公正的種姓階層制，被基於才智及技巧而定的「自然」階層制給取代了。

正是這個績效原則該如何被詮釋，以及它是否該做為職位分配及酬賞原則，成了某些爭議的主題。舉例而言，羅斯就主張，將人類天性的才華當成職位酬賞的標準，就和根據種族或性別來酬賞職位一樣武斷，因為一個人該為自己才華負的責任，就跟他或她該為自己種族負的責任一樣少（Rawls, 1971, pp. 104-4; 參看Sandel, 1982, pp. 72-82）。因此，許多人主張努力和成就應該是績效標準的一大部分（例如Nielsen, 1985, pp. 104-12）；更有許多人主張，只有在每個人的基本需求都被滿足之後，績效分配原則才能適用（Sterba, 1980, pp. 47-62; Nielsen, 1985, chap. 6; Galston, 1980, pp. 162-70, 197-200）。其他人則質疑績效原則是否擁有任何道德力量，並主張有關效率和生產力的宣稱無法支持權利或應得獎賞的宣稱。

詹姆士·費許金（James Fishkin）曾對自己在平等機會的目標中所察覺到的價值衝突進行了深思熟慮的透徹研究，他對績效原則的定義是：績效原則必然要求「評量職位所需資格時廣泛的程序公平性」（Fishkin, 1983, p.22）。程序公平要求評量過程「近似公正的競爭模式」。資格是「與工作相關的標準，因為它們被公平地理解為個人在某個既定職位上的競爭力或積極性的指標。」費許金說，教育、工作經驗、來自公正機構的測驗結果，或是其他能力或努力的指標，全都可以用來做資格評價。對於一個人資格的公正評價，必須建立在那個人自己過去或現在在相關任務上的實際表現。資格的決定，是無法依賴統計推論的（Fishkin, 1983, pp. 23-24）。

只有在滿足了幾個條件的情況下，用績效原則來分配在工作階層結構及培訓人們工作技能的教育機構中人人都想要的稀缺職位，才會是公正的。首先，資格必須用技術才能及能力來定義，獨立並維持中立，不受價值和文化的影響。透過技術能力（technological competence）這個詞，我指的是產生出特定結果的能力。如果績效標準沒有區別出技術才能，跟規範或文化屬性兩者，那就無法在身為一定意義上的「好」勞工，與身為某種人——擁有正確背景、生活方式等等——之間做出區隔了。其次，要證成不同的工作特權，純粹的技術才能和能力必須「與工作相關」，因為它們乃是在該職位上是否有卓越表現的指標。第三，若績效標準要得到公正的運用，表現和能力就必須受個別評判。最後一點，為了可以說某個人比另一個人更有資格，就得對個人的表現及預測表現加以比較並分出等級，而所依據的測量尺度必須獨立於價值及文化、維持中立。

績效原則的支持者，鮮少質疑這些條件是否能夠被符合。舉例來說，費許金就認為個人的技術能力顯然可以被測量及預測，而不必考慮到價值、目的及文化規範。「很難相信，」他說，「在一個現代工業社會，複雜的任務分化會讓人無法界定個人在這些任務上的表現，也就是資格，以便預測更好的表現。」（Fishkin, 1983, p. 56）這件事也許很難相信，不過事實上對大多數工作而言，一個在規範或文化上盡皆中立、針對個人表現的測量尺度，其實並不存在。關於個人屬性的客觀、無偏誤績效標準的想法是某種版本的公正理想，就跟公正理想一樣，是不可能實現的。

首先，大部分的工作都太過複雜而多面向，以至於無法精準確認它們的任務，並據此測量個人在這些任務上的表現程度。當工作只有數量有限的可界定功能，而其中每一項又是相當容易直接確認的任務，幾乎不要求語言技巧、想像力或判斷力時，只有如此才可能有精確而價值中立、任務特化的工作表現測量標準（Fallon, 1980）。資料輸入或品管分檢工作可能滿足這些要求，但有非常多的工作無法做到。舉例來說，一個旅行代辦必須保存紀錄、透過電話及不斷變化的電腦資訊網路進行有效的溝通、從事研究，並隨時提供許多地方的最新旅遊套裝行程。服務業是一個快速擴張的工作部門，一般而言很少使用工業生產的生產力與效力標準來評價之，因為比起去計算生產線上完成的零件，計算服務項目是更沒道理的。

其次，在複雜的工業及辦公組織，常常無法去確認每一個體的貢獻，理由正是因為結果或產品的產出來自於勞工的共同合作。一個團隊、部門或公司的表現可以被測量，但在證成任一特殊團隊成員的職位或報酬水準時，這並沒有什麼用處（參看 Offe, 1976, pp. 54-57; Collins, 1979, p. 31）。

第三，許多工作要求勞工在要做什麼、和怎麼做最好等方面進行廣泛的裁量。在許多工作中，勞工的角色都是否定性多於肯定性；他或她監督某個過程，並及時介入以免事情出錯。舉例而言，在從個別機器到整個工廠的自動化過程中，一般來說工人對東西的實際製造只有極小貢獻，但他們必須警覺地維持機器的運轉，以確保整個流程照預定進行。這個否定性角色增加了勞工在是否、何時介入、以及介入頻率上的裁量權。對於許多肯定性工作的表現，也許有一個容易辨識及測量的方法。但避免工作流程出錯的方法卻有許多種，而通常不可能用如果他或她沒有介入可能產生的成本、或是用如果他或她以不同方式介入可能省下的成本，做為評量一個勞工生產力的標準（Offe, 1976, p. 56）。

最後，在大部分的大型組織裡，勞動分工意味著那些評價一個共作者表現的人往往不熟悉實際的工作流程。現代組織的科層結構正是歐芙所稱的、任務不連續的科層結構（Offe, 1976, pp. 25-28）。在一個任務連續的科層體制中（譬如中世紀的行會生產就是個範例），上級和下屬做的工作是一樣的，只是技巧和能力更好而已。但在當代組織的任務不連續科層結構中，工作階梯之間是高度隔離的。上級跟下屬做的是不一樣的工作，而且上級也許從未做過下屬的工作。因此，上級常常沒有能力評量技術性工作表現本身，而必須依賴對勞工的態度、他們對規則的服從度、他們的自我表現、合作態度——也就是他們的社會舉止。

雖然這四個對規範及文化上中立定義及工作表現評量的阻礙發生在許多類型的工作上，但在專業及管理工作上的阻礙最為明顯。這些類型的工作常牽涉非常多元的技能與任務，而大多數或全部的任務都仰賴判斷、裁量、想像力及語言敏銳度，這些特質沒有一個可以根據某種客觀、價值中立的尺度來加以測量。專業及管理目標的達成通常涉及一連串複雜的社會關係及依賴性，其程度之高，以致於要讓專業者為沒有達成目標而負起責任，會變得不太合理（Rausch, 1985, pp. 97-103）。最後一點是，專業和管理工作常不只是受到任務不連續科層結構中的上級的評價，他們也會受到更沒意識到這些工作的性質和所需技能的客戶的評價，因此這些人的職位並不是可以運用規範及文化中立的技術表現標準的職位。

如果專業職及管理職比其他工作都更不容易受價值中立的評估，那就會為科層制勞動分工的正當性帶來一個特殊的麻煩。由於這些是最稀缺、報酬最高的職位，因此也是競爭最激烈的職位，也最需要價值中立的績效標準。對這些職位來說，僅由決策者證實並宣稱被選上的人能夠勝任此職位，這是不夠的；他們還要能證實並宣稱這個人在所有候選人當中，可以有最好的工作表現。在競爭激烈的情形下，要讓這樣的比較性宣稱具有正當性，需要的是要有能精確地定義並測量個人的技術能力。但是這樣的要求，卻最少出現在那些最需要它的工作上（參看Fallon, 1980, p. 849; Wasserstrom, 1980b, p. 68）。

即便績效原則要求對標準進行公正的技術性定義，但實際被用來決定資格的標準，卻往往體現或包含了特殊的價值、規範及文化屬性——像是那些受到評估的人行為是否符合某些社會規範，他們是否促進了特殊定義的組織目標，以及他們是否展現出普遍受到重視的社會能力及特徵。工廠工人常常為因他們的守時、服從、忠誠及積極態度被評價；而專業勞工被評價的，也許是他們的表達是否清晰、能否服眾，及是否能以有效的方式在不同群體中工作。

容我強調，適用這類的標準不一定是不恰當的；重點在於它們是規範性、文化性的，而不是中立且科學的。也就是說，它們考量的是受評估者是否支持並內化特殊的價值，遵守無論是隱性或顯性的社會行為守則，支持社會目標，或展現出評估者認為可取的特殊性格、行為或氣質特質。除了技術能力評估外，人們還使用了規範性和文化性標準，兩者間的關係錯綜複雜，而在大多數情況下都無法避免使用這些標準。

績效評估制並不是以公正的方式評量技術生產力。管理表現評估專家不會去隱瞞這點。有一位談論工作表現的作者，將評估標準定義為「管理價值希望能夠描述、預測（為其選擇），及／或加以控制的一種行為，或一組行為」。這位作者承認，標準的選擇完全是管理部門「主觀的」判斷，以及管理者與受雇者之間共識的結果（Blumfield, 1976, pp. 6-7; 參看Sher, 1987b, p. 199）。

一個關於表現評估實踐的研究發現，專業或管理表現的評估者普遍仰賴對某些寬鬆定義的特質的評價，像是領導能力、進取性、合作、判斷力、創意及依賴性，而不是仰賴更為特定的行為或表現結果（Devrie, et al., 1980, p. 20）。這個研究的作者們將對人格或性格特質的評價視為是劣等的評估形式，因為這類特質只能以模糊的方式定義；而對某個人是否展現出這些特質的判斷，似乎也依靠評估者的目標及偏好。他們建議應透過目標來進行管理，並認為這是最客觀或價值中立的評估制度。在這裡，管理者的表現是根據他們是否達成目標、以及達到什麼程度來評價，這些目標是之前就由主管或主管與員工一起界定的。雖然這些目標肯定比性格特質的評估更為客觀，然而目標管理也很難說是價值中立的，因為價值往往已經內建於對目標的界定上。此外，羅區（Rausch, 1985, Chap. 6）認為，目標管理之所以不受歡迎，是管理者經常因為一些超出他們控制的理由而無法達到目標。他主張，針對管理的評估無可避免是主觀而承載價值的；因此，他建議使用同儕評比，以及來自幾個主管的評比，而不是只來自單一主管。

如果績效評估無可避免是主觀的，仰賴著評估者的判斷，且只有當評估者未受社會上對某個特殊群體化文化的觀點之影響時，在這強烈意義上才能說評估者是公正的，也只有這時績效評估才能證成階層體制。我已在第四章中論證過，這種公共中的公正立場是一種虛構；在個別制度中同樣也是如此。評估者可以，也應該對表現及能力評估中的群體、生活方式及文化規範保持中立，這樣的信念掩蓋了他們其實受制於情境，且有其偏好。此外，正如我將在下個小節進一步討論的，即便使用量化尺度及標準化測驗，這類公正、客觀的評估方法也是不可能實現的。

在階層制勞動分工中，績效評估者往往是受評估者的上級，占據了相對上享有特權的位子。他們的評估標準經常強調服從的準則，這些準則能夠平穩地維持及再生產現存的特權關係、階層結構及主從關係，而不是僅僅中立地評估技術能力及表現而已。再者，我們社會中的特權階層結構，是清清楚楚地由種族、性別及其他群體差異所結構化的，因此最常見到的評估者，是白人、異性戀、身心健全的男性，而他們所評估的人則來自其他群體。

至少有兩種與群體相關的劣勢影響了居於從屬地位的群體成員，即便他們的評估者自認公正不阿。正如我在第四章中論證的，公正理想鼓勵對特殊性的普適化。評估標準必然帶有規範性及文化性的意涵，因此往往不是群體中立的。這些標準經常帶著有關生活方式、行為風格以及價值的預設，這些預設源自於、或是反映了設計並實現它們的特權群體之經驗。舉例來說，我在第六章討論了女性主義論述，它們指出許多所謂中立、無爭議的企業職場規範，實際上隱約假定了男性社會化及男性的生活風格。再舉另一個例子，一位雇員如果沒有直視白人男性雇主的眼睛，可能會被認為是心懷鬼胎或是不誠實；但該雇員可能是在一個認為迴避眼神接觸是表示尊敬的文化中成長。

其次，正如我在第五章中論證的，針對女性、有色人種、男女同性戀、身心障礙者及老人的日常論斷及互動，經常受到無意識憎惡及貶抑的影響。因此評估者，尤其是那些屬於被定義為中立群體的人，對於被特殊標記的群體往往帶著無意識的偏誤及偏見。比方說，許多研究顯示，許多白人給申請工作的黑人候選人更為負面的評價，相較於相同資格的白人（McConohay, 1986）。類似的研究也顯示，一份同樣的履歷，當上面寫的是個女性的名字時，得到的評價會明顯低於男性的名字（Rhode, 1988, p. 1220）。

教育及測驗做為表現的代理指標（proxy）

我已經論證，對於以規範及文化上中立的測量尺度來評量個人工作表現的要求，績效原則往往是做不到的。然而，若要說維持一個只有少數頂層特權位子的階層制勞動分工是公正的，那麼，唯有當那些位置是根據規範及文化上都是中立的技術能力標準來分配時，這才會是事實。於是壓力就在於找到表現績效——可以替代表現評量的個人能力及成就評量，而且這些評量必須獨立於價值及文化，並維持中立。在我們的社會，教育文憑及標準化測驗結果的功能，即是做為主要代理指標來代替對工作表現的直接評估及預測。

在一個自由民主社會中，教育被認為是提供所有群體平等機會的工具。但沒有證據顯示教育可以促進平等。儘管教育者為此事哀嘆了數十年，但教育體制還是頑固地不斷再生產出階級、種族及性別的階層結構（Gintis and Bowles, 1986, chap. 4）。教育者錯信，當沒有任何人因為自身種族或性別而被阻擋受教育之路時，當原則上所有學生都接受同樣課程並根據同樣標準來評量時，就能產生平等的教育機會了。學校沒有花費足夠的精力來因應不同的學習需求，當學生無法達標時，學校則將責任歸咎於家長及學生（Bastian et al., 1986, pp. 26-31）。在美國許多地區的學校，仍持續實施種族隔離。即便它們沒有積極地再強化性別和種族的刻板印象，但一般來說學校極少去挑戰對女孩及男孩應有各自恰當喜好的文化印象，或讓女性及有色人種的成就被人看見。中學的數學及科學研究及成就仍持續存在著嚴重的種族和性別分化，而這些科目是在一個高科技社會中追求特權及高報酬事業時最為需要的。艾琳諾・歐爾（Eleanor Orr, 1987）主張黑人英語這種徹頭徹尾不同的方言，導致某些孩子系統性地誤解了科學和數學的教學說明，至少部分說明了黑人孩童在這些科目上的表現及興趣較低的原因。同樣的論點也適用於數學和科學文化中存在的性別偏誤。

金錢也持續成為歧視的主要來源。中產階級及上層階級的孩童，比窮人和工人階級的孩子接受了更好的學校教育；因此在競爭大學的入學許可時，他們也較有準備。如果有些窮人或工人階級的孩子偶然有資格念大學，他們也往往付不起學費或畢業後的訓練費用，而這樣的訓練可以讓他們得到擁有特權的位子。

根據藍道爾・柯林斯（Randall Collins, 1979, pp. 19-21）的研究顯示，教育訓練及工作表現或職業成功之間的相關性很小。學校教的很多都不是技術才能，而是諸如服從、專注及尊敬權威這類的文化價值和社會規範。學生的給分經常是根據他們內化這些價值及規範的完美程度，而不是根據他們是否能很好地執行某些任務。

然而，教育成就卻成為工作資格的一個重要指標。正如人們所預測的，這將直接導致文憑的浮濫。一旦高中畢業證書變成大部分人都真的有能力取得的東西時，大學學位就成了許多工作的**必要條件**。隨著各州開始支持社區大學和四年制州立大學學位的廣泛取得，這些文憑也會變得相對貶值。人們必須來自「比較好的學校」或是擁有研究所學位，才能「取得領先」。教育是通往勞動分工頂層的入場券的這種許諾並未實現，因為階層化體制猶如守門員般看守著這些位子。人們真心真意地努力接受專業化訓練並取得文憑，最後竟發現已經沒有頂層的位子了，因為有太多人都做了同樣的事。因此，他們只好屈就門檻比他們資格還低的工作，而提高了申請這些位子的正式標準，並持續這樣的惡性循環（Burris, 1983）。

標準化測驗是最重要的表現代理指標。人們不只用它來找出最有資格的工作候選人，它在整個教育體制中也被用來識別成就與才能；這些將決定個人是否能錄取享有特權的教育學程。人們希望，標準化測驗能夠針對技術或認知能力提供規範及文化中立、客觀的評量方式。標準化測驗似乎遵守了績效評量的要求，因為它們在程序上通常具有公平性。它們無視於種族、性別及族群。在某一意義上來說，它們是「客觀的」：當被用來評量人們時，我們可以確定所有人都根據同樣的標準來評量；同時，對某個既定個人來說，任何打分數的人都會給出同樣的分數。藉著將測驗答案量化並倚賴複雜的統計技術，測驗似乎也能夠精確評量個人技巧，並對人們加以比較與評等，也就是針對最高度及最低度質化的事物給予客觀的評估。

二次大戰後及五〇、六〇年代，雇主們越來越依賴標準測驗做為酬賞位子、升遷、加薪等的工具。他們這麼做的原因，似乎是相信這些測驗會告訴他們誰可以有最好的工作表現，因為極少有雇主去分析工作以確定這些測驗的預測效度，也很少有經驗證據可以向他們印證這些測驗實際改善了選才過程。他們常使用一般化的智商或性向測驗，卻不嘗試讓這些測驗和實際的工作內容產生關聯（Wigdor, 1982）。

一系列的法院異議宣布，這類對測驗的運用會產生對有色人種及有時對女性的排除作用，導致平等就業機會委員會（Equal Employment Opportunity Commission）規定，當測驗的使用對某個群體產生了差別影響時，雇主必須能證明這些測驗是公平、無偏誤的測量工作特殊技巧的方法。大多數的雇用測驗一直無法符合這樣嚴格的指導原則（Fallon, 1980; Wigdor, 1982）。於是，今天許多雇主對測驗的倚賴性比過去少得多了。然而剩下來的大部分雇用測驗，其開發與使用仍和實際的工作內容沒有什麼特殊關係（Friedman and Williams, 1982）。許多雇主仍持續使用涵蓋許多一般化技巧的「廣義」測驗。舉例來說，聯邦政府就對所有不同的公共服務職位使用同樣的測驗（Friedman and Williams, 1982）。

如果我們無法針對個人表現作出規範及文化中立的評估，那麼雇主通常無法證明測驗是專門針對工作而設計的，也就不足為奇了。此外，如果人們無法測量工作上的表現，那麼就應該更難發展出對這類表現的有效預測指標了。

過去二十年來，以文憑為目標的標準化測驗，以及教育體制內的標準化測驗，在運用上是增加的。自從一九六〇年代末起，標準化測驗所宣稱的規範及文化中立性就一直受到嚴重的挑戰。在經歷了二十年的辯論後，專家們似乎同意：要客觀地測量技術及認知能力，不受價值、規範和文化影響，並保持中立的原始期待，是維持不下去了。標準化測驗無可避免地反映了價值選擇及文化意義（Wigdor, 1982; Shepard, 1982; Tittle, 1982）。

首先，測驗本身就有屬於測驗的文化。測驗獎勵某種個人或文化風格，像是競爭性、獨立作業能力、迅速作業能力，並強烈傾向抽象的概念（Wigdor and Garner, 1982, pp. 40, 209-10）。無論一個測驗想要測量的技巧是什麼，具備這些答題的技巧及性情的受測者都會享有優勢。

無論它們特殊的內容或目的，大部分的測驗都只需要運用到相對有限的一組才能和技巧，尤其是計算能力、演繹推論及類比推理能力。然而許多對學習和執行複雜工作能力有幫助的技巧和成就，都不是單單用簡短的是非題就能被測驗出來（Wigdor and Garner, 1982, pp. 209-11; Strenio, 1981, pp. 189-91）。測驗的命題過程於是反映了相較於測驗所不能確認的技巧，而測驗所能確認的技巧實際上被賦予了更高的價值。雇主及學校職員將這麼多的重要性放在測驗上，因為測驗似乎提供了滿足前一小節確認過的其中兩種績效評估要求——對每個人能力的精確測量，以及對所有人的比較與評等。測驗似乎滿足了績效原則所要求的，人們應該根據他們自己的個人成就來給予獎勵。然而，由於它們是普適化、標準化的，因此測驗結果的個體性只是個幻覺。透過傅科所謂的規範化（normalization），測驗製造出一個「個案」或「分數」的重新建構的個體性：

> 考試結合了觀察的階層結構，以及規範化的評斷兩者的技術。它是種規範化凝視，一種讓它有可能進行量化、分類及懲罰的監視。它建立凌駕於個人的一種可見性；透過這種可見性，一個人可以區分他們、評斷他們。這也就是爲什麼在所有規訓的機制裡，考試高度地儀式化。在考試之中結合了權力的儀式及實驗的形式，力量的部署及眞理的建立。在規訓程序的核心，它展示了那些被認爲是物（object）之人的服從（subjection），以及那些從屬之人（those who are subjected）的物化（objectification）（Foucault, 1977, pp. 184-85）。

標準化測驗的規範化體制將個人特質重新建構為抽象及普適定義的屬性的例證（Levontin, Rose, and Kamin, 1984, pp. 92-93）。這個將所有個人化約為一個共通尺度的規範化過程，也必然將差異重新建構為偏差或降值。在測驗之前被理解為只是一種技巧上或表達模式上差異的特殊性，當它的測量被根據一個單一標準或尺度而加以標準化時，它就變成了技巧多寡的呈現。由於標準化測量最常是由白人中產階級男性所建構，而他們無意識地將白人中產階級風格與意義當成操作準則，因此女性、黑人、拉丁裔人士、窮人及工人階級的技巧與能力經常呈現出偏低的情形。

無疑地，許多測驗已展示並會持續展示出階級、種族、性別、或這三者同時分化的結果（Strenio, 1981, pp. 9, 37-38; Wigdor and Garner, 1982, pp. 195-96）。舉例來說，最近紐約州法院的一個案例發現，當只根據美國大學入學測驗（SAT）分數來分配董事獎學金（Regents Scholarship）時，女性得到獎學金的比例明顯低於同時使用學業成績做為分配依據時的比例。為了回應標準化測驗針對某些群體具有偏誤的批評，測驗論者及開發者一直嘗試設計出消除偏誤的方法。這項研究找出了重要而精細的方法，可以辨識出測驗偏誤的存在，但研究者仍然做出結論：沒有任何技術性方法可以避免偏誤，並確保測驗對每個受測者都是公平的。測驗的開發無可避免地會運用到語言、片語及符號，而它們的意義也許可以用文化上多樣的方式來理解。測驗的編制涉及了許多的判斷與選擇，任何一個都具有文化上特殊的意涵。測驗偏誤的學生讓人們可以做出結論，測驗製作者及使用者必須承認標準化測驗無可避免地具有規範及文化上的特殊性（Shepard, 1982）。

規範、價值及目標影響了有關測驗內容、格式、項目及小節的著重程度，以及用來給分的統計方法等的決定。我將在下一小節中論證，這不必然表示測驗就是壞的評估方法。重點是標準化測驗不能說是針對技術或認知能力提供精準量化個別測量的方法，不能說是獨立於價值及文化、並保持中立的。

資格政治

只有當決定人們資格的標準所評估的是他們的技巧和能力，而不是他們是否屬於某群體、是否具特定行為方式、或是否服從評估者的偏好與目的時，根據績效來分配具有高報酬及特權的位子，才能夠正當化社會階層體制的存在。然而我已經指出，事實上用來評估個人資格並做評等的標準往往負載著價值，並具有規範和文化上的特殊性。

從這個論證我得出了結論，那就是證明人們是否符合資格、並為其評定等級的這種做法，始終是**政治性的**（參看 Walzer, 1983, pp. 140-43）。正如我在引言中對「政治性的」這個詞的定義，制度性結構、公共行動、社會實踐及習慣，以及文化意義的所有面向，就它們潛在從屬於集體討論及決策的意義而言，都是政治性的。任何機構的規則與政策都服務於特殊目的，體現特殊的價值與意義，並對機構中個人或相關者的行動或情境產生可辨識的影響。所有這些事情都可公開接受挑戰，而政治正是有關這類規則和政策、它們所服務的目標、以及所體現價值的鬥爭及審議過程。績效意識形態尋求將分配位置及獎賞利益的標準的建立去政治化。有關學校教育、文憑、測驗及錄取和雇用政策的爭議，應足以顯示這種去政治化的努力是徒勞無功的。尤其在一個大部分人都依賴集體性機構提供他們工作與生計的社會裡，決定並運用資格的規則與政策，就無可避免地會是政治性的。一旦我們從政治的角度來理解績效評估，那麼分配之外的重要正義問題就會浮現；這些是有關誰應該決定資格、以及透過什麼規範及原則來決定的問題。

積極矯正歧視措施及平等機會的討論鮮少質疑我們社會上現有實踐的正義，是這些實踐授權給經理人、行政管理者、社會科學專家，以及那些專業上的「領先者」，讓他們決定資格的標準以及誰能符合。而製造資格的人所擁有的權力是可畏的：他們決定所有無法做這些決定的較無權者的命運，也決定他們專業同僚的命運。專業在專業技能的基礎上是自我認證的（self-credentialing）。根據績效意識形態，「最好的」醫生應該決定什麼是最好的診療、以及誰符合這些標準，因為他們比所有其他人都更有技術能力，可以定義並確認好的表現。因為他們的專業技能，經理人及行政管理者應該決定他們轄下工作階層體制中每個人的進入資格及升遷資格。老闆正當且合法地制定標準、決定選才，因為他們可以爬到這個位子，就說明了他們的管理能力。然而，老闆也必須採取一些自我防護措施，避免他們的個人偏見與偏好影響其決定；因為這個理由，老闆們在開發標準、並將其運用於個人身上時，就必須諮詢適當的專家。這些專家是具有實踐知識（know-how）的科學家，知道如何針對表現及潛在可能表現的測量開發出客觀、公正、標準化的標準。這種情形說明了我在第四章中所主張的，公正性理想正當化了階層體制。績效評量聲稱的科學性據說證成了一種階層制的決策過程；知識證成權力。

這個階層制決策權力的合理化，是會造成問題的。如果文化和規範性標準比起得到客觀測量的能力更能形成人們之間的分化，那麼它們的地位就會視其討好評估者及印象整飾的能力而定了（參看 K. Ferguson , 1984, pp. 106-8）。組織及其經理人把肯定及再生產該組織的社會關係及權力體制視為第一要務。這就是說，在這類階層結構中的績效評估制度支持、並再生產了壓迫關係（Offe, 1976, pp. 95-125; Collins, 1979, chap. 2）。

原則上，這個階層結構及壓迫體制，與績效原則應該要消除的傳統地位階層制，兩者並沒有太大差異。權力階級建立規範性標準，這些標準中的有些功能是肯定它自身的權力及再次強化讓它成為可能的組織體制。為了要占據這個階層結構中的位子，他們選擇那些擁有某些地位認證的人（但不是因為他們來自「對的」家族，而是因為他們進了「對的」學校），以及那些自然而然、或透過訓練而能展現出偏好的行為及性情特質的人。對照於績效意識形態，我主張必須將建立並運用資格標準的決定給民主化。我在第三章中論證，民主決策程序是社會正義的必要條件；

它們既是自我開發及極小化支配的工具，也是達到實質公正決策的最佳方法。由於工作及辦公室的職位在根本上影響了個人及社會的命運，因此關於這些事務的民主決策，就是社會正義的關鍵條件。

在第三章中我也承認，只有民主程序，並不足以確保公正的決策；因此民主必須是憲政式的，受到定義了基本權利和規範的規則所限制。對於評估工作資格標準的民主決策，以及有關誰符合資格的民主決策，都應該受到公平性的限制。正如我對公平性的理解，這些決策中的公平性包括以下幾項：一，評估資格的標準應該明確而公開，包括他們所服務的價值與目標也是如此；二，標準不應將任何社會群體排除在職位的考量之外，無論做法是明顯或不引人注目，都是不應該的；三，所有的職位候選人都應根據公開宣布的正式程序得到徹底的考量；四，有特殊群體親近性、社會位子或個人特質的人們也許會受到偏愛，但只有基於削弱壓迫或補償劣勢的理由才能這麼做，而且絕對不能夠再次強化特權。

光是誰該被納入公共中、成為有權利審議及決定特殊位子資格之評估標準的人，就應該隨著位子的種類而不同。我將在本章稍後的篇幅論證，所有的職場決策都應該以民主方式進行，根據的是這樣的原則：那些在某個機構中工作的人，當然應該參與有關職位資格之評估標準、以及誰符合資格的決策。那麼，這意味著每個跨國企業中的受雇者都必須參與撰寫工作說明，以及這間企業的每個其他雇員的雇用決定嗎？顯然不會是這個意思。正如其他的民主過程，這個民主過程也必須制定出一個代表原則及程序；相較於特殊運用的情況，一般性政策的決策更為重要。然而，它確實意味著同儕與同僚應該在決定他們做的那類工作的資格標準時，以及決定誰將是他們的同儕和同僚時，有著更大的聲音。在一個仍存在著上位及從屬關係的民主化職場，從屬者應該在決定他們上司該具有的資格上擁有發言權。

在許多情境裡，同僚不是唯一應該被納入決定雇用、升遷等資格之公共的人。正如我將簡短討論到的，一個民主的職場應該用所有勞工的代表性參與，來定義其一般性工作結構及勞動分工：這個定義將至少包含決定每一種職位之資格的一般性原則和方針。

此外，在受到影響的職場中工作的人，也並不總是唯一應該有權利參與定義職位之資格的人。有時候，以這種方式將支配降到最低、以便允許人們參與影響他們行動及行動之條件的決策，就意味著其他人也該在資格的決定上扮演著某個角色。而特別受到某個職位的工作表現影響的消費者或顧客，就應該也擁有代表權。例如托兒所中孩子的父母，或某個健康維護組織（health maintenance organization）的消費會員，都應該在決定至少是那些有重大權力、職權或專業技能的職位的資格時擁有發言權。那些具有廣泛社會權力和職權，或對重要知識和專業技能具重大控制權的專業位子，也許會要求他們所服務、並造成影響的一般社區公民也在決定這些職位錄取資格的標準時具有代表權（參看 Green ,1985, pp. 193-99; Gould, 1988, chap. 10）。

最後，一個社會中的所有社會群體都該有機會平等參與所有機構和職位；要符合這樣的原則，決定位子之資格的決策體應該也將在整個社會中、及在該特殊機構或該位子被定義的專業上受到壓迫或處於劣勢之社會群體代表納入其中。

應該如何定義資格？民主意味著決策者能以他們選擇的任何方式來定義資格，只要是在上述的公平性限制之內，並經過嚴肅的審議及辯論，根據他們認為合適的任何價值和目標。然而，他們必須對自己及其他人明確陳述這些價值和目標，並能說明他們所訂出的標準如何能夠促進這些價值和目標。如果他們選擇的是開發測驗或其他的正式化評估程序、以便根據那些標準來評估人們的資格並予以評等，他們是可以這麼做的。在任何勞動分工中，有些位子的申請者會比它們能夠接受的數量還多，這也是想當然耳的事情。為了排除某些申請者而開發評等的方法沒有不對，只要這些標準的價值和目標能夠明確化，並始終對挑戰和修正維持開放的態度。然而，在建立工作目標及評估程序時，擁有那些體驗過文化帝國主義的群體代表制是很關鍵的，這樣才能確保他們的特殊經驗、文化及價值不會被排除在外，或是陷於劣勢。如果在規範和文化上中立的資格評估標準並不存在，這類的社會群體代表制就是可以讓評估變得公平的唯一工具，因為它平衡了價值、優先順序及知識。

壓迫及社會勞動分工

約翰・李文斯頓（John Livingston, 1979, pp. 122-24）指出，十九世紀的平等機會學說比起現在更具有基進性和民主精神。當時，它意味著那些辛勤工作並開發自身技巧的人，他們對物質及社會處境的改善不會碰到任何障礙。平等機會意味著每個辛勤工作的人都能成為重要人物。在那個時代，在宅及創業方面的諸多機會，讓這個宣言看似甚為可信，至少對白人男性而言是如此。社會流動性並不如霍瑞修・愛爾傑（Horatio Alger）[1]的神話所描繪的那樣容易，但還是有好幾條路通往社會晉身之階，或至少是通往舒適生活。

今天已經少有這樣的流動軌道，鯉躍龍門變得困難很多。當大多數人都必須仰仗工資與薪水維持生計時，要進入領先群，就意味著要獲得地位高的工作，並在符合官僚制定義的事業階梯上往上爬。今天的平等機會所指的，已變成是沒有人會被阻擋進入相對較少的特權位子的競爭當中。但仍舊存在著某種話術，想要讓人相信只要努力工作，每個人都可以得到真正的機會；然而這樣的花言巧語不能完全掩蓋大部分人都注定成為輸家的必然事實。

因為實際上，競爭越來越激烈了。根據瓦格曼及佛伯（Wagman and Folbre, 1988）的看法，

1　十九世紀美國作家，以寫作貧窮少年因辛勤工作而白手致富的勵志小說聞名。

過去十年間在整個勞動力人口中，專業及管理工作始終穩定地維持在約百分之三十的比例。但這段期間教育程度也同樣提升了，因此這些工作的競爭性也增加了。此外，目前的社會趨勢也顯示，低階專業工作及高技巧性非專業工作的數量都在萎縮中。美國的工作結構越來越形成一種二分：一邊是有名望的職位，但專業證照很難取得且花費高昂；另一邊則是大量低技術、低工資、低流動性的職位，幾乎沒有自主性及創造力的空間（參見 Bastian et al., 1986, pp. 52-55）。

由於假定稀缺高報酬職位和數量更多的較差職位之間的二分是給定的，績效原則於是主張：若沒有群體因其出身或權利而取得特權位子，這樣的勞動分工才是公正的；因為這些職位是根據已經證明的個人技術能力成就酬賞給人們，而用來測量技術能力的標準，是在規範上、文化上都中立的標準。正如我所論證的，如果這些位子不是且不能用這種方式酬賞給人們，那麼在一個致力於人人都有同等道德價值的社會裡，階層制勞動分工的正當性就會受到嚴重質疑。

平等機會及積極矯正歧視措施的討論，往往將這種只有相對極少數贏家、大部分人皆是輸家的階層制勞動分工視為是一種社會給定（參見例如 Sher, 1988, p. 117）。正如我們之前已經看到的，這些討論通常假定一種正義的分配式典範。他們問的是：在這些職位的性質和它們彼此間關係都是已經給定的情況下，什麼樣的原則適合用來確保職位分配的公平性。一個更基進的方法是要去詢問：這種勞動分工本身是否正義。只有稀少的好職位、卻有大量低報酬職位的勞動分工，本身會是正義的嗎？社會勞動分工中的任務和責任該如何界定，職位彼此之間的關係該如何形成？誰該決定勞動分工，且該透過何種程序決定？關於這些問題的決策，決定了一個社會中大部分財貨的分配。一旦勞動分工就定位，透過職權及認證而實施並再生產，財貨的再分配就無法大幅改變生產出那個分配模式的過程了。今天世界上的大部分社會已經擁有一個階層制的勞動分工，區分著專業工作與非專業工作，或任務定義的工作與任務執行的工作。我將論證，這種分工是不公正的；因為它同時涉及了支配與壓迫。

然而首先我得提出，我在這裡並**不是**去批判勞動分工的面向，也就是大多數職場不平等的討論都會聚焦的議題。首先，我並不是在批判專業化本身。我所謂的專業化指的是為完成專業化之目的，而對特殊技術、工藝、社會或組織性技巧進行的開發與鞏固，以及這類專業化工作被分配給受過這些技巧訓練的人。這個意義上的專業化，通常對完成集體性目的，以及個人發展其能力並運用這些技巧等方面，都有獨特的好處。我並不是要主張反對水平式的勞動分工，而是反對階層制的勞動分工。但我希望將任務的專業化與精細零碎的勞動分工區分開來，後者是現代工廠生產的一項典型特色。它創造了幾乎或根本不需要技巧的微小而重複的微型任務，這些任務幾乎看不出對實際結果有什麼影響，但容易被監控及自動化，並且通常無法加強人們的一般性技巧和能力。我確實想要批判這種精細零碎的勞動分工。

其次，我的批判並沒有延伸到職場中的所有職權層級結構。在為集體性目標努力時，確實有很好的理由要建立監督和領導的角色；而在協調大規模作業時，透過一連串職權也是個好辦法。

我討論的意涵是針對這類職權應該要有上下的界線，但我不打算主張所有的監督和階層制決策結構都是錯的。

最後，我不是要主張反對不同的薪資報酬。正義不必然表示所有勞工的收入都要一樣，也總有著充分理由付不同的薪水給不同員工及不同職業。正如許多人已經討論過的，這些理由包括獎勵辛勤工作及額外的努力、補償取得專業技能過程中可能產生的犧牲、為比較不吸引人的工作提供動機、給予高於平均生產力的獎勵。我認為，美國社會典型的巨大收入差距，尤其就收入差距與任務定義及任務執行工作之結構性分化的緊密聯繫而言，是錯誤的。但我對這種結構性勞動分工之不正義的論證，並非暗指我對不同薪資報酬本身的看法。

我所關注的，以飛利浦·格林（Philip Green）的話來說，是「那些設計他們自己或其他人的例行工作程序、而不管它們到底怎麼被執行的人，以及那些遵循為他們設計的例行工作程序的人」（Green, 1985, p. 81）。昂格稱之為任務定義與工作執行之間的區分，也是「在允許重構性實踐智能的開放運用的工作，以及被認為只涉及例行化地執行被清楚定義的任務的工作之間〔的區分〕；後者在實踐智能設計好的計畫當中只扮演了有限的角色」（Unger, 1987b, p.76）。在許多企業中，這種勞動分工的建構是如此的嚴密，以致於有些職位在不同面向上同時具有這兩者的特質，而其他工作只屬於其中一種。針對這種介於任務定義與任務執行之間的分化，一個合理化的理由是任務設計者具有專業技能，讓他們可以勝任設計和組織的工作。於是在相當程度上，任務設計與任務執行間的區分，符合了專業與非專業勞工的分別。在接下來的許多討論中，我將以可交替使用的方式使用這兩種區分，但我也將指出讓專業勞工有時也會落入任務執行這一邊的那些方式。

專業與非專業勞工間的分別，是發達工業社會的基本階級劃分。當然，在資本主義社會中，大多數的專業及管理勞工並不屬於資產階級，也就是生產工具的主要擁有者。大多數的專業與管理職勞工都是受薪雇員，並且由於這個理由、而在某程度上體驗到工人階級所體驗的同一種結構性剝削，以及為了維持生計、而必須仰仗生產工具擁有者鼻息的相似處境。然而在我們社會中，資本擁有權不是唯一重要的財產權。專業及管理勞工在地位的財產權方面也擁有了一種階級特權。

對資本的控制只是一種財產權的特例而已。更廣泛地說，財產應該被理解為給予人們社會權力的一組應得權利（entitlement），或者是「對物理性商品及勞動之物質產品的控制，對勞動本身的掌控權，〔或是〕處置非物質權利的權力」（Unger, 1987b, p. 131）。任務定義職位往往正是渥茲所稱的「支配性」財貨；它們帶來了高收入、聲望、對資源的接近及使用，以及凌駕任務執行勞工的權威和從後者身上得到的好處。雖然有專業的階層結構，但這些位子的財產基礎持續成為我們社會中階級劃分及階級鬥爭的決定性因素；社會衝突在很大程度上涉及的是對排他性專業職位的取得，因為這些職位會帶來財貨及社會權力的應得權利（參看 Collins, 1979, pp. 53-

54）。專業和非專業之間的劃分應該視為是一種階級劃分，因為有幾種特質讓該劃分成為系統性的，也就是一種隨著時間而再生產的社會群體的區分。專業階級的一個主要結構性特權，就在於它能管制進入該等級的通道，因此可以維持它知識與生活方式的排他性。大體上來說，專業與非專業之間劃分的維持是跨世代的，專業者的孩子有獨特優勢能夠取得進入這個專業階級的入場權。最後，專業者應被視為是一種結構性階級，因為「在影響該階級之實踐的政策決定過程中，大量的人被排除在任何合理介入的可能性之外」（Green, 1985, pp. 83-84）。任務劃分與任務執行間的勞動分工規定了支配；正如在專業與非專業勞工之間的社會階級劃分所展現的，它規定了尤其是以剝削、無能及文化帝國主義為形式的壓迫。

正如我在第一章定義的，當人們處在他們無份決定的制度化條件下、必須執行他們無法參與決定其規則及目標的行動時，就存在著支配。在典型擁有階層制結構的組織中，許多受雇者對自己責任及行動的限制只有極小的決定權，甚至根本沒有，即便他們可以在決定他人的行動上扮演一定角色。顯見原則，正義意味著自由，就自我決定的意義而言，也就是人們決定他們將要做什麼以及為什麼的能力。在集體性活動上這樣的自由無法自主及自足，此時它意味的是一種參與決策的權利（參見 Gould, 1988, chap. 4; Young, 1979）。

任務定義與任務執行間劃分的一個面向，就是將決定整個企業運作的主要決策權力與執行企業目標的所有人員和職位分開來的組織傾向。組織很典型地會有集中化的企劃營運，僅由少數高層行政及管理職位的個人負責，他們決定什麼東西要被生產或什麼事情該被完成、如何調整組織的勞動分工結構以完成目標，以及職位間的薪資報酬尺度和上下從屬關係為何。典型地，這些基本任務定義決策都是在層層向下的指揮鏈中被執行；在這個指揮鏈內，中層執行他們上級的計畫，也制定由他們下屬執行的計劃，而那些處於指揮鏈底層的人則只執行他們上級所訂定的任務。這類基本決策集中化及嚴格層層向下指揮的職權階層結構意味著除了那些處在最頂層位子的人之外，所有人皆受到了不同程度的支配。

我在第二章中將剝削廣泛地定義為某一群體能量的產出系統性地成為另一群體的利益，而兩者之間沒有互惠關係。在這個意義上，專業與非專業之間的劃分規定了剝削的存在。前現代勞動階級解放了貴族們的能量，讓他們可以自由追求「更高級的」藝術、神職、文學和經國之術，因為前者提供了他們物質上所有所缺與所需的。以一種類似的方式，今天的工人階級也增加了專業者的奢侈享受和工作條件。非專業者的「物質性」工作——流血犧牲、清潔辦公室、打報告、製造飛機——他們做的一切讓專業者及經理人的能量可以被解放出來從事「更高級的」工作，包括思考、設計、計算、彼此談話，或是跟客戶談話、做決策、寫報告、策劃，以及協調和監督複雜的生產活動。專業者通常是那些直接從腦力勞動中得到好處的人，正如我在第二章中所討論的，而他們往往具有種族或性別上的特殊性。這種專業者和非專業者之間的關係是剝削性的，因為專業者往往得到更高的薪水、更多的認可、有更大的權力和職權，即便他們的工作得以實現，是仰賴著某些非專業者所做的工作。非專業者的工作常常沒有能見度，它對讓專業者能夠完成他們的工作所做出的貢獻，是不被注意的。

在對那些非專業勞工生產價值的占有這個更受限制的馬克思主義意義上，這個階級劃分或許也造成了對非專業者的剝削。我不打算在這裡進入有關馬克思主義剝削理論、有關人們如何區別生產性與非生產性勞動等的爭議中，因此我將僅會談到人們對任務定義與任務執行之區分如何造成工人階級剝削的兩種主張，並不去捍衛它們。許多專業者及經理人的工作，就是專門在設計生產過程及工作關係；而就增加獲利的狹窄意義上，這些生產過程和工作關係將極大化非專業勞工的生產力（Poulantzas, 1978, pp. 236-41）。儘可能從工作過程中移除設計的決策與自主性，讓工作過程只包括由其他人指揮的任務執行，可以讓勞動貶值，讓它容易接受自動化，並緊縮對勞工的控制——這一切都造成了剝削的增加。

如果有人接受馬克思主義對生產性與非生產性勞動的區分，他可以主張專業者與管理者的工作有很大部分並不是生產性的，就直接貢獻於經濟體中新價值的意義來說。然而，由於專業者所得到的報酬就是比在這個狹窄意義上從事生產性工作的非專業者高，且可以獲得其他物質的好處，於是他還可以主張他們的利益是占有非專業者生產的剩餘價值的結果（參看 Collins, 1979, pp. 64-70）。要捍衛這個主張，就必然要批判專業者能比非專業者得到更多好處，是因為他們對社會總產品（social product）有更多貢獻的這種主流信念。

與任務定義及任務執行工作兩者劃分相關的勞動去技術化之必要性，對許多勞工造成了無能的壓迫。正如我在第二章中對此一概念的定義，無能是在個人生活的大部分面向上都幾乎、或是根本沒有權威或自主性，尤其是個人的工作面向。做為一個概念，無能與支配具有重疊性，但涵蓋的範圍並不相同。所有那些沒有參與規則決策、也無法選擇誰有權對他們行動及行動條件下令的人，都體驗到了支配。這其中包括了所有的無能者。然而，許多體驗到支配的人卻在工作上發揮相當程度的進取性、權威與創意，正是這點將他們與那些受到無能壓迫的人區分開來。

工作組織將製造業或服務業活動劃分為「專業」面向及非專業面向，一方面是可以運用該活動所需的技術知識、創意及組織技巧的工作，另一方面則只是例行化的執行作業。這個去技術化過程的必要性，是源自於儘可能將工作機械化的目標，目的是削減勞動成本、極大化單位生產力，以及更容易監控工作績效。任務定義的組織性專業者的主要工作之一，變成是要想出辦法、針對非技術性任務進行精密分工，以便將使用最少勞工的例行作業自動化工作結構化（Braverman, 1974, esp. pts. 1 and 2）。正如我稍早指出的，只有例行化、精細度、重複性最高的工作可以清楚地被客觀、量化及規範上中立的生產力測量方法加以測量。這是因為技巧、判斷力及創意已從整個任務中被移除，並交給一個獨立的管理職能來負責的緣故。

正義表示所有人都有機會在得到社會認可的環境中開發及運用技巧。然而執行自動化、例行化、零碎的特定任務，通常無法開發多少能力，有時甚至會扼殺一個人的抱負或阻礙能力的開發。有些非技術性工作允許向較具技術性的工作流動。然而，通常較複雜的工作會要求特殊訓練，而前一個工作中獲得的技術能給的幫助並不大。我不打算誇大非專業者之中非技術工作的普遍程度；許多非專業性職業涉及了相當的技術及追求卓越的空間。然而正如我將簡短討論的，許多非專業工作確實涉及能力的開發及運用，但文化規範卻貶低其價值，因為它們根據已從實踐中移除的抽象推理程度來評價職業的貴賤。此外，技術定義及技術執行工作之間的結構性劃分，對那些技術性的非專業職業造成了職業化的壓力——也就是說，要將它們的技巧形式化、創造出技術與理論以便將它們傳播出去、成立提供文憑認證的專業學校，以及將這些技術性面向的工作與更例行化的支持性任務區隔開來。

去技術的必要性在於增進例行化工作，與更有技術性、創意及自主性工作的比率，後者被定義為專業性工作，並保留給那些擁有必要證照的人。我稍早指出，在美國社會的工作結構中，這類專業工作與非技術、例行化工作之間的兩極化情形逐漸增加。一個由非技術、例行化勞工組成的巨大階級的創造是不公正的，因為它宣告大部分人的命運將注定落入無法開發及運用自己能力的境地。這些低技術工作往往是死路一條，無法提供晉升及工作發展的道路。如果沒有接受成本高昂又費時的學校教育，從非專業性階級流動到專業性階級幾乎不可能。

就非專業者居於從屬地位、且幾乎無法在職場中發揮自主性及決策權力的意義而言，它們也是無能的。執行別人設計任務的非專業者受到專業者及管理者的支配；這些人因為他們聲稱所擁有的專業技能，而正當化對非專業者的支配權利（Poulantzas, 1973, pp. 240-42）。非專業勞工通常必須服從指令，卻很少有機會下指令。他們必須以指定他們使用的方法從事指定的工作，經常得配合上級或機器的步調。如果他們認為工作的定義不合理，通常也沒什麼機會可以抱怨或提出修改意見。正如我稍早討論到的，許多勞工對於如何、以及是否介入來避免事情朝壞的方向發展有著相當的裁量權，然而他們的決策權威通常只能延伸到他們被指派任務的細節上。由於執行的是由別人設計的任務，受到其他人的直接監督以及經常是個人性的支配，非專業者每天都得讓自己表現得像個服從的下屬，而這種態度通常會削弱一個人的自我感受。

最後，專業與非專業勞動的劃分體現了文化帝國主義，後者假定某些種類的工作本質上優於其他工作，且更具價值。透過艾莉森．傑格（Alison Jaggar, 1983, pp. 40-42）稱之為「規範二元論」（normative dualism）的運作，工作的貴賤高低是根據將「智能」與身體區別開來的階層體系而評定。支配文化隱約地透過一種狹窄意義上的「智能」而運作，這種智能被視為是抽象的計算及語言技巧的運用，並在從感官事物的具體實質中移除的論述及活動中表現出來。要專業化一個活動意味著創造一門理論性的學科，以便用形式性的方式表達其程序，並予以合理化（rationalization）。這個合理化過程是從活動所從事的實踐中進行抽象化，並將抽象的形式性元素與物質的體現性元素相互分離。

這種根據計算及技術合理性的狹窄標準來測量所有工作的規範，將職業定位在一個單一的智能尺度上。但是，成為一個醫生真的比成為一個圖書館員需要更多的智能嗎？成為業務代表比成為一個水管工需要更多智能嗎？工作的文化意義不公正地讓某些人成為受害者，只因為他們選擇或是被選擇的工作；儘管它們給其他人的報酬和他們對社會總產品的貢獻根本不成比例。和孩子玩耍、規訓並教育好小孩等等，當然需要細膩敏感的智能；這種智能的特性非常不同於在股票市場成功從事投機活動時所表現出的智能。想出如何移動大型傢俱經過轉角、下樓梯，而不會弄壞或損傷的方法，也常需要令人欽佩的聰明才智，只是形式上和那些在寫電腦程式時展現出來的聰明才智不同而已。而這種文化帝國主義的範圍，甚至延伸到非專業領域外的某些專業上。有些專業、那些往往由女性支配的專業，就被主流的智能標準視為是低價值的專業；這些工作被認為是較不「科學」的工作；它們往往被視為依賴於身體和需求：譬如幼兒教學、社會工作、護理。

現在的階層制勞動分工往往忽略了那些形式不同、且在某些方面無法比較的智能與技術。智力測驗及大部分的其它標準化測驗，都預設了一種狹窄定義的智能，並將之視為抽象推理能力；所有的技巧與認知樣式都被這些測驗化約為一種共通的尺度，貶抑了某些技巧的價值，而也許透過另一個測量尺度這些技巧就只是不一樣而已。然而評估智能的單一尺度的自然性，以及它所隱含的對職業價值的階層性排序，卻幾乎完全不受挑戰。

正如我在第五章中討論過的，這種對職業智能的規範性階層結構含有白人男性的偏誤。抽象推理性的工作被法典化為適合白人男性的工作，牽涉到身體或情緒照顧的工作被法典化為適合女性；而那些需要以卑屈姿態服務別人的「卑微」工作，則是非白人的工作。透過這種方式，形塑種族及性別歧視結構的文化帝國主義調整、並配合著形塑階級差異的文化帝國主義。它的不正義在於給予某些工作高聲望，而給予其他工作低的聲望。聲望完全是一種文化及象徵建構的產物，因此允許不同的物質報酬及特權。

專業及非專業者之間的劃分，導致某些人因其從事的工作種類而被賦予「值得尊敬」的一般性文化價值，而其他人則較不值得尊敬。執得尊敬的專業者之需求、經驗、生活風格及利益於是支配了職場以外社會生活的諸多面向，包括社會政策及媒體意象。報紙、電視、廣告、流行雜誌及小說總是描繪著中產階級專業人士的生活與困境，遠多於描繪工人階級非專業者，這使得無能者的處境不為人知，並剝奪了他們發出自己文化聲音的機會。

民主的勞動分工

從前一小節的討論中，我做出了一個結論：社會正義要求職場的民主化，以及削弱任務定義及任務執行之間的劃分。關於職場民主，有許多的理論與模式（參見例如 Schweickart, 1980; Pateman, 1970; Mason, 1982; Bernstein, 1980; Gould, 1988）。而我在本章中引用的一些近期作品，雖然較不常見，但也針對極小化任務定義及任務執行工作之階級劃分的一種結構化工作生活做出了詳盡的提案（參見 Green, 1985, pp. 79-94; Collins, 1979, 200-210）。我不在此重述或評價這些理論與模式，也不打算提出另一種民主化的勞動分工模式。做為本章的結論，我將只會提醒建立一個公正的職場組織一些應留意的一般性參數。

職場民主是一個公正的社會組織的必要元素，理由就跟政府應該要民主化是一樣的（參見 Gould, chap. 9）。然而，正如許多作者所指出的，民主政府及民主職場是相互增強的。民主職場的決策參與可以培養對城市和國家決策參與的興趣及能力（參見例如 Pateman, 1970, chap.3; Mason, chap.4）。職場民主至少有兩個必要條件：一，一個企業的雇員必須參與企業整體的基本決策；二，他們必須參與事關他們直接工作情境的特殊決策。這些條件回過頭來又會限制上下層的權力可及範圍。第一個條件意味著沒有高層執行者可以對企業的運作有發動及最後拍板的權威。有關企業的基本決策應該要由經民主程序選出的、具有代表性的立法機構來決定，而立法機構對他們的選民負責。這樣的基本決策可能包括要生產什麼或提供什麼服務；生產或服務提供流程的基本計畫及組織，包括勞動分工的基本結構；基本工資及利潤分享結構；資本投資策略；訂定企業章程和內部員工基本權利，以及保護這些權利和平息爭議的程序；雇用及升遷的基本規則，以及選舉公職的程序。正如我在第二章中表明的，一個職場所在的社群至少也會受到某些它的活動的直接影響，像是它的資本投資計畫，它的污染物排放，甚至它的幼兒保育政策。因此至少在這些顯著影響到企業之外生活的決策上，該社群也應該擁有某程度的代表權。此外，當企業不是員工所有型企業時，也應給予股東某程度的代表權。在一般企業治理體層次上，應該要以我在第六章中主張的群體代表制原則來運作。受到社會壓迫或處於劣勢的群體，例如女性、種族弱勢群體及身心障礙者都應享有特殊的代表權。在特殊企業的脈絡中，其他群體可能潛在地處於劣勢——例如最底層員工，或是那些從事特殊任務者。

然而，如果只是透過某種代表制來參與高層決策，這樣的職場民主還稱不上完整。至少同樣重要的是，勞工應該參與和自己工作脈絡及環境直接相關的決策——他們自己的專長領域、部門、工作團隊、工作地點等等。這不是排除管理者或上級，而是指某些決策必須由管理者與勞工共同進行，對於管理權力必須要設限，以及行使這類權力的同時必須保留相當程度的個人及團隊自主性。

正如我稍早討論過的，勞工應該以民主方式決定工作的資格，以及誰符合這些資格。這不是意味著所有勞工都應該參與決定每個職位的任命，但它確實意味著一般而言必須有一個以民主選舉方式組成的「遴選委員會」，尤其是針對那些報酬、權力或專業技能超出平均的職位。

即便除此之外職場結構和勞動分工方式都沒有任何改變，在上述我提到的幾個方面採用職場民主，也能夠大幅減少無能的壓迫；而目前，這些壓迫的來源是專業者與勞工之間的劃分，前者可以相當程度定義自己和別人的工作，後者卻只能執行由前者所定義的任務。如果工作定義仍舊維持原狀，一方面是技術專家和管理階層，另一方面則是較低技術的生產、辦事人員及服務人員的區分，那麼職場民主則能減輕後者所受到的支配與從屬處境。此外，即便這些較低技術的勞工持續從事著例行公事的刻板任務，讓他們擁有權力和機會參與主要的職場決策，也可以讓他們的工作生活更有趣、更有利於技能的發展。

我已經論證，任務定義及任務執行工作之間的劃分、專業及非專業階級的劃分，它們本身往往生產並再生產了壓迫。在現代工業中，這種劃分是如此根深蒂固，以至於連被廣泛視為是世界上最成功的勞工民主範例——西班牙巴斯克地區蒙德拉貢（Mandragon）的勞工合作社，都仍保留了在專家的專業及管理階層與非專業勞工之間的穩固劃分（參見 Hacker, 1989, chaps. 5 and 7）。只要這樣的階級劃分仍然存在，就會存在一股內在傾向，專業階級會試圖壟斷知識、藉由去技術化剝奪他人權力，並與他人處在一種由剝削與文化帝國主義構成的特權關係之中。

一個民主的勞動分工不需要，或許也不應該排除專業化。削弱專業及非專業勞工之間的階級劃分於是有著下列的幾項意義。首先，應僅透過地位或聲望去和專業工作相關的特殊特權產生連結——這些特權的形式包括報酬、自主性、工作守則或資源的近用能力——這是錯的。其次，應讓每個人都有機會從較低技術的工作流動到較高技術的工作。不應該存在所謂的「死胡同」工作；雖然一直都做同一個工作也不該背負污名。工作上的技術發展，以及工作階梯上的升遷機會，應該要比發達工業社會典型工作結構中所能容許的更為普及才對。此外，專業及管理職勞工應該要從生產線或是第一線服務的實際操作經驗展開他們的工作生涯（參看 Collins, 1979, pp.

200-201）。指派專業及管理職員工從事適度的生產及維修任務可能會產生許多好處。當必須接受長期學校教育才能開發專業技術時，學校教育應該要免費、且應該儘可能讓想要的人都可以得到這樣的教育（參看 Green, 1985, pp. 87-89）。最後，擁有專業技能或特殊知識形式的人們必須對勞工和社群負起責任。對決策來說，專家們應該要介紹並傳播的專業知識是不可或缺的，但專家不能宣稱有權基於自己的專業技能來做決策（參看 Green, 1985; Gould, 1988, chap. 10）。科技的運用、資訊的組織及傳播，建築物及城市規畫等相關事務，都應該透過職場、社群鄰里及地區的民主異質公共來做決策。除此之外，本書的結語將討論地區政府在促進職場及社群鄰里正義上的重要性。

第 8 章
城市生活與差異

City Life and Difference

寬容，一個容納鄰人間巨大差異的空間——常常是比膚色的差異深刻得多的差異——在高度都市生活裡是可能且正常的事，但在郊區和偽郊區（pseudosuburb）則格格不入；只有當大城市的街道上有內建設施，可以讓陌生人一起安靜地休息時——以一種文明但基本上有尊嚴且含蓄的方式——才是可能且正常的。

——珍・賈伯斯（Jane Jacobs）

批判的規範性理論之一個重要目的，就是要提供對社會關係的另類看法；用馬庫色的話說，就是「概念化那些構成經驗世界的東西……著眼於其可能性，從它們實際的限制、壓抑及否認來考量。」（Maruse, 1964, p. 7）這樣一種正面的規範性觀點可以帶來希望、啟發想像，刺激行動來改變社會。它也提供了對現存社會景況之批判所下的某種反身性距離。

許多哲學家和政治理論家批判福利資本主義社會的原子化及去政治化，也批判其助長了只關注自我的利益群體多元主義及官僚體制支配。這類批評者最常提出的替代性觀點，是一種社區理想。受邁可・桑德爾（Michael Sandel）、阿列斯代爾・麥金泰爾（Alasdair MacIntyre）及其他人對社區做為自由主義個人主義替代方案的呼籲所激勵，近年來政治理論也針對反對自由主義之社群主義的德性與惡性展開辯論（Gutman, 1985; Hirsch, 1986; Wallach, 1987; Buchanan, 1989）。許多社會主義者、無政府主義者、女性主義者及其他福利資本主義社會的批判者，也紛紛根據一個社群的理想，明確提出自己對免於支配與壓迫的社會的願景。有關這個討論的許多內容，會導致我們以為自由主義個人主義及社群主義已然窮盡了構想社會關係的可能性。

從前面幾章就可以清楚知道，我分享了許多社群主義對福利資本主義之自由主義民主理論與社會的批判。然而，我將在本章中主張，社群的理想無能提供一個民主政體的適當替代版本；社群理想是犯了我在第四章中分析過的同一性邏輯。這個理想表達了一種主體們彼此融為一體的欲望，但在實際運作上卻會造成對群體無法認同的那些人的排除。社群理想否認並壓抑社會差異，而政體無法被想成是一個所有參與者都共享著共通經驗與價值的統一體，這樣的事實也被壓抑了。此外，由於社群主義特別看重面對面關係，因此它否認了以時空距離形式形塑社會過程的特徵時會產生的差異。

做為社群理想的替代方案，我將在本章提出一個城市生活的理想，做為一種肯定群體差異的社會關係的願景。做為一種規範性理想，城市生活具現了不存在排除的社會關係。不同的群體緊挨著彼此棲居於城市，不可避免地得在城市空間中互動。若城市政治要是民主的、不受任何一個群體觀點的支配，那它就必須考慮到身邊共居於城市、卻未形成一個社群的不同群體，並為他們提供發聲的機會。

然而，做為一種面向未被同化的他者而開放的城市生活，這只是代表了一種未被實現的社會理想。許多社會不正義存在於今日的城市中。在企業資本及州的官僚體制面前，城市與生活於其中的人們是相對無能的。在城市及鄉鎮中被私有化的決策過程再生產並加劇了不平等和壓迫。它們也在城市及城鄉之間生產或重新強化了隔離與排除，而這又造成了剝削、邊緣化與文化帝國主義。

許多民主理論者對這些城市生活弊病的回應，就是呼籲創造一個去中心化的（decentralized）自治社群；人們可以秉著人性，從在地的角度出發，掌控自己的生活及所居住的鄰里。我會在結語中論證，這類對地方自治的呼籲會再生產出社群理想所引起的排除問題。我提出了一個自治與賦權間的概念區分，並大略描繪出在一個大規模區域政府中實行民主賦權的某些要素。

個人主義與社群的對立

自由主義的批判者經常引用社群的概念，試圖替代個人主義、以及他們認為來自於自由主義的抽象形式主義（參看 Wolff, 1968, chap. 5; Bay, 1981, chap.5）。他們拒絕將個人想像成單獨而自足的原子，每個人都擁有同樣的形式權利，有權將他人阻擋在外各過各的。對這樣的作者而言，社群的理想描繪了現代社會的自利競爭性消失時的樣貌。在這個理想中，自由主義的批判者找到了替代這種抽象、形式性自由主義方法論的方法。在社群中與他者共存，需要的不只是尊重他們的權利而已；它還需要照顧、並共享他們需求及利益的特殊性。

舉例來說，在他著名的對羅爾斯的批判中，桑德爾（1982）論證自由主義強調正義首要性預設了一種自我概念，這種自我是先於其欲望和目標而存在的先在統一體，自我完足、分離且界線分明。他認為這是一種不真實且不一致的自我概念，最好用另一種自我概念來取代：這種自我應是與其他人共享的某種認同的產物，是價值與目標的產物，而這些價值與目標並不像自由主義者會主張的、外在而具有某種意志，而是自我的構成要素。這種自我的構成性概念，在社群主義中表達了出來。

巴伯（1984）也運用社群的概念來描繪一種社會生活的願景，這種社會生活並不將個人構想為原子式、分離的個體。自由主義政治理論所呈現的個人，是占據著私人單獨的空間、僅為私自欲望所驅使的個人。這是一種消費者取向的人性概念；在這個概念下，社會及政治關係都快以被理解為僅做為達成個人欲望工具的財貨，而不是具有內在固有價值的財貨。這種原子式概念產生了一種政治理論，假定衝突與競爭是互動模式的特徵。因此，正如桑德爾，巴伯訴諸社群的理想而提出一種個人的概念：個人是由社會所構成，積極主動地指向肯定的相互性關係，而不是僅指向滿足私人需要與欲望（參看 Ackelsberg, 1988）。

正如本書前面幾章所指出的，我也分享了那些對自由主義的批判。我論證了自由主義的社會本體論容不下社會群體的概念。我將社會群體的特徵定義為互動、意義及親近性的關係性結果；人們是透過這些互動、意義及親近性而彼此認同。透過種種深刻而經常矛盾的方式，自我確實是社會關係的產物。此外，就某種具有意義的角度而言，個人的種種社會群體認同也與該群體的其他人共享。

我也批判自由主義對人性的消費者導向預設，並同意巴伯，這些預設會導致一種對政治功能的工具主義式理解。和巴伯及許多新共和主義理論家一樣，我也拒絕自由主義多元主義過程中對政治的私有化，並提倡民主公共的制度。然而，我認為我們可以不去擁抱做為一種政治理想的社群、而仍然做出所有這些對自由主義的批判，而且我們也應該要這麼做。

當代對於這些議題的討論，太常在個人主義與社群之間採取一種窮盡式的二分法。社群出現在個人主義／社群、分離式自我／共享式自我、私領域／公共的對立之中。但是正如大多數這類的詞語，在個人主義與社群的兩極對立之下潛藏著某種共通的邏輯，讓它們可以負面地定義彼此。它們各自都蘊含了對差異的拒絕、以及要將多重性和異質性變為統一性的欲望，雖然採取的是對立的方式。自由主義的個人主義否認差異，假定自我是一個堅實、自我完足的統一體，不被除了自己之外的任何事物及任何人所定義。它形式主義的權利倫理也透過將所有這類分離的個體聚集在一種共通的權利尺度之下，而否認差異。另一方面，社群的支持者也否認差異，因為他們以融合而非分離做為社會的理想。他們所構想的社會主體是一種統一性或多重性的關係，由處在全體之中的個體間的認同與對稱所構成。社群主義代表著想要在一個共享整體之中人與人之間團結一致的強烈慾望。

對許多作者而言，對於個人主義的拒絕，在邏輯上就意味著主張社群；反過來說，任何對於社群的拒絕，也意味著一個人必然支持個人主義。舉例而言，在針對珍．艾爾斯坦（Jean Elshtain）和芭芭拉．艾倫瑞克（Barbara Ehrenreich）之間的一場論辯中，哈利．波伊特和莎拉．伊凡斯（Harry Boyte and Sara Evans, 1984）就主張艾倫瑞克在提倡個人主義，因為她拒絕艾爾斯坦針對社群的呼籲。對於政治理論家之間就羅爾斯的社群式批判所引發的這場辯論，最近的看法都是從自由主義個人主義與社群之間二分的角度來進行陳述，認為這兩個範疇實際上是相互排除的，並已窮盡了所有社會本體論及自我概念的可能像（參見 Hirsch, 1986; Wallach, 1987; Cornell, 1987）。因此，即便討論者認可這場辯論的整體化、循環特性，也企圖跳出它的框架來採取立場，他們還是往往滑進肯定這個二分的某一邊的陷阱，因為這個二分就像一與非一的二分一樣，被構想成窮盡了所有邏輯的可能性。

盧梭主義式夢想

社群理想所主張的，是我在第四章中曾討論過的同一性邏輯。它表達的是一種對統一性的強烈追求，那是主體彼此的統一。社群理想表達了對於人們中間存在和諧、對於共識與相互理解的渴望，也是對於被傅柯稱之為盧梭主義式夢想的渴望：

> 一個透明社會，每一部分都清晰可見，夢想著不存在任何黑暗區域；那是由皇室權力的特權或企業特權所建立起來的區域，無秩序的區域。夢想著每個人，無論他的位子是什麼，都可以看見整個社會；人們的心可以交流，人們的視線不受到任何阻礙，全體意見凌駕個別意見（Foucault, 1980, p. 152）。

無論是否被表達為共享的主體性或共同意識，或是相互性（mutuality）和互惠性（reciprocity）的關係，社群理想都否認、貶低、或壓抑主體的本體論差異的價值，並企圖溶解社會的不可窮盡性，使之化為一個自我封閉整體的安慰。

桑德爾將社群明確定義為共享的主體性。他自己的社群的構成性意義，與他認為羅爾斯所抱持的工具性及感性意義，其間的差異正是在於構成性社群主體共享一種共同的自我理解（Sandel, 1982, pp. 62-63, 173）。他也明確表示社會透明性是社群的意義與目標：

> 我們的構成性自我理解，包含了比單獨個體更廣的主體——無論是一個家庭或是部落、城市、階級、國家或民族——就這點上來說，它們甚至能夠在構成性意義上定義一個社群。而這樣一種社群的標誌不只是仁愛精神，或是社群主義價值普及性，或甚至單單指某些「共享的最終目的」而已，還包括了一種共同的論述詞彙，以及一種隱性的實踐及理解的背景；在這種背景下，參與者的不透明性即使最終並未分解，也被減少了。就正義的顯要性依賴於認知意義上個人的分離或界線而言，它的優先性將會隨著那種不透明性的消散及這個社群的深化，而逐漸削弱。（Sandel, 1982, pp. 172-73）

巴伯也認為社群的意義在於共享的主體性。透過政治參與，個人面對彼此並調整他們的需要與想望，創造出「將個人需求及想望放進一個所有人都能共享的單一未來願景中的共同排序」。強壯的民主會尋求達到一種「創造性的共識」，透過共同的談話與工作，創造出一種「共同意識及政治判斷」（Barber, 1984, p. 224）。

另一方面，有些社群理論家則用相互性與互惠性，取代社群意義中的共同性（commonness）。相互性與互惠性就是每個個人對所有其他個人的個人性（individuality）的認可（參見 Cornell, 1987）。舉例來說，班哈比就將強調人們之間共同性的立場，視為是羅爾斯所代表的那種權利與正義倫理的立場，她稱這種立場是「一般化的他者」。道德理論也必須陳述針對班哈比稱之為「具體他者」立場的一種補充性觀點。班哈比用這個詞指的是一種需求和團結的社群願景，以便對照於自由主義所提出的權利及應得權利的社群：

相形之下，「具體他者」的立場要求我們將每個理性的存在看待爲擁有具體歷史、認同和情感——情緒構成的個人。在採取這個立場後，我們從我們共性（commonality）的構成內容中抽離，並力圖了解他人的特殊性。我們設法理解他人的需求，他們的動機，他們追尋什麼，以及他們的想望爲何。我們和他者的關係是受到補充的互惠性（complementary reciprocity）規範所支配：每個人應該有權期望並預期他者的行爲模式，透過這些行爲模式，他者感覺得到認可並確認自己是一個具體、個人的存在，擁有

> 著特殊的需求、才華與能力……。伴隨這類互動而來的道德範疇是責任、連結及共享，相應的道德情感則是愛、照顧、同情與團結，而社群的願景則是需要與團結的願景。
>
> （Benhabib, 1986, p. 341）

儘管桑德爾與巴伯的共享主體性語言，與班哈比補充的互惠性語言之間存在著明顯的分歧，但我認為這三個人都表達了一種相似的社會關係理想，即**主體的共同在場**（參看 Derrida, 1976, pp. 137-39）。無論是被表達為共同意識或是相互理解，這個理想就是主體對彼此的透明性的理想。在這個理想中，每個人都了解其他人，並用他們了解自身的同樣方式來認可他人，而所有人也都認可他人了解自身，正如他們了解自身。這個理想因此符合德希達所謂的在場的形上學，在場的形上學企圖瓦解語言及經驗內在固有的時間性差異，而得到可以用一種觀點來理解的一種整體性。這個社群理想否認主體之中及主體之間的本體性差異。

在社群中，人們不再是他者，不透明且不被了解；人們變得能夠相互同情，彼此了解，正如他們了解自身；人們因而融合了。這樣一種主體對彼此透明的理想否認了主體的差異，或是主體的基本不對稱性。正如黑格爾首先提出、而沙特又加以深化分析的，人們必須超越彼此，因為主體性就是否定性（subjectivity is negativity）。這個對於他者的凝視，始終是客體化的凝視。其他人從未以我的觀點來觀看這個世界，而在見證他人對我的身體、行動、話語的客體性掌握時，我始終面臨著一種自我的經驗；這個自我乃是有別於我所擁有的那個自我。

當然了，這種相互互為主體的超越讓我們之間的共享成為可能，這是沙特比黑格爾更不留心的事實。然而，這種共享從不曾是完整的相互理解與互惠性。此外，共享是脆弱的。在下一刻，別人可能就會以違背我原本意思的方式來了解我的話語，或是將我的行動帶向我無意造成的結果。讓我們之間的共享成為可能的那個相同差異，也會造成誤解、拒絕、撤退、衝突；它始終是社會存在的可能條件。

由於主體不是一個統一體，它無法向自己現身、無法認識自己。我並不會一直都知道我想表達的意思、需求、缺乏或渴望，因為意義、需求與渴望都不是從某個透明自我中的源頭產生的。我常常用手勢或語調來表達我的欲望，卻不明白這麼做的意義。意識、言說及表達性（expressiveness）只有在主體總是超越自身時才可能，也因此主體必須得無法理解自身。所有主體都有無法取得一致的多重欲望；它們將多層的意義附著於客體，卻始終沒有意識到每一個層次的存在或它們之間的聯繫。結果，任何個別的主體都是差異的遊戲，無法被完全理解。

如果主體是個異質的過程，從未完整向自己現身，那麼結果就是主體無法讓自身透明，完整向彼此現身。因此主體也逃避了他者的同情式理解。我無法了解他者、正如他們了解自身，因為他者並不完全了解自身。實際上，他們表達的意義與渴望會逃離他們自己的意識或意圖，而我也許比他們更能充分了解他們的語言或行動。社群的理想表達了追求社會整體性、對稱性、安全感及穩固認同的渴望，這種認同是客體化的，因為必須得到他者的明確肯定。這是一個可以了解的夢想，但仍是個夢想；而且正如我現在所要論證的，這個夢想具有嚴重的政治後果。

只看重面對面關係

做為純粹的主體彼此共同在場，社群理想接受了一種政治生活願景中的政治性表達，這種政治生活願景讓在地面對面的直接式民主擁有特權。福利資本主義社會的批評者，不斷重複提出這樣一種小型群體關係的模式做為政治理想。無政府主義傳統最為系統性地表達了這些價值，但他們也將他們的形式保留在其他的政治土壤中。這個在面對面關係中建立的政治模式，被充當成去替代現在大眾社會治理的不講人情、異化、商品化和官僚體制化：

> 這個方案的具體化身，就是這種如此深刻地進入到我們人性樣態中的、直接的、眞正沒有中介（unmediated）的社群。這是一個我們可以眞正遭遇彼此的社群，距離我們私人世界僅一步之遙的公共世界；簡言之，就是我們的小鎮、鄰里和自治市（Bookchin, 1982, p. 267; 參看 Manicas, 1974, pp.246-50; Bay, 1981, chaps. 5 and 6; Taylor, 1982, pp. 27-28）。

當一個只看重面對面關係的特權被當成了政體的理想時，會浮現幾個問題。這個理想假定一種沒有中介的社會關係的神話，並錯誤地將中介等同為異化。它否認在時空距離意義上的差異。它意味著一個由去中心化的小型單位所組成的良善社會的模式，但這既不現實，在政治上也不可取，而且它迴避了這些去中心化社群之間公正關係的政治問題。

正如上面引文所指出的，社群理論家過分看重面對面關係，因為他們認為面對面關係構想是直接的（immediate）。直接比中介好，因為直接關係具有人們在盧梭主義式夢想中所渴求的純粹性與安全感：我們對彼此是透明的，在同樣時空中純粹的共同在場，近得可以觸摸，我們之間沒有什麼可以擋住我們看見彼此。

然而，這個主體的直接共同在場的理想是一種形上學幻覺。即便是兩個人之間的面對面關係，也受到聲音與手勢、距離與時間性的中介。一旦有第三者進入這個互動，一開始那兩人之間的關係透過第三者等中介的可能性也就增加了。人們之間的關係受到聲音及其他人行動的中介，這是社會性的基本條件。一個社會的豐富性、創造性、多樣性及潛能會隨著範圍及其媒體工具的成長而擴張，跨越時間和距離而將人們連結起來。然而，當時間和距離越大，站在他人中間的人們數量就越多。

我並不是要論證人們可面對面彼此連結的小型群體和其他的社會關係之間不存在差異，我也不是要去否認這類面對面群體獨一無二的價值。只是，正如與少數他者生活在同一個屋簷下的親密性具有獨一無二的人性價值面向一樣，和他者生活在彼此尊重的社群中也具有溫暖及共享的特殊性質，並具有人性價值。官僚體制化的資本主義父權社會阻止並摧毀了這類相互友誼的社群，正如它讓家庭承受壓力並且碎片化一樣，這也無庸置疑。一個良善社會的願景當然應該包含制度性的安排，以培養彼此間友誼的特殊經驗，這種友誼只有在純粹性背景中互動的相對小型群體可以產生。但是認可這類特殊面對面關係的價值與特殊性，不等於只看重面對面關係、並將它們假定為整個社會的制度性關係模式。

就我的看法，一個由做為自主性政治實體而運作的去中心化、經濟自給自足的面對面社群所組成的良善社會，這樣的良善社會模型並非如它的支持者所認為的是在淨化政治，而是在迴避政治。首先，它十分的烏托邦。要讓它實現，得拆卸現代社會的都會特質，進行一場對生活空間、職場、貿易和商業地點的大型翻修。一個轉型社會模式的起點，必須是在符合當代歷史脈絡中給定的那些物質結構；在美國，就是大型的工業及都市中心。

然而更重要的是，對這個良善社會模型的一般陳述方式，經常完全沒回答這類小型社群彼此如何連結的問題。這個理想經常投射著某程度的自給自足與去中心化，暗示著支持者設想的是除了偶爾友善拜訪之外這些社群間沒有太多關係。然而，若去假定這類去中心化社群不需要涉入廣泛的資源、財貨與文化的交換關係，當然是不現實的。

支持者往往給予面對面關係特權，做為對大型、匿名的官僚體制及企業所製造出的異化和支配的反應；這些官僚體制與企業的行動與決策影響了大部分人，卻不受人們的控制。而對社群的呼籲展望，則訴求更在地及直接的控制。一個更參與式民主的社會，確實應該鼓勵鄰里和職場在地層次的各種積極公共（active public）；但重要的政治問題是，這些地方（locale）之間的關係如何被組織起來，以便能助長正義、極小化支配與壓迫。訴諸社群的神祕理想沒有處理這個問題，反而還掩蓋了問題。政治必須被構想為陌生人之間的關係：這些陌生人不是在一個主觀、直接立即的意義上了解彼此，而是跨越時間與距離，聯繫在一起。

社群理想的不良政治後果

我已經論證社群理想否認主體之間的差異，也否認時空距離所產生的社會分化。對社群的渴望，或是對與他者共同在場及相互認同的渴望，其產生的最嚴重政治後果，就是它的運作經常造成那些有著不同經驗的人受到排除或壓迫；社群理想的承諾往往重視、並強化同質性（參看Hirsch, 1986）。

在美國的日常談話中，社群這個詞指的是在某一特殊地方，一個人所認同的那群人。它指涉了鄰里、教會、學校。它也帶有族群、種族和其他群體身分認同的意涵。對大多數人而言，就他們認為自己是社群成員這件事來說，社群就是一個共享特殊遺產、共同自我認同、共同文化及同一組規範的群體。正如我在第五章中所說的，自我認同是某一類社群成員的情形，經常是在以一種對立方式與其他群體產生分化時發生；其他群體會以恐懼、鄙視、最好的情況也只是貶抑他者的價值，來形塑出這種對立。人們只會對某些人產生相互認同感，只會覺得和那些人在同一個社群，並會恐懼遭遇其他人時所面對的差異，因為他們認同的是一個不同的文化、歷史和世界觀。我認為社群的理想證實、並再次強化了某些群體對他者所表現出的恐懼與憎惡。如果群體是一種積極正面的規範，也就是說，如果在相互了解與互惠的關係中與他人共存是唯一的目標，那麼可以理解的是，我們就會排除並避開那些我們不認同或無法認同的人。

桑內特（1970, chp. 2）討論「社群迷思」如何在美國社會中持久運作，產生且隱約正當化了種族和階級歧視的行為與政策。在許多鄉鎮、郊區和鄰里，人們確實對自己住的地方會有種印象，認為人們都彼此認識、擁有相同價值與生活風格，並透過相互性及愛的感覺產生連結。在現代美國社會，這樣的印象幾乎都是謬誤；儘管也許會有個擁有一組特殊價值和生活風格的支配性群體，但人們在任何地方通常都能發現偏差的個人和群體存在。社群迷思的強力運作，會產生防衛性的排除行為：對在自己街區購買房子的黑人家庭施壓，要他們搬離；毆打進入「我們的」社區鄰里的黑人青少年；透過土地使用分區管制，來反對興建集合住宅。

此外，重視社區所導致的排除後果，並不限於心態偏狹的人和保守分子。許多基進的政治組織都是因為對社群的渴望而垮台。這些為了改變世界而努力的群體成員，太常把相互友誼當成是群體的一個目標，因此當他們還沒有達到這樣的共性時，就會論斷自己還不夠格成為一個群體（參見 Mansbridge, 1980, chap. 21; Breines, 1982, esp. chap. 4）。這樣一種對群體的渴望常常讓能量從群體的政治目標轉移開來，也造成了一種小圈子的氣氛；這種氣氛讓群體維持小型規模，並拒絕其他潛在的成員。相互認同做為一種隱然的群體理想，可以再生產出某種同質性，這種同質性往往和組織所聲稱的多樣性承諾產生衝突。舉例來說，近年來大部分社會主義和女性主義組織都將種族、階級、年齡和性別多樣性視為重要標準，政治組織的成功與否必須要根據這些標準來衡量。他們甚至將相互了解與認同視為目標；而這樣的做法，可能會讓他們背離多樣性的目標。

追求相互認同與共享的面對面關係所帶有的排除意涵，會對主張正面群體差異的運動帶來一個麻煩，我在第六章中曾做過說明。我在那裡論證，受壓迫群體努力重新找回他們的群體認同，並且彼此形成從文化上正面肯定自身群體特殊性的連結，這構成了對文化帝國主義壓迫的重要抵抗。它將差異的意從他者性及排除轉變為變異與特殊性，並迫使壓迫團體承認他們自身群體的特殊性。然而這種對群體認同的肯定，本身不也是表達了一種社群理想嗎？不也是臣服於排除的衝動嗎？

一些主張正面群體差異的社會運動已從慘痛的對抗過程中發現，尋求統一與相互認同的強烈欲望，確實具有排除的意涵。舉例來說，女性主義在創造女性空間及女性文化上的努力，就常常假定了某個女性特殊次群體的觀點——白人、中產階級、女同志，或是異性戀——於是隱約排除了她們中間那些擁有不同認同與經驗的女性，或讓她們成為隱形人（Spelman, 1988,; Phelan, 1987）。同樣的問題也出現在任何的群體認同運動當中，因為在我們的社會，大多數人都擁有多重群體認同，因此群體差異影響了每個社會群體。

這些反對社群的論證，並不是要反對建立並肯定正面群體認同及群體連帶關係的政治方案；做為一種工具，它可以對抗文化帝國主義，並挖掘出與自身及人們覺得有親近性的他人相關的事物。然而，對社群理想的批判透露出，即便在這類具有社群特殊性的脈絡中，親近性也無法意味著自我彼此之間的透明性。如果人們在熱切肯定群體正面意義時，企圖或嘗試強加一種強烈的相互認同感，他們就可能再生產出與他們所對抗的排除相似的排除。那些肯定群體親近性之特殊性的人，應當也同時認可、並肯定群體內的群體和個體差異。

城市生活做為一種規範性理想

社群的訴求通常是反都市的。許多社會學文獻對現代史的診斷，就是一場從可管理、安全的共同體社會（Gemeinschaft）邁向危險、官僚化的結合體社會（Gesellschaft）的運動，共同體社會被鄉愁式地重構為一個失去的起源世界（Stein, 1960; Nisbet, 1953）。許多人追隨著盧梭將古代城邦及中世紀瑞士自由市（Bürger）浪漫化，並哀嘆現代城市的商業活動、失序及無法管理的大眾特徵（Ellison, 1985; 參看 Sennett, 1974, chaps. 7-10）。在整個現代時期，城市經常受到責難，認為它體現了傷風敗俗、人工造作、失序及危險——它是叛國陰謀、非法的性、犯罪、偏差及疾病的溫床（Mosse, 1985, pp. 32-33, 137-38; Gilman, 1985, p. 214）。現代城市的典型形象，表達了所有社群重現欲排除的那些反面價值。

然而，都市性是現代（更別提後現代）狀況的地平線。當代政治理論必須接受都市性做為那些生活在發達工業社會中人們的物質性給定。都市關係定義的不只是生活在大都會中人們的生活，也定義了居住在市郊和城鎮中人們的生活。我們社會生活的結構被人們之中龐大的時空中介網絡所形塑，因此幾乎每個人都依賴看得見或看不見的陌生人；這些陌生人是人們自己和他們共事者的中介，也是他們自己和他們所渴望對象的中介。都市人在地理上與越來越大的地區連結，不再把長距離通勤、或開一個鐘頭車去過夜生活當一回事。大部分的人經常在日常活動中遇到陌生人，而且不以為意。我們所擁有的物質環境及結構定義了都市關係，並以之為前提。我們社會及世界上大多數其他國家的人口規模，結合了持續與千百萬其他人共同形成的國家或族群認同感，都支持這樣的結論：解散城市的願景，是一個毫無希望的烏托邦。

此外，以給定的現代都市生活做為起點，不只是必須的，也是可取的。即便是對許多哀嘆異化、官僚化及資本主義父權社會之大眾特徵的人來說，城市生活也有著強烈的吸引力。現代文學、藝術及電影，都讚美著城市生活的活力、文化多樣性、技術複雜性，以及活動的多樣性。即便是最死硬派的去中心化社群支持者，也有許多人喜歡帶著來訪的朋友逛逛他們所居住或是鄰近的波士頓、舊金山、紐約，登上高樓看看璀璨夜景，或品嚐最好的異國風味餐館美食。我提議建構一種規範性的城市生活理想，做為社群理想及它批判為非社會的（asocial）自由主義個人主義之替代方案。透過「城市生活」一詞，我指的是一種社會關係形式，並將其定義為與陌生人的共同生活。在城市中，人們及群體在空間及機構中互動，他們都體驗到自己屬於這些空間與機構，而不需要將這些互動融為一種統一性或是共同性。城市生活是由一群一群具有親近性的人們所組成：家庭、社會群體網絡、自願性社團、鄰里網絡，大量的小型「社群」；然而，城市居民經常跨出這類熟悉的飛地，進入政治、商業或慶典這些更為開放的公共之中，這些也是陌生人相遇及互動的場合（參看 Lofland, 1973）。城市生活讓一個人的認同與活動被放置在大量各式各樣活動的相關視野之中，並且意識到這未知、陌生的活動將會影響到人們自己活動的條件。

城市生活是龐大，甚至無限的經濟網絡，這網絡是由生產、分配、運輸、交換、溝通、服務及娛樂消遣所組成。為了達成自己個人的目的，城市居民依賴著成千上萬的其他人及大型組織資源的中介。城市居民因此共同生活在應然、且有時也是實然的單一政體之中，彼此聯繫在一起。他們的共同生活必然會帶來某些共同的問題與利益，但他們並未創造出一個擁有共享的最終目標、相互認同與互惠的社群。

一個規範性的城市生活理想，必須從我們被給定的城市經驗開始，並在那裡尋找屬於這種社會關係形式的優點。將理想定義為尚未實現的實際可能性，我從城市經驗中推斷出四種這樣的美德：

（一）**沒有排除的社會分化**。都會大眾社會中的城市生活，與支持的社會網絡及次文化社群並不相悖。事實上對許多人而言，這正是它的必要條件。在城市中社會群體的差異會欣欣向榮。現代化理論預測，隨著普遍主義的國家機構更直接地碰觸到人們的生活，隨著人們遭遇到許多認同與生活風格與自己不同的他者，他們對地方、族群及其他群體的社會歸屬感便會衰退。然而，有相當的證據顯示城市生活常再次強化群體差異，以及城市甚至會鼓勵形成新的社會群體親近性（Fischer 1982, pp. 206-30; Rothschild, 1981）。偏差或弱勢群體在城市中不僅找到匿名的掩護，也找到小鄉鎮中無法找到的關鍵大眾。例如人們就很難去想像，如果沒有現代城市的條件，男同志或女同志的群體親近性該如何形成（D'Emilio, 1983）。再舉一個例子，雖然對立於鄉村生活的城市生活已經改變了芝加哥人的生活與對自我的看法，但城市生活在瓦解某些傳統實踐、或是促進人們同化於盎格魯人的語言及價值時，仍鼓勵群體認同及對文化民族主義的渴望（Jankowski, 1986）。在實際城市中，許多人對他們不認同的群體成員會表現出狂烈的憎恨態度。然而，他們卻比那些居住在小鄉鎮裡的人更傾向認可社會群體差異的存在是一種給定、是他們必須與之共存的（Fischer, 1982, pp. 206-40）。

在城市生活的理想中，自由導致了群體分化，也導致同契群體的形式，但是這種群體的社會及空間分化是免於排除的。都市理想表達了差異，正如我在第六章中對差異的定義：一種肩併著肩的特殊性，既不會被化約為同一性，也不是完全的他者。在這個理想中，群體並不是處在包容與排除的關係中，而是重疊、混合、但並未變得同質。雖然正如我們現在所體驗到的，城市生活有著許多的界線與排除，但正是我們對於城市的實際經驗、它暗示著一個沒有排除的分化可以是什麼樣貌。許多城市的社區鄰里有其獨特的族群認同，但其中也居住著其他群體的成員。在好的城市裡，人們會越過一個明顯的鄰里到另一個，而不會清楚知道它們從哪裡開始、盡頭在哪裡。在城市生活的規範性理想中，界線是開放而未決的。

（二）**多樣化**。群體在城市中發生相互融合，部分原因是社會空間的多用途分化。都市空間的有趣之處、吸引人們走入公共場合、讓人覺得歡愉且興奮之處，就在於它們所支持的活動的多樣性。當商店、餐廳、酒吧、俱樂部、公園和辦公室散布在居住區時，人們對自己的鄰里就會產生一種親睦感，他們會走出家門，在街上彼此相遇、交談。他們感覺自己的鄰里是一個「地點」或「地方」，因為那家酒吧的特殊客群，或因為那家餐廳有著聞名全市的披薩。相較於單一用途的鄰里，無論商業人士或居民往往都會對這樣的鄰里有更多的承諾與關懷。多功能的街道、公園及鄰里也比單一用途的功能化空間更安全，因為街道上大部分時間都會有人，而且人們對這個地方會有感情投入（Jacobs, 1961, chap. 8; Sennett, 1970, chap. 4; 參看 Whyte, 1988, chaps. 9, 22-25）。

（三）**魅惑力**（erocicism）。城市生活也將差異體現為魅惑力，就對於他者的吸引力的廣泛意義而言，魅惑力就是當人們被拉出自己那安全的例行軌道、邂逅新鮮而陌生的驚奇事物時，所感受到的歡愉與興奮（參看 Barthes, 1986）。城市的魅惑力面向始終是它可怖的一面，因為人們總是可能在城市生活中失去自己的認同並墜落。然而，我們的歡愉也來自於我們歡迎、並對被自己認為是不同的那些人感興趣。我們在禮拜天的午後漫步中國城，或是到公園裡看看這禮拜有什麼稀奇古怪的表演。我們期待餐廳、商店和俱樂部提供我們某些新奇的事物，新的異國風味美食、不同的氣氛、及不同的人群組成。我們走過城市的不同區塊，感受到這些區塊擁有不屬於我們的獨特特質，來自不同地方的人們在這裡打成一片，接著回家。

這裡談到的魅惑吸引力，正是社群的對立面。在社群理想中，人們覺得得到肯定，是因為那些他們與之共享經驗、感受及目標的人們認可他們也被他們認可。然而，有另一種歡愉是與某個主體性邂逅的歡愉，是與一組不同的、陌生的意義邂逅的歡愉。人們因為被拉出自己的世界，而了解到原來城市中還可以有其他的意義、實踐、觀點，原來透過與他們的互動可以學習到某樣事物，或對某樣事物有更豐饒、更不同的經驗。

城市的魅惑力也源自其物質存在的美學：明亮、多彩的燈光、宏偉高樓，時代、風格及目的不同的建築物櫛比鱗次。只要行經街角或穿越幾個街區，就可以感受到不同的空間氛圍、新的街景與聲音，以及新的互動性律動。城市的魅惑力意義來自其社會及空間的無窮無盡。它是由多個地方構成的地方，城市將自身摺疊出如此豐富的層次及關係，於是它是不可理解的。人們無法

「理解城市」，人們從不覺得好像已經沒有新鮮有趣的事物可以探索、沒有新鮮有趣的人可以認識了。

（四）**公共性**。頌揚社群價值的政治理論家們，經常將公共詮釋為統一性及相互了解的領域，但這和我們對公共空間的實際經驗並不一致。因為在定義上，一個公共空間就是一個任何人都能接近使用的地方，任何人都能參與並觀察；當進入公共空間時，人們始終會有遇到和自己不一樣的人的風險，即那些認同不同群體或擁有不同意見、不同生活形式的人們。城市的群體多樣性最常明顯地表現在公共空間中，這有助於理解它們的活力與刺激。城市提供了重要的公共空間，譬如街道、公園與廣場；在這些地方，人們可以或站或坐地聚在一起互動、交流，或只是看看彼此在做什麼，人們並沒有在一個「共享最終目標」的社群中被統一起來。

政治，一種提出議題、決定制度和社會關係應如何組織起來的批判性活動，極度依賴一個每個人都能使用的空間和論壇之存在。在這類公共空間中，人們與他們可能不了解或是不認同的其他人、意義、表現和議題相遇。舉例而言，公開示威的力量就在於它們經常將可能的話人們或許會迴避的議題、需求和人群，帶給經過公共空間的人們。做為一個規範性的理想，城市生活提供公共空間與論壇；在這些地方，任何人都能說話、任何人也都能聆聽。

由於城市生活是陌生人、多樣交疊的鄰人的共存，社會正義就無法透過建立一個啟蒙的普適性公共而產生出來。相反地，城市中的正義要求的是差異政治的實現。這種政治放下制度和意識形態的工具，並透過給予政治代表權的方式認可、肯定多元的社會群體，並讚美他們獨特的特色與文化。在這個沒有壓迫的城市，人們對未被同化的他者性張開雙手。我們都擁有自己熟悉的關係與親近性，並擁有我們感到親近、共享日常生活的人們。這些家庭和社會群體所通往的公共，是一個所有人都參與其中的公共，而且是一個必須對所有人開放、讓所有人都能參與的公共。然而，和社群主義傳統相反，那個公共不能夠被構想成一個超越群體差異的統一體，或是必定意味著全然的相互了解。在公共生活中，差異保持著未被同化的狀態，但每個參與的群體都承認差異，並樂於聆聽他者的意見。公共是異質、多元、有趣的公共，一個人們可以觀察彼此的地方，可以欣賞多元文化表達的地方，而這些文化表達是他們並未共享、也並不充分了解的。

城市與社會不正義

只有當一個理想是來自真實經驗所提示出的可能性時，它才能夠啟發出改變社會的行動。在偶然的情況下，我提出的城市生活理想在今天的一些城市中已斷斷續續地得到了實現。然而毫無疑問的是，今天美國的許多大城市仍是破敗、貧窮與犯罪的溫床。而幾乎同樣毫無疑問的是，人們逃離這些城市之惡來到沿著壅塞高速公路串成一列的小型鄉鎮和郊區，這些鄉鎮和郊區同質、隔離，且被視為私人所有。無論是哪一種情形，城市生活理想做為一種差異在開放性中得到肯定的魅惑化公共活力，聽起來或許像個可笑的烏托邦。因為在今日的城市街道上，大剌剌地坦露著深層的社會不正義：躺在家門口的無家可歸者、公園裡的強暴事件，還有冷血的種族歧視兇殺案——這些才是城市生活的真相。

我在第一章中曾論證，社會正義的批判理論不只必須考量分配模式，也要考量生產及再生產這些模式的過程及社會關係。儘管財貨及資源的分配議題對社會正義的反思是重要的，但決策權力及過程、勞動分工及文化也一樣重要。除了放在城市的社會正義脈絡，沒有其他地方可以更好地說明這個論證了。從建築物、鄰里和鄉鎮的表情中，人們可以讀出分配的不平等。城市已有太多地方大家都同意不適合人居，而這些地方距離富麗堂皇的企業總部或豪華獨棟公寓也許只是一步之遙。分配的正確原則和方法也許是個爭議話題，但當人們信步走過美國城市街頭時，很少人會否認現有的分配確實是出了問題。

然而，生產及再生產這些分配的社會結構、過程及關係，在我們城市的表面卻並不是如此明顯可見。而規範性理論必須確認並評估它們和它們所造成的結果。在這個小節，我將討論這些造成支配與壓迫的過程的三個面向：（1）中央集權化的企業及官僚式支配；（2）市政當局的決策結構及它們隱藏的重分配機制；（3）隔離與排除的過程，包括城市中及城市與郊區之間的隔離與排除過程。

（1）企業及城市權力曾經一度重疊。過去，公司在城市起家，剝削城市人口的勞動力，而城市則隨著大公司的成功而成長、繁榮。工業鉅子統治著城市，不是直接擔任市政官員，就是間接成為城市政策的幕後制定者。統治家族對這些城市有種自利性的家父長心態：他們熱衷於慈善事業，他們興建博物館、圖書館、公園、廣場及雕像做為送給公眾的禮物，並為自己的財富與企業天才興建紀念碑。這些工業舵手的統治經常殘酷無道，他們讓大多數人始終處在悲慘、無知的境地，但他們對地方還是有感情，因為在經濟、社會和政治上他們都必須依賴一個或幾個城市。

但今天的企業資本是沒有家的。統治世界經濟的企業比許多城市還大，有些甚至大過了許多國家；他們的分支企業遍布全球，沒有一個所謂的中心。併購、互派董事（interlocking）、控股公司、透過證券和股市投機行為分散股權，這些都意味著政治和經濟權力已經從地方撤離。就如同衛星信號般，資本迅速地從大陸的一端移向另一端、從世界的一端移向另一端。它的方向視利潤的拉力而定，而它的指揮者幾乎不曾考慮到它的運動可能影響到地方經濟。

為了經濟基礎建設的活力，市政當局依賴著這些來去如風的資本。它們必須在公開股市中籌募公共建設基金。由於國家或州的政策不會鼓勵在特殊的城市或地區投資，而這些城市或地區需要資源和有助經濟活力的產業，因此城市必須彼此競爭，以提供吸引人的「投資氣候」（參看Elkin, 1987, pp. 30-31）。它們依賴私人資本來興建住宅、辦公室及商業空間、生產設施、公共工程；而有了所有這些建設，當然了，就會帶來工作。他們的公共資金主要依賴於對界線範圍內從事生意的私人投資者課稅。在企業決策者面前，城市一度至少掌握了不可一世的權力與聲望；然而今天，城市的地位已經被貶為卑微的乞求者，只有小小的討價還價能力而已。

城市在州面前也相對無能。傑若德・福洛格（Gerald Frug, 1980）仔細說明了美國自由主義者如何對城市特殊獨立的法律地位始終抱持著敵意，以及法律如何逐漸剝奪了城市曾經擁有的大部分權力。城市今天只擁有州政府委派的那些權力而已，而且這些權力還通常受到司法解釋的嚴格限制。城市所擁有的決策權威僅限於被認為完全屬於地方的事務，但這些事務卻越來越少。州法不止規定了城市能夠徵收的稅種與數額，也限制了城市借貸的權力。城市能夠通過的法律種類亦受到限制，一般僅限於「福利改善的監管性服務」（參看 Elkin, 1987, pp. 21-31）。

不只是法律權力受到州的限制與監管，城市也變得越來越依賴來自州和聯邦政府的運作基金來提供它們的服務，越來越受州和聯邦政府在公務行政體系中的職權所控制。在城市層次管理及執行的健康、住宅和福利服務，通常受到州和聯邦官僚體制的監管，而城市也依賴州和聯邦撥款才能讓這些服務持續運作。許多地方性服務，「像是教育、交通運輸和醫療保健，都不是由城市、而是由特殊行政區或公共權力機構所提供；它們的組織跨越城市界線，而城市對此並無控制權。」（Frug, 1980, p. 1065）過去十年的「新聯邦主義」（new federalism）並未顯著改變城市對更大官僚體制實體的財政依賴。它多少增加了城市的行政責任，但經常同時消減了城市能夠自行處置的資源。

無論是公共或私人的，中央集權化官僚體制對城市經濟的支配，往往讓生活或經驗的空間與抽象規劃及計算下的商品化空間脫離關係（Gottdinger, 1985, pp. 290-97; Castells, 1983, chap. 31）。資本主義官僚化理性助長了圍繞廣大區域的鳥瞰式規畫，範圍可以包括巨大的都會區，或甚至好幾個州都一起納入。從這種鳥瞰的視野，投資者及負責規劃的官僚決定高速公路、工廠、購物設施、辦公室和公園的所在位置和設計。他們從他們的投資組合及中央集權化辦公室運作的觀點決定出最理性、有效率的投資，但卻不必然是從他們所要投資的地方的在地觀點。這種官僚理性和效率太常造成喪失活力的功能區隔，並帶來我將簡短討論到的壓迫性後果。它也經常造成資本從某個地區突然撤資，而另一個地區則出現大量破壞性的投機行為，每一種都對當地人民的福祉造成顯著的後果。

設計者規劃的實現，創造出了一個效率及笛卡爾式理性的抽象空間，經常對人類活動及互動的生活空間造成支配及移置的效果：

> 地方對於人們之意義往往消失了。每個地方及每個城市，都從它在一個網絡階層結構中所處的位置得到它的社會意義；該網絡階層結構的控制及韻律將會從每個地方、甚至從每個地方人們的手中逃離。此外，人們將因一個越來越專門化空間的持續重構而被改變……。世界資本主義體系的新空間結合了發展的資訊及工業模式，是一個多變幾何學的空間，由在一個持續改變的諸流網絡中按照階層秩序排列的地方所形成的空間：資

> 本、勞動、生產要素、商品、資訊、決策及信號之流。支配階級的新都會意義，就是任何以經驗爲基礎的意義之缺席。生產的抽象概念往往變成了總數。新的權力來源依賴於對整個資訊網絡的控制。空間分解爲諸流：城市變成了陰影，會因爲城市棲居者忽視的決策，而爆炸、消失。外部經驗從內部經驗中被割離開來。新的傾向性都會意義，即是人們從他們生產和他們歷史分離的一種空間與文化上的分離。（Castells, 1983, p. 314）。

（2）雖然城市與鄉鎮政府受到州和企業命令的嚴重限制，但它們確實會做決策，尤其關於土地使用與分區規劃的決策。然而，地方層級的決策結構與過程經常容易創造並加劇不正義的嚴重性。

我在第三章討論了福利資本主義社會中的政策形成如何傾向於去政治化，並透過一個由利益團體議價者組成、相對封閉的俱樂部而運作。這樣的去政治化，也許這種現象在市政層級上甚至比在州或國家層級上更為典型。史蒂芬·艾金（Stephen Elkin）論證，在大部分城市裡，土地使用決策、也就是最影響城市及其經濟生活的空間環境的地方決策，是一種準私人過程，涉及了由資本主義開發商、城市官僚和民選市政官員所形成的三角關係。這些群體的假定與利益，是他們在做這類決策時所設定的基本參數，但卻往往不受質疑、也鮮少得到公開的討論。艾金認為，這個例行的框架通常都是偏向成長和市中心的開發，強調大型、炫目、能見度高的計畫。然而經驗紀錄顯示，偏向這些方向的土地使用決策造成了不平等的增加（參見 Elkin, 1987, chap. 5; cf. Logan and Molotch, 1987, chaps. 3 and 4）。

在給定的基本資源與制度結構下，城市裡的利益團體競逐著城市計畫的分配效應，並為此討價還價。有些利益比其他利益更有組織能力、更能輕鬆接近主要的決策者並取得他們擁有的資訊，諸如此類，因此這個政治過程通常不是再生產出原初的分配、就是增加了不平等（Harvey, 1973, pp. 73-79; Elkin, 1987, pp. 93-102）。

依據不被質疑的例行公式私有化土地使用決策的框架，以及利益團體針對運用這一框架所得到結果的議價，共同說明了大衛・哈維（David Harvey, 1973, esp. chap. 3）認為生產並再生產了城市中社會不平等與壓迫的幾個「隱藏機制」之一。除非了解並重新形塑這些隱藏機制的結構，否則改善窮人、邊緣者或那些在其他方面處於劣勢者的生活與機會政策，不會產生多大影響。哈維提到的其他兩個這類機制，是位置和適應力。

土地使用計畫的位置，經常會對城市居民產生嚴重的重分配效果。有些居民，通常是窮人和沒有被組織起來的人，會被計畫遷移到不同地方。生產設施、公共服務、交通運輸設施、住宅和購物區的位置，對不同區塊的人們會有不同的影響。鄰近一個設施可能會有利某些人，讓他們更容易或是以更低的代價取得某樣好處或活動。但另一方面，鄰近其他種類的設施可能會不利一些人，因為這對他們造成了種種不便，例如灰塵、噪音或環境危險。雖然一個人自身的物質處境可能是不變的，然而他或她的生活機會卻可能因周遭環境的改變而產生顯著的變化（Harvey, 1973, pp. 56-63）。都市變化所造成的改變，可能不只涉及金錢的負擔、不便、或不能夠接近使用資源和服務而已，還會造成幫助定義一個人自我感、或一個群體之空間及文化的那個環境的喪失（Elkin, 1987, p. 90）。

根據哈維的說法，另一個重分配的隱藏機制，是不同群體的適應力：有些群體比其他群體更有能力適應都市環境的變化。因此，一個群體的適應程度經常落後於另一個群體，於是增加了它們之間的不平等。然而，同樣常見的是，適應能力上的差異源自其文化或生活風格（Harvey, 1973, pp. 62-64）。貧困、剝削、邊緣化及文化帝國主義經常讓那些較不具都市變化適應力的人們更常被要求這麼做（Elkin, 1987, p.86）。

（3）我已經提到，科層理性如何將秩序與功能的抽象空間強加於多用途互動的生活空間上。二十世紀都市空間的功能化與隔離呈現了穩定增加的趨勢。最早的隔離，是將住宅區與製造、零售、休閒、商業及政府在空間上分隔開來。然而近幾十年來，人們卻看到這些其他功能的每一個都與其他功能出現空間隔離的情形，並且快速增加。在自己築了高牆的飛地內發生的每一種活動，都與其他活動明顯地切割開來。

都市空間的功能隔離降低了城市的活力，讓城市生活更單調無趣、無意義，而且危險。白天的市中心人們熙來攘往好不熱鬧，晚上卻像個詭異的空城，人們蜂擁擠入室內購物中心，但儘管設計師盡了最大的努力，這些購物中心卻仍然無聊得令人發狂。人們居住的社區鄰里無論白天或晚上，都看不到幾個人在街頭走動，因為沒有地方可以去，也沒有什麼可看的；如果不想侵犯別人隱私的話。

這樣的功能區隔以幾種方式擴大了壓迫與支配。工作地方與居住社區的區域分隔，也將工作場所之間的工作者利益劃到一邊，而消費者和鄰里社區的考量劃到另一邊。當企業和州的官僚建造著他們對城市和地區的鳥瞰圖時，公民卻無法參與同樣規模的重大集體行動，因為家庭與工作的分隔讓他們無法建構一個更大的模式。

住宅區與購物中心、製造業、公共廣場等的區域分隔，也對女性、尤其是母親的生活產生特殊的破壞性後果。一個居住在中心城市公寓裡，商店、餐廳、辦公室、公園及社會福利機構都在步行可及距離內的全職家庭主婦及母親，她的生活會和生活在郊區平房、周遭數英哩內只有房子和學校的女性很不一樣。這種都市功能的區隔，迫使家庭主婦生活在孤絕與沈悶乏味之中，也讓她們的工作——購物、帶小孩、帶他們參加活動、看醫生、看牙醫、和保險經紀人見面等——變得更困難也更花時間。視程度而定，只要她們仍負擔著照顧孩子及擔任其他家庭成員依賴者的主要責任，職業婦女也會成為都市功能之空間分隔的受害者，因為它經常限制她們的工作機會，讓她們只能選擇那些接近住宅區位置、少數但通常報酬很低的文書或服務性質工作，要不然就是迫使她們每天以三角、甚至四邊形的路徑穿越大範圍的城市空間，從家裡到托兒所、到工作地點、再到雜貨店、再去接小孩、再回家（Hayden, 1983, pp. 49-59）。這種功能分隔及其產生的必須依賴交通運輸才能工作及取得服務的必然結果，也直接增加了某些人的邊緣化——老人、窮人、身心障礙者，以及其他因生活處境及可取得使用的資源有限、故較無能力獨立在廣大區域移動的人們。

我說過，規範性的城市生活理想是一種沒有排除的社會分化。群體將根據親近性而分化，但界線無法判定，且存在著許多的重疊及混雜。當代都會生活最令人不安的面向之一是其中發生的憎惡行為之深度及頻率。群體隔離是由憎惡感產生的，憎惡感貶抑某些群體的價值，將他們定義為必須迴避、防範的全然他者。銀行、房地產公司、市政官員、報紙及城市居民都提倡某種社區鄰里的形象，社區鄰里是只有某些種類的人們才屬於的地方，而其他人則不屬於這地方，這深刻地強化了憎惡的種族歧視、以及將某些群體建構為可鄙的那個機制。分區管制強化了階級隔離，在很大程度上也強化了種族隔離，方法是從富裕的社區鄰里甚至從全市中排除多戶家庭住宅，舉例來說。這些群體排除手段產生出了對任何被認為「不屬於」某個地方的人所進行的騷擾或暴力之條件。如同我已經論證的，鄰里社群的迷思及共同價值與生活風格的迷思，加劇了這類的排除。

這種隔離對社會正義產生的最深遠影響，也許是城市本身的法律隔離。雖然社會和經濟過程幾乎消滅了都市與鄉村生活的任何區分，而企業及官僚規劃包含了龐大的大都會地區，但這些同樣地區又包含了許許多多法律上有獨立地位的自治市，它們有自己的地方政府、法規及公共服務。為了避免當代城市生活的醜陋、複雜性及危險，經常也為了避免必須和某些種類的人互動，許多人在城外的郊區和小型鄉鎮尋找社群。鄉鎮地方小，又可以在州和聯邦規定的限制之內合法地自訂法規，兩者相加遂產生了地方控制的幻想。事實上，鄉鎮的隔離讓他們無能對抗企業及官僚體制的支配。

此外，城市和郊區的法律和社會隔離也造成了社會不正義。大部分美國城市和它們的郊區間都存在著直接的剝削關係。郊區居民在城市工作、使用城市的服務、享受著城市生活，但除了徵收城市受入或營業稅的極少數例子外，他們並不繳稅給城市。郊區的自治市通常因為離城市近而得到好處，但他們的法律自治地位讓他們幾乎、或根本不必為此付出代價（Lowi, 1969, p. 197; Harvey, 1973, p. 94）。

借助其法律自治地位，一些自治市將某些種類的人和活動從自己的界線中排除出去。因為地方政府是用從居民身上徵收的稅金做為支付地方服務的資金，因此有些鄉鎮和城市的學校和服務會比其他地方良好得多。由於每個自治市都有自己的學校、警察、消防局和其他的公共服務，因此不同地區的服務密度和品質經常存在著不公正及無效率的失衡情形。

在私人資本控制下的大規模、相互依賴的經濟體系脈絡中，「自治成了大多數城市的重擔，只有最富裕的鄉鎮有能力從他們形式上的獨立地位創造出特權。地方的政治自治及其意涵的規劃權力，再生產並擴大了地方之間的不平等，而非弭平它們（Logan and Molotch, 1987, p. 152）。

這些不正義的原始來源，在於結構性的決策組織。雖然我在本節中討論的所有城市生活問題都涉及了分配的議題，但是它們牽涉到的壓迫和支配的完整範圍，只有透過文化和決策結構的考量才能被充分理解，因為它們影響了城市的地理、活動及分配。

沒有自治的賦權

我同意許多參與式民主理論家的看法：要削弱支配與壓迫，必須先有政府和企業決策的民主化。許多參與式民主的理論家將這類民主化等同於都市決策的去中心化，以及創造小型的自治地方社群。在做為結論的這個小節中，我將挑戰這種民主模式，並主張「社會正義涉及彼此認可、並肯定對方特殊性的群體間平等」這樣的社會正義；而在我們社會中最好的實現方式，就是透過大型區域政府及其直接鄰里及鄉鎮的代表機制。

為了解決城市受到州和企業官僚體制支配的問題，福洛格（1980）建議進行法律、經濟及社會改革，授予自治市對自己界線內大部分活動自治的地方控制權力。就他的觀點，要去中央化權力及賦予城市實權，必須讓自治市可以控制經濟企業、克服私人及公共法人權力間的分離，而城市對於境內主要的生產、金融及商業實體必須享有實質自治的控制權。第一步，福洛格建議，對於銀行和保險機構的控制權必須要轉交給城市，城市才能對建設和發展的投資決策及方向、以及營利機構的歲入來源取得實質權力。然而，這類經濟控制權的目的是要將州權力去中央化，並創造出在個人與國家間進行中介的自治政治實體，讓個人擁有真正的參與及自決的機會。

再舉一個例子，穆瑞・布克欽（Murry Bookchin）也呼籲讓經濟活動受到城市的控制，以及創造小型、去中央化、自治的地方社群，人們從面對面互動、討論和決策中會體驗到公民身分帶來的獎賞。包括都市無限制擴張、企業國際化及政治的中央集權和官僚化傾向，都應該扭轉過來。自治市的權力應該在一個僅由邦聯協議連結起來的、小規模有機社群體系中被制度化；在這之上，沒有任何集中的州權力是至高無上的（Bookchin, 1987, pp. 245-70）。一些其他作者並未主張完全廢棄州，但仍將去中央化的地方自治做為優先選項（例如 Sunstein, 1989, pp. 24-26; Elkin, 1987, chap.7）。

這樣的願景十分具有說服力，在批判當代發達工業社會之階層結構、專家主義及官僚體制的民主理論家中也十分普遍。民主化要求發展地方討論及地方決策的草根制度。而除非決策納入經濟活動的參與，否則這樣的民主化是無意義的。當受到私人企業利益支配時，投資及土地使用將造成、或重新強化壓迫（參見 Elkin, 1987, pp. 174-80）。然而，我希望能質疑這種將民主等同於賦予自治性地方社群去中央化權力的常見看法。區分地方賦權和地方自治是有必要的。

主張創造擁有法律和經濟自治的去中央化自治單元的作者，鮮少精確定義他們所謂的自治指的是什麼。為了方便討論起見，我對自治下了下面這個較強的意義：無論個體或集體，一個施為者的自治程度，應視其擁有決定特殊議題及行動之單獨、最終權威且無其他施為者有權介入的程度而定。一個由行使自治性地方控制權力的小型自治市組成的去中央化民主政體願景，至少從顯見事實來看，意思就是每個自治市內的公民可以決定他們的政府形式、他們的規定及法律為何、他們的土地和經濟資源如何被使用及投資，以及他們公共服務的性質與範圍等等。

然而，這個去中央化民主政體的願景有些嚴重的問題，涉及了最深層的社會正義課題。我已經討論過，現存屬於地方自治範圍的土地使用分區規劃（zoning）功能，在許多自治市都造成了對低收入者和他們希望能夠離家較近的工作的排除效果。許多自治市自決選擇了不要大眾運輸系統，這也對窮人和老人造成了排除或孤立的效果。而郊區社群的自治選擇讓這些社群可以剝削城市的好處，卻不需要提供任何回饋。

如果整個社會都根據自治市所組成的邦聯（confederation）而組織起來，那有什麼可以阻止社群之間不平等及不正義的大規模發展？那麼，那些不住在享有更多特權或更多權力的社群中的人們，還有什麼可以阻止他們受壓迫？舉例來說，增加了地方自治權力，就可以保障所有人都能享有適當程度的社會及福利服務了嗎？（參看 Frankel, 1987, pp. 34-49）較大的地方自治可能產生的不公平，甚至會比現在的去中央化情形所產生的更為嚴重：貧困者集中居住在那些提供最廣泛社會及福利服務的地方，增加的負擔超出了它們生產和資源基礎的負荷量，而其他的自治市則袖手旁觀，認為那不是自己的問題。此外，又有什麼可以阻止一個自治市受到另一個自治市的經濟剝削呢？如果在一個乾旱的農業區，只有一個自治市擁有大量的水源，而其他自治市又沒有任何這個市想要的東西做為使用水源的回饋，那麼不論在金錢上或政治獨立上，它們可能都要付出高昂的代價。

無論原子是個人、家庭或城市，原子化的問題都是一樣的。至少是從霍布斯以來就一直很清楚的事情是，若是沒有一個主權權威（sovereign authority）來中介並管控施為者之間的關係，就沒有東西可以阻止支配、剝削及壓迫。布克欽提議以一組類市場契約或邦聯協議來阻止這樣的支配與壓迫，但這個提議預設了某種對自治市而言、甚至比對個人還更不真實的前提：自治市的權力、能力和資源都是相等的。當存在著多元而不相等的鄰里、鄉鎮與城市，其中的居民搬進搬出彼此的地方、並在複雜的交易網中進行互動時，只有一個司法管轄權及於它們全體的主權權威能夠公正地擔任它們關係的中介者。

我的意思不是說完全沒有我所定義的那種地方自治的空間存在。當然有理由讓個人享有相當自由度的個人自主性——一個個人擁有單獨做決定權利的領域，不受其他施為者，包括國家權威的介入。也有理由讓集體對一定範圍的決策與行動享有這樣的自治權。俱樂部、生產設施、商店、政黨、鄰里委員會（neighborhood committee）、及鄉鎮都應該有對某些行動的自治權。針對個人和集體兩者，人們都應該運用修正的米爾測試（Millian test）。[1] 無論是個體或集體施為者都有權利單獨決定自己的行動，條件是行動和行動的後果必須：（一）不傷害他人；（二）不抑制他人在彼此尊重及合作的限制下開發及運用自身能力的能力；（三）不構成迫使其他行動者行動的條件。這些條件確實讓自主性的限範圍變窄了，而我認為，集體施為者的自主範圍是比個體施為者更窄的。因為相較於個體行動，集體施為者的行動更可能以這些方式影響其他施為者。

這些條件所界定的自主性行動範圍，必然比我們現在的法律體系賦予私人企業及自治市的自治範圍狹窄得多，也比大部分主張去中央化民主政體的理論家所建議或暗示的要狹窄得多。然而，如果管控個體和集體行動的是民主式、參與式機關，這種對自主性的限制就不必是對自由或權力的限制。原則很簡單：當行動以我特別指出的那些方式，影響到許多不同的施為者時，所有這些施為者就應該參與決定這些行動和行動的條件。

我提到過的那些作家，主張以去中央化、地方自治權做為反制階層式支配、異化及無能的手段。但是，只有民主化才能面對那些問題，而民主化不必然意味著去中心化、具有自治性地方控制權的小型單位。政府當局應該比現在的市政府更加放權，但包含範圍也應該更大。

自治權是一個封閉的概念，強調的主要是排他性，即把其他人擋在外面、防止他們介入決策及行動的權利。自治權指的是**私人的事**（privacy），正是就我們現今法律體系下企業是私人的那個意義而言。自治權應該與**賦權**區分開來，我將賦權定義為施為者透過有影響力的發聲與投票參與決策過程。賦權是一種開放的概念，是公共性（publicity）而非私人性的概念。被賦權的施為者得以發聲、參與有關集體生活之目標與手段的討論，並擁有無論是透過直接或代表制度參與這些決策的制度化工具，以開放的態度一起面對一組公共，在這些公共中沒有誰能擁有自主性。

就最低限度而言，賦權意味著擴張透過民主過程進行的決策的範圍。舉例而言，即便美國政治體制中的其他事物不變，但若現在由執行的政府當局制定的規則和政策都開放民主參與，就會產生廣泛的民主化。再舉一個例子，若重要資本資源的運用是透過討論和民主決策來做成決定的，這就代表權力關係發生了重大的變化。

然而，拆除政府和企業權力的官僚體制階層結構、並將這類的決策交由民主方式來控制，確實也意味著參與必須變得更直接、更容易取得、且更在地。去中央化在地民主的理論家的信念是對的：他們認為民主參與就意味著權威不能夠集中在一個中心，遠離受它影響的大多數人民。它確實意味著必須要有在地的制度，就在人們居住及工作的當地，透過這些制度人們可以參與規則

1 這裡涉及了功利主義哲學家米爾（J. S. Mill）所提出的功利主義倫理觀，米爾認為至善就是最大多數人的最大幸福，由此推出個人自由的邊界就是不妨礙他人。對米爾而言，功利是道德的唯一標準，而個人行為的道德性要從社會總體效益來衡量，並以此來分辨高尚與低下的幸福。他認為如果人們親自測試，就會選擇崇高的那一種幸福。

的制定。於是，與許多其他的參與式民主論者有志一同，我想像鄰里可以做為一個基本的民主參與單位而集結起來（參看 Elkin, 1987, p. 176; Bay, 1981, pp. 152-60; Jacobs, chap. 21），也許是由職場、街區議會、當地教堂和俱樂部等以及個人代表所組成。儘管我前面對於巴伯的社群主義做了些批判，但我認為他有關這類議會（assembly）的角色與功能的提案是非常好的（Barber, 1984, pp. 269-72）。他們的目標是決定地方的優先事項及政策意見，而他們的代表應該在地區性的議會中發聲並捍衛這些決定。鄰里議會（neighborhood assembly）的司法管轄範圍可能和現存自治市相符，在大型都會地區應該要有好幾個鄰里議會。但是，在這樣一個重新形塑結構的民主體制裡，我們現在所認識的自治市將不再擁有主權權威。

為了解決我在前一小節中指出的城市的問題，政府權力的最低層級應該是區域性的（Lowi, 1969, chap.s. 9 and 10; Harvey, 1973, pp. 110-11）。我所構想的區域既是經濟單位、也是一塊人們可以認同為自己生活空間的地域。一個地區是人們可以尋常地來到這裡工作、購物、玩耍、拜訪朋友和帶著孩子來辦點事的空間，一日遊的範圍。它是電視和收音機的訊號傳輸範圍。一個地區的幅員因此隨著文化、地理、經濟基礎和主要的交通運輸模式而有所不同。地區經常有一個或是一群城市做為活動和認同的焦點，但是也包括了人口密度較低的郊區和鄉村地區。雖然幾乎難以自給自足，但是地區卻算得上是經濟互賴的單元，是人們生活與工作的地理區域，重要的分配在這裡發生，而大部分的分配都是在此地區製造的產品之分配。

甚至地區政府也不應該擁有完全的自治權，但它們的權力範圍可以是廣泛的，和現在地方自治市的權力一致或者超過它們的權力：立法、監管及徵稅的權力，對土地使用及資本投資的相當控制權，以及對公共服務之設計及行政管理的控制權。這類的地區政府應該由來自鄰里議會的代表組成，這些代表必須向鄰里議會負責。鄰里及職場將具有相當權力，可以執行地區政策及實施公共服務。最後，在地區政府層級，可運作我在第七章中建議的受壓迫群體代表體制。職場、鄰里議會及其他的集體也許可以選擇建立以群體為基礎的小組會議，但在地區層級的群體代表制應受到權利的保障。這些在討論及政策執行上的在地參與條款在賦權個體和社會群體的同時，政策也將在寬廣的司法管轄範圍內管控著也許數百萬人的生活。

有關政府層級和形式的討論提出了一個問題：美國目前存在的州和聯邦政府樣貌，是否是恰當的形式呢？許多大都會地區已擴大到了好幾個州；而一個由不同州法所統治的地區經常導致矛盾和非理性，這也是事實。若去考量州和全國性政府的角色或恰當性的問題，將會離我們的戰場太遠。然而，我有關自治權危險性的論證似乎表明，必須要有幾個層級的政府來協調社會關係及促進正義的實現；不過，正義也許會要求從根本上重新組織州和全國性政府。

除了制定規則和法律外，地區政府的主要功能會是規劃和提供服務。只有地區規模的規劃和服務提供，能夠解決今日都會生活典型的支配和壓迫問題。

民主化地區層級的投資決策將終結企業對地區生產與資本的壟斷。當擁有對於許多投資決策的控制權時，地區便可以進行符合自己工商業、住宅、交通運輸和休閒開發需求的規畫；不是考慮外地業主的私人獲利，而是從需求和用途來考量。在民主化地區性規畫中，針對如何最好地運用大量的資本資源，不同的部門、群體和利益之間一定會產生許多分歧與衝突，所做出的決策或許也並非總是最明智或最理性的。但是當一個地區已經有了五家巨大的購物中心時，一個民主公共不可能會決定在高速公路旁這家的對面再蓋一家，只為了把生意從那家搶過來。民主方式作成的投資規畫也不可能決定在一個辦公空間過剩的城市裡再蓋一間豪華辦公室。相較於幾百個企圖最大化自身利益的自治的公私單位，概略的民主規畫更可能作出理性而公正的分配決策。

地區層級的服務供給，可以解決許多我指出的目前都會生活流行的不正義之弊病。地區政府的一個主要任務就是提供地區性（也許是全國性的）標準化服務，目前許多這類的標準化服務都由個別的自治市支付及營運：學校、圖書館、消防及警力保護、健康和福利服務、高速公路、交通運輸、公共衛生等等。正如我之前提過的，雖然標準和政策會以地區為基礎，但是它們的行政管理可以交由地方負責。地區標準化的服務是一股在社會中已然存在的趨勢，最佳的範例就是公共交通運輸系統及健康維護組織。地區性營運的公共服務可以極大化這些體系的效率。十五個小型自治市各自維持自己的消防局，而每個市的三台消防卡車一年只出動兩次，這種做法既愚蠢又刻意。但是，以地區為基礎的公共服務的主要好處是，它們對正義有最佳的促進效果。舉例來說，地區性標準化並由地區負擔經費的學校可以降低「白人成群遷移」（white flight）的動機，及其造成的市中心區學校劣化的結果。這類由地區負責行政管理的學校應該與嚴肅地賦權家長及老師的校務委員會一起，共同制定自己學校的政策（參見 Bastian et al., 1986, chap. 6）。

地區性規畫及服務供給，將必須處理哈維（1973）所討論的結構不正義問題：設施及服務的位置有利於某些人，卻讓其他人陷入劣勢；有些群體則比其他群體擁有更多的權力和影響力。如果是採取傳統利益團體議價及仲介形式，就沒有任何理由認為地區性政策會在反擊結構性不正義這件事上做得比目前的城市政策更好。但如果是納入有效、特殊的受壓迫及劣勢群體代表，而進行重新結構化的民主參與過程，理所當然地再生產出這種不正義的可能性就小多了。

結論的部分，將針對一些地區性代表制應該遵循的原則進行考量。第一個原則，地區應該促進自由。我已經說過，重要的資本投資決策、開發、建設及規劃決策，都應該要公開、民主化、參與式、以地區為範圍。這並不是預先排除任何「私人企業」——為了私人決定的目的而出於選擇地參與各種活動的個人和集體。任何層級的政府（無論地區、州或全國）都應該保護並鼓勵個人和集體能夠在管制和規劃決策的限度內自由從事自己選擇的活動。只要他們的活動不會傷害到其他的施為者、或抑制它們開發及運用自己能力的能力，個人和集體就不只應該能夠做他們想做的事，還應該能在他們想要的地方做他們想做的事。這意味著必須對土地使用分區規劃的意義與功能進行改革（參看 Hayden, 1983, pp. 177-82; Sennett, 1970, chap. 4）。差異化城市生活的理想，原則上是指人們不該擁有從公共區域中排除個人或活動的權力或權威。人們應該要能夠開商店或餐廳，蓋他們想要的住宅、建生產設施、造個公園、經營宗教中心、或為任何人群提供諮詢服務，而不會受到土地使用分區規劃的管制限制他們對位置的選擇。可能成為他們鄰居的人們可以自由地阻止他們，但他們不該擁有可以排除他們不想要的活動或建設的法律權威。

其次，做為一個原則，地區規劃決策應該以極小化隔離與功能區劃及培育多樣而共存的群體和活動為目標。鼓勵多功能用途的鄰里，最有助於居民方便地接近及使用財貨、服務和公共空間，並因此極小化某些邊緣化的壓迫。此外，鼓勵空間和土地使用的多樣化、而不是空間的功能區劃，也往往讓任何設施變得更有吸引力、更人性化。相較於座落在人們看不見的郊區工業園區中、不知不覺地影響著周遭居民健康的生產設施，座落在住宅區、日間托育中心和公園附近的生產設施更可能管制自己的污染影響，並讓自己的建築物外表具有適度的吸引力。

最後一個原則是，以地區為基礎的公共政策、規劃及服務供給，應該致力於培育公共空間：議會廳、市內及室外廣場、寬闊的人行道、休閒設施和公園。也許除了賣東西以外，這類空間應該開放給所有的活動，也應該禁止車輛通行。必須要讓人們可以輕鬆地使用這些空間；只有為了安全和公平性起見時，才需要徵求許可，這樣一來，比方說，一個群體就無法日復一日地占用一整個公園或廣場了。應該要在任何時候都可以發表演說、展示標語及或採取其他的表達模式，而不需要徵得許可，小群體的集會也是如此。

我在本章批判了參與式民主理論中透過社群理想來否認或遺忘社會差異的主流趨勢。我試著透過對城市生活理想的展望來豐富差異政治的意涵，這樣的一種理想是陌生的人們在對群體差異的開放性中能夠共同生活在一起。這個理想無法原封不動地付諸實行。社會的改變源自於政治，而不是哲學。然而，理想是解放政治中關鍵的一步，因為我們總是把給定當成是必要的，而理想驅散了這樣的假定。它們提供了批判給定的立足點，啟發我們對於另類選擇的想像。

結語：國際正義

以一個開場白代結語

由於我認為批判理論產生自歷史與社會情境，因此我將本書對社會正義的討論限制在西方福利資本主義社會，尤其是美國。然而，也正是因為相對於世界上其他地方美國所處的位置，任何社會正義論者都被迫去探詢關於世界其他地方的正義，包括國家之間及國家之內的正義。相對於世界上存在的許多壓迫，美國占據了一個特權地位；而起自美國國家或私人機構的行動，也造成了許多的壓迫。

我在前幾章發展出的原則、分類及論證，並無法簡單地延伸或運用於國際關係的脈絡，或是南半球、東半球許多國家內的正義課題。然而，若要了解世界上這些地方的社會正義，這些原則、分類及論證也並非毫不相關。類似我在美國脈絡中討論過的課題也在世界的其他地方上演，無論是國家之間或國家之內。要在這些其他脈絡的相對位子適當地處理它們，也許得修正這些議題、原則、分類，或論證的構想或陳述。在寥寥數頁的結語之中，我將探討把本書討論到的課題延伸至國際脈絡及非西方福利資本主義社會的正義脈絡的方法。再一次強調，這樣做意味著這是一個開始，是提出進一步研究的問題，而不是關於國際正義的任何決定性聲明。

從規範的角度從事國際正義的理論工作，尚在初期階段；至少在非裔美國作家中間是如此。然而，至今浮現的國際正義文獻，往往落入了正義的分配式典範內。例如，在查爾斯・貝茲（Charles Beitz, 1979）有關國際道德的傑出論著中，他就將大部分關於正義的討論放在國家間財富及資源的分配議題，特別是討論從富國朝向窮國的資源重分配是否在道德上是必須的。在世界的脈絡中，分配議題也許比在單一社會脈絡中更為重要，尤其是相對富裕的西方福利國家。資源取得的不平等、殖民主義的歷史包袱，以及目前國際貿易、金融及剝削性投資的掠奪，導致了國家之間在生活標準上的巨大不平等；這些問題都代表了顯而易見的分配不正義。

然而，我對聚焦在分配性議題上所做的批判，運用在這些脈絡中也許會更有力量。若沒有對形塑分配背後決策權力結構的制度關係進行分析，也沒有對這些決策結構的正義進行評估，道德論者就無法觸及重要的國際正義課題。勞動分工及文化也提供了重要的範疇，可以從正義的角度來概念化國家之間的關係，而那些關係是無法被化約成分配的。

我主張應該從支配與壓迫的範疇來了解不正義；且我認為，對於今天世界上的任何社會脈絡以及民族或國家之間的關係而言，這個主張仍然有效。我對支配一詞的定義，亦即無法參與決定個人的行動及行動條件，不僅適用於西歐和北美，也同樣適用於世界上的其他地方。但是當我們探討在西方社會以外脈絡中的壓迫時，本書脈絡所限定的理論工作特質就會開始浮現。也許在詢問亞洲、拉丁美洲或非洲的壓迫意味著什麼時，我所發展出的五個壓迫標準會是有用的起點，但認真地針對其中某些標準進行修訂、甚至全盤替代，也可能是必要的。剝削和文化帝國主義的範疇可能多少還能維持住我原本的定義，但是邊緣化、無能和暴力就必須重新思考，或重新結合。而要描述這些脈絡中存在的壓迫，或許還需要另立額外的範疇。

我在第二章中主張美國的壓迫是結構性、系統性的，而一個可識別壓迫者群體模式要對應於每個受壓迫群體，是站不住腳的。雖然在世界上其他地方的壓迫也是結構性、系統性的，但在許多社會中要識別出受壓迫群體是比較容易的。光是這件事，就會改變壓迫在這些脈絡中的意義，因此也必須改變壓迫的範疇和它們的關係。在這類社會中的社會群體結構，也會產生出特殊的社會關係，是以必須從壓迫的角度去進行屬於它們自身的分析。舉例來說，通常在南半球受到壓迫的重要社會群體是農人；而針對他們的特殊經驗，從我對美國受壓迫群體的徹底思考所發展出的這些標準，就不具有參考價值。

我所說明的五種壓迫，或許會更容易運用到世界各國之間的關係上，尤其是發達工業社會和世界上其他地方的關係。

我在第三章討論福利資本主義社會中政策的去政治化，這肯定是本書中最受到脈絡限制的部分。然而對我來說，這部分的討論卻提出了國際脈絡中有關正義、政治及社會運動的有趣問題。在國際脈絡中是否存在著類似福利主義的情況，也就是聚焦在進行重分配的努力上，卻忽略了基本結構仍舊沒有改變？對我而言答案是很清楚的。富國輸送資源給窮國的「對外援助」體制，就說明了這個功能。至於國際政治及經濟體制是否將衝突去政治化、嘗試將其限制在這類分配議題的範圍內，並維持專家壟斷政策形成的局面呢？雖然我傾向認為國際關係比福利資本主義社會中國家政策形成的常態工作更為政治化，但全世界的國家官僚都展現了一股清楚的趨勢，也就是將國際衝突視為得以通過私下閉門談判、而加以「管理」的事。那麼，在國際政治中，是否存在某種類似國際文明社會的事物，可以將官方國家活動之外或邊緣的公共生活重新政治化呢？我認為是有的；針對邊緣國際經濟網絡、國際和平運動、強調物質及文化連帶的國際民間組織，以及女性、有色人種及其他群體的國際運動的調查全都顯示，未來國際關係中被忽視的那一面是充滿希望的。

我所分析的差異政治議題，當然在西方福利資本主義以外的脈絡中也是重要的。透過肯定群體差異之正面意義的社會及政治關係，以及給予受壓迫群體特殊的代表權，這些做法也許是今天世界上最重要的政治議程。

西方福利資本主義社會絕對不是唯一提倡超越群體差異的普適公民權理想的社會。這種對於統一性的強烈欲望，也是國家社會主義社會長久以來的傳統；亞洲、非洲及拉丁美洲的許多民族國家都是如此。在大多數個案中，這種普適主義的理想允許某些群體去定義什麼是規範，並假裝為中性的；也就是說，在大多數個案中，超越差異的社會統一性理想都再生產了文化帝國主義的特權與壓迫關係，以及其他壓迫關係。全世界的社會運動逐漸開始挑戰這種統一性的標準，主張群體特殊性的正面形象（Rothschild, 1981; Ross, 1980）。只舉出幾個例子就好：蘇聯、南斯拉夫、西班牙、印度的少數族裔運動就透露出了，那樣一個超越差異的中性公民權，只能說實在太天真了。而像世界各地的女性運動，也在挑戰著性別中立的公民權假設。我們都正見證著，這類民族主義和國家培育的統一性在全世界的崩解。

在這同時，主要的運動正朝著更大的國際聯盟的方向前行，並打破至今為止一直界定著國家主權及自治權的排除與隔離。泛非運動（pan-African movement）已經採取措施，朝向在共同治理結構下非洲國家之間的更大經濟互動及合作方向邁進。歐洲經濟共同體（European Economic Community）也將創下歷史，打破十二個歐洲國家的隔離分立。

群體差異是今天世界上一些最暴力的衝突與鎮壓之源頭。相較於相對寬容的西方資本主義社會，其他地方對社會群體差異本質主義、絕對主義式的理解，經常更加顯著而致命。人們經常將性別、族群及民族群體理解為全然的他者與對立，定義群體之間沒有共同特質，更逃不出受人鄙夷的身體及固定的本質。而在這同時，全世界的歷史及經濟條件也讓這些群體必須互動。目前在世界上許多地方，必須互動及絕對對立的結合，加劇了駭人聽聞的暴力行為。我無法假裝我了解黎巴嫩、印度、印尼及許多其他地方導致這類衝突的複雜原因。這些情況當然都和經濟支配及剝削的議題息息相關，無論是在國家內部或國家之間的剝削及支配。

我提到，在世界上各個不同地方有三種涉及差異的社會與政治情況。首先，在那些宣稱要超越對政治無關緊要的差異的國家內部，出現了族群的復興現象。其次，一些分離的民族與國家正在創造制度，好讓它們能更密切地接觸與互動，而無須放棄自己的差異。第三，在世界上許多地方，人們持續將群體差異理解為絕對的他者性，並造成支配與暴力的結果。我認為，在異質公共中做為解放的政治理想，也就是肯定群體差異並給予受壓迫群體特殊代表權的政治理想，和每一個這種情況都直接相關。相較於在美國任何城市的脈絡，一個有共同最終目的與相互認同的社群理想，在這些脈絡中更是荒謬。同時，群體的彼此融合與相互依賴太過徹底，以致於分離與完全的群體自治的選項變得不現實。只有心理傾向、文化表達和政治制度能夠鬆動界線；但並非消除，只是讓它們變得可以滲透、不可判定而已。在這同時，它們也保證了群體的自我定義及在公共中的代表權；只有這些事物，才能讓人們對一個更加和平及公正的未來世界抱持希望。

參考書目

Ackelsberg, Martha. 1988. "Communities, Resistance and Women's Activism." In Ann Bookman and Sandra Morgen, eds., *Women and the Politics of Empowerment*. Philadelphia: Temple University Press.

Ackerman, Bruce. 1980. *Social Justice and the Liberal State*. New Haven: Yale University Press.

Adams, Robert. 1985. "Involuntary Sins." *Philosophical Review* 94 (January): 3–31.

Adorno, Theodor. 1973. *Negative Dialectics*. New York: Continuum.

Alexander, David. 1987. "Gendered Job Traits and Women's Occupations." Ph.D. dissertation, Economics, University of Massachusetts.

Altman, Dennis. 1982. *The Homosexualization of American Society*. Boston: Beacon.

Anderson, Benedict. 1983. *Imagined Communities: Reflections on the Origin and Spread of Nationalism*. London: New Left Books.

Arato, Andrew and Jean Cohen. 1984. "Social Movements, Civil Society, and the Problem of Sovereignty." *Praxis International* 4 (October): 266–83.

Arendt, Hannah. 1958. *The Human Condition*. Chicago: University of Chicago Press.

Arthur, John and William Shaw, eds. 1978. *Justice and Economic Distribution*. Englewood Cliffs, N.J.: Prentice-Hall.

Bachrach, Peter and Morton Baratz. 1969. "Two Faces of Power." In Roderick Bell, David Edwards, and Harrison Wagner, eds., *Political Power*. New York: Free Press.

Barber, Benjamin. 1984. *Strong Democracy*. Berkeley and Los Angeles: University of California Press.

Barthes, Roland. 1986. "Semiology and the Urban." In M. Gottdiener and Alexandros P. Lagopoulos, eds. *The City and the Sign: An Introduction to Urban Semiotics*. New York: Columbia University Press.

Bastian, Ann, Norm Fruchter, Marilyn Gittell, Colin Greer, and Kenneth Haskins. 1986. *Choosing Equality: The Case for Democratic Schooling*. Philadelphia: Temple University Press.

Bay, Christian. 1981. *Strategies for Political Emancipation*. Notre Dame: University of Notre Dame Press.

Bayes, Jane H. 1982. *Minority Politics and Ideologies in the United States*. Novato, Calif: Chandler and Sharp.

Beatty, Richard W. and James R. Beatty. 1981. "Some Problems with Contemporary Job Evaluation Systems." In Helen Remick, ed., *Comparable Worth and Wage Discrimination: Technical Possibilities and Political Realities*. Philadelphia: Temple University Press.

Beetham, David. 1985: *Max Weber and the Theory of Modern Politics*. Oxford: Polity.

Beitz, Charles. 1979. *Political Theory and International Relations*. Princeton: Princeton University Press.
———. 1988. "Equal Opportunity in Political Representation." In Norman Bowie, ed., *Equal Opportunity*. Boulder: Westview.
Bell, Derek. 1987. *And We Are Not Saved: The Elusive Quest for Racial Justice*. New York: Basic.
Benhabib, Seyla. 1986. *Critique, Norm and Utopia*. New York: Columbia University Press.
Berman, Marshall. 1982. *All That Is Solid Melts into Air*. New York: Simon and Schuster.
Bernstein, Paul. 1980. *Workplace Democratization: Its Internal Dynamics*. New Brunswick: Transaction.
Blum, Lawrence. 1980. *Friendship, Altruism and Morality*. London: Routledge and Kegan Paul.
———. 1988. "Gilligan and Kohlberg: Implications for Moral Theory." *Ethics* 97 (April): 472–91.
Blumfield, Warren S. 1976. *Development and Evaluation of Job Performance Criteria*. Athens, Ga.: Georgia State University Publishing Services.
Boggs, Carl. 1987. *Social Movements and Political Power*. Philadelphia: Temple University Press.
Bookchin, Murray. 1987. *The Rise of Urbanization and the Decline of Citizenship*. San Francisco: Sierra Club Books.
Boris, Ellen and Peter Bardaglio. 1983. "The Transformation of Patriarchy: The Historic Role of the State." In Irene Diamond, ed., *Families, Politics and Public Policy*. New York: Longman.
Bourdieu, Pierre. 1977. *Outline of a Theory of Practice*. Cambridge: Cambridge University Press.
Bowles, Samuel and Herbert Gintis. 1982. "Crisis of Liberal Democratic Capitalism: The Case of the United States." *Politics and Society* 11:51–94.
———. 1986. *Democracy and Capitalism*. New York: Basic.
Boxill, Bernard. 1984. *Blacks and Social Justice*. Totowa, N.J.: Rowman and Allanheld.
Boyte, Harry. 1984. *Community Is Possible*. New York: Harper and Row.
——— and Sara M. Evans. 1984. "Strategies in Search of America: Cultural Radicalism, Populism, and Democratic Culture." *Socialist Review*, May–August, pp. 73–100.
——— and Frank Reissman, eds. 1986. *New Populism: The Politics of Empowerment*. Philadelphia: Temple University Press.
Braverman, Harry. 1974. *Labor and Monopoly Capital*. New York: Monthly Review Press.
Breines, Wini. 1982. *Community and Organization in the New Left: 1962–68*. South Hadley, Mass.: Bergin.
Brittan, Arthur and Mary Maynard. 1984. *Sexism, Racism and Oppression*. Oxford: Blackwell.
Brown, Carol. 1981. "Mothers, Fathers and Children: From Private to Public Patriarchy." In Lydia Sargent, ed., *Women and Revolution. Boston: South End*.

Buchanan, Allen. 1982. *Marx and Justice*. Totowa, N.J.: Rowman and Allanheld.
———. 1989. "Assessing the Communitarian Critique of Liberalism." *Ethics* 99 (July): 852–82.
Bulkin, Elly, Minnie Bruce Pratt, and Barbara Smith. 1984. *Yours in Struggle: Three Feminist Perspectives on Anti-Semitism and Racism.* New York: Long Haul.
Burris, Beverly H. 1983. *No Room at the Top: Under-Employment and Alienation in the Corporation*. New York: Praeger.
Calhoun, Cheshire. 1989. "Responsibility and Reproach." *Ethics* 99 (January): 389–406.
Canter, Norma V. 1987. "Testimony from Mexican American Legal Defense and Education Fund." *Congressional Digest* (March).
Card, Claudia. 1989. "Responsibility and Moral Luck: Resisting Oppression and Abuse." Paper presented at the American Philosophical Association Eastern Division meeting, Atlanta, December.
Carmichael, Stokley and Charles Hamilton. 1967. *Black Power*. New York: Random House.
Castells, Manuel. 1983. *The City and the Grass Roots*. Berkeley and Los Angeles: University of California Press.
Cerroni, Umberto. 1983. "The Problem of Democracy in Mass Society." *Praxis International* 3 (April): 34–53.
Chodorow, Nancy. 1978. *The Reproduction of Mothering*. Berkeley and Los Angeles: University of California Press.
Clavel, Pierre. 1986. *The Progressive City: Planning and Participation, 1969–1984*. New Brunswick: Rutgers University Press.
Cliff, Michelle. 1980. *Reclaiming the Identity They Taught Me to Despise*. Watertown, Mass.: Persephone.
Cohen, Jean. 1985. "Strategy or Identity: New Theoretical Paradigms and Contemporary Social Movements." *Social Research* 52 (Winter): 663–716.
Cohen, Joshua and Joel Rogers. 1983. *On Democracy*. New York: Penguin.
Cole, Thomas R. 1986. "Putting Off the Old: Middle Class Morality, Antebellum Protestantism, and the Origins of Ageism." In David Van Tassel and Peter N. Stearns, eds., *Old Age in a Bureaucratic Society*. New York: Greenwood.
Colker, Ruth. 1986. "Anti-Subordination Above All: Sex, Race, and Equal Protection." *New York University Law Review* 61 (December): 1003–66.
Collins, Sheila. 1986. *The Rainbow Challenge: The Jackson Campaign and the Future of U.S. Politics*. New York: Monthly Review Press.
Collins, Randall. 1979. *The Credential Society: A Historical Sociology of Education and Stratification*. New York: Academic.
Connolly, William. 1983. *The Terms of Political Discourse*. 2d ed. Princeton: Princeton University Press.
Cornell, Drucilla. 1987. "Two Lectures on the Normative Dimensions of Community in the Law." *Tennessee Law Review* 54 (Winter): 327–43.
Cornell, Stephen. 1988. *The Return of the Native: American Indian Political Resurgence*. New York: Oxford University Press.
Coward, Rosalind and John Ellis. 1977. *Language and Materialism*. London: Routledge and Kegan Paul.

Cruse, Harold. 1987. *Plural but Equal: Blacks and Minorities and America's Plural Society*. New York: Morrow.
Cunningham, Frank. 1987. *Democratic Theory and Socialism*. Cambridge: Cambridge University Press.
Dallmayr, Fred. 1981. *Twilight of Subjectivity: Contributions to a Post-Structuralist Theory of Politics*. Amherst: University of Massachusetts Press.
Daniels, Norman. 1978. "Merit and Meritocracy." *Philosophy and Public Affairs* 7 (Spring): 206–23.
———. 1985. *Just Health Care*. Cambridge: Cambridge University Press.
Darwall, Stephen. 1983. *Impartial Reason*. Ithaca: Cornell University Press.
Davidson, Kenneth. 1976. "Preferential Treatment and Equal Opportunity." *Oregon Law Review* 55:53–83.
Deloria, Vine and Clifford Lytle. 1984. *The Nations Within*. New York: Pantheon.
Delphy, Christine. 1984. *Close to Home: A Materialist Analysis of Women's Oppression*. Amherst: University of Massachusetts Press.
D'Emilio, Joseph. 1983. *Sexual Politics, Sexual Communities*. Chicago: University of Chicago Press.
Derrida, Jacques. 1976. *Of Grammatology*. Baltimore: Johns Hopkins University Press.
———. 1978. "Violence and Metaphysics: An Essay on the Thought of Emmanuel Levinas." In *Writing and Difference*. Chicago: University of Chicago Press.
Devries, Davis L., Ann M. Morrison, Sandra L. Shullman, and Michael L. Gerlach. 1980. *Performance Appraisal on the Line*. New York: Wiley.
Doppelt, Gerald. 1987. "Technology and the Humanization of Work." In Gertrude Ezorsky, ed., *Moral Rights in the Workplace*. Albany: State University of New York Press.
Dreier, Peter. 1987. "Community Based Housing: A Progressive Approach to a New Federal Policy." *Social Policy* 18 (Fall): 18–22.
Du Bois, W.E.B. 1969 [1903].*The Souls of Black Folk*. New York: New American Library.
Dworkin, Ronald. 1981. "What Is Equality? Part I." *Philosophy and Public Affairs* 10 (Summer): 185–246.
Easton, Barbara. 1978. "Feminism and the Contemporary Family." *Socialist Review* 39 (May/June): 11–36.
Edley, Christopher. 1986. "Affirmative Action and the Rights Rhetoric Trap." In Robert Fullinwider and Claudia Mills, eds. *The Moral Foundations of Civil Rights*. Totowa, N.J.: Rowman and Littlefield.
Eisenstein, Zillah. 1979. *The Radical Future of Liberal Feminism*. New York: Longman.
Elkin, Stephen L. 1987. *City and Regime in the American Republic*. Chicago: University of Chicago Press.
Ellison, Charles. 1985. "Rousseau and the Modern City: The Politics of Speech and Dress." *Political Theory* 13 (November): 497–534.
Elshtain, Jean. 1981. *Public Man, Private Woman*. Princeton: Princeton University Press.
Epstein, Steven. 1987. "Gay Politics, Ethnic Identity: The Limits of Social Constructionism." *Socialist Review* 17 (May–August) 9–54.

Fallon, Richard H. 1980. "To Each According to His Ability, From None According to His Race: The Concept of Merit in the Law of Antidiscrimination." *Boston University Law Review* 60 (November): 815–77.

Fanon, Frantz. 1967. *Black Skin, White Masks*. New York: Grove.

Ferguson, Ann. 1984. "On Conceiving Motherhood and Sexuality: A Feminist Materialist Approach." In Joyce Trebilcot, ed., *Mothering: Essays in Feminist Theory*. Totowa, N.J.: Rowman and Allanheld.

———. 1989. *Blood at the Root*. London: Pandora.

Ferguson, Kathy. 1984. *The Feminist Case against Bureaucracy*. Philadelphia: Temple University Press.

Fischer, Claude. 1982. *To Dwell among Friends: Personal Networks in Town and City*. Chicago: University of Chicago Press.

Fishkin, James. 1983. *Justice, Equal Opportunity, and the Family*. New Haven: Yale University Press.

Fisk, Milton. 1980. *Ethics and Society*. New York: New York University Press.

Fiss, Owen. 1976. "Groups and the Equal Protection Clause." *Philosophy and Public Affairs* 5 (Winter): 107–76.

Fitzpatrick, Peter. 1987. "Racism and the Innocence of Law." *Journal of Law and Society* 14 (Spring): 119–32.

Foucault, Michel. 1970. *The Order of Things*. New York: Random House.

———. 1977. *Discipline and Punish*. New York: Pantheon.

———. 1980. *Power/Knowledge*. New York: Pantheon.

Frankel, Boris. 1987. *The Post Industrial Utopians*. Madison: University of Wisconsin Press.

Fraser, Nancy. 1987a. "Women, Welfare, and the Politics of Need Interpretation." *Hypatia: A Journal of Feminist Philosophy* 2 (Winter): 103–22.

———. 1987b. "Social Movements vs. Disciplinary Bureaucracies: The Discourse of Social Needs." CHS Occasional Paper No. 8. Center for Humanistic Studies, University of Minnesota.

——— and Linda Nicholson. 1988. "Social Criticism without Philosophy: An Encounter between Feminism and Postmodernism." In Andrew Ross, ed., *Universal Abandon? The Politics of Postmodernism*. Minneapolis: University of Minnesota Press.

Freeman, Alan D. 1982. "Antidiscrimination Law: A Critical Review." In David Karys, ed., *The Politics of Law: A Progressive Critique*. New York: Pantheon.

French, Peter. 1975. "Types of Collectivities and Blame." *The Personalist* 56 (Spring): 160–69.

Friedman, Marilyn. 1985. "Care and Context in Moral Reasoning." In Carol Harding, ed., *Moral Dilemmas: Philosophical and Psychological Issues in the Development of Moral Reasoning*. Chicago: Precedent.

———. 1987. "Beyond Caring: The De-Moralization of Gender." In Marsha Hanen and Kai Nielsen, eds. *Science, Morality and Feminist Theory*. Calgary: University of Calgary Press.

———. 1989. "Impracticality of Impartiality." *Journal of Philosophy* 86 (November): 645–56.

——— and Larry May. 1985. "Harming Women as a Group." *Social Theory and Practice* 11 (Summer): 297–34.

Friedman, Toby and E. Belvin Williams. 1982. "Current Use of Tests for Employment." In Alexandra Wigdor and Wendell Garner, eds., *Ability Testing: Uses, Consequences, and Controversies, Part II*. Washington, D.C.: National Academy Press.

Frug, Gerald. 1980. "The City as a Legal Concept." *Harvard Law Review* 93 (April): 1059–1154.

Frye, Marilyn. 1983a. "Oppression." In *The Politics of Reality*. Trumansburg, N.Y.: Crossing.

———. 1983b. "On Being White: Toward a Feminist Understanding of Race Supremacy." In *The Politics of Reality*. Trumansburg, N.Y.: Crossing.

Fullinwider, Robert. 1980. *The Reverse Discrimination Controversy*. Totowa, N.J.: Rowman and Allanheld.

———. 1986. "Reverse Discrimination and Equal Opportunity." In Joseph DiMarco and Richard Fox, eds., *New Directions in Ethics*. London: Routledge and Kegan Paul.

Galston, William. 1980. *Justice and the Human Good*. Chicago: University of Chicago Press.

Giddens, Anthony. 1976. *Central Problems of Social Theory*. Berkeley: University of California Press.

———. 1981. *A Contemporary Critique of Historical Materialism*. Berkeley and Los Angeles: University of California Press.

———. 1984. *The Constitution of Society*. Berkeley and Los Angeles: University of California Press.

Gilligan, Carol. 1982. *In a Different Voice*. Cambridge: Harvard University Press.

Gilman, Sander L. 1985. *Difference and Pathology: Stereotypes of Sexuality, Race and Madness*. Ithaca: Cornell University Press.

Gintis, Herbert and Samuel Bowles. 1986. *Capitalism and Democracy*. New York: Basic.

Glennon, Lynda. 1979. *Women and Dualism*. New York: Longman.

Gottdiener, Mark. 1985. *The Social Production of Urban Space*. Austin: University of Texas Press.

Gottlieb, Rhonda. 1984. "The Political Economy of Sexuality." *Review of Radical Political Economy* 16 (Spring): 143–65.

Gottlieb, Roger. 1987. *History and Subjectivity*. Philadelphia: Temple University Press.

Gough, Ian. 1979. *The Political Economy of the Welfare State*. London: Macmillan.

Gould, Carol. 1988. *Rethinking Democracy: Freedom and Political Cooperation in Politics, Economics, and Society*. Cambridge: Cambridge University Press.

Green, Philip. 1985. *Retrieving Democracy*. Totowa, N.J.: Rowman and Allanheld.

Gutmann, Amy. 1980. *Liberal Equality*. Cambridge: Cambridge University Press.

———. 1985. "Communitarian Critics of Liberalism." *Philosophy and Public Affairs* 14 (Summer): 308–22.

Habermas, Jürgen. 1973. *Theory and Practice*. Boston: Beacon.

———. 1974. "The Public Sphere: An Encyclopedia Article." *New German Critique* 1 (Fall): 49–55.
———. 1975. *Legitimation Crisis*. Boston: Beacon.
———. 1981. "New Social Movements." *Telos* 49 (Fall): 33–37.
———. 1983. *The Theory of Communicative Competence*. Vol. 1: *Reason and the Rationalization of Society*. Boston: Beacon.
———. 1987. *The Theory of Communicative Competence*. Vol. 2: *Lifeworld and System*. Boston: Beacon.
Hacker, Sally. 1988. *Pleasure, Power and Technology*. London: Allen and Unwin.
Haraway, Donna. 1985. "Manifesto for Cyborgs." *Socialist Review* 80 (March/April): 65–107.
Hartsock, Nancy. 1983. *Money, Sex and Power*. New York: Longman.
Harvey, David. 1973. *Social Justice and the City*. Baltimore: Johns Hopkins University Press.
Hawkesworth, Mary E. 1984. "The Affirmative Action Debate and Conflicting Conceptions of Individuality." *Women's Studies International Forum* 7:335–47.
Hayden, Delores. 1983. *Redesigning the American Dream*. New York: Norton.
Heidegger, Martin. 1962. *Being and Time*. New York: Harper and Row.
Held, Virginia. 1987a. "Feminism and Moral Theory." In Eva Kittay and Diana Meyers, eds., *Women and Moral Theory*. Totowa, N.J.: Rowman and Littlefield.
———. 1987b. "A Non-Contractual Society." In Marsha Hanen and Kai Nielsen, eds., *Science, Morality and Feminist Theory*. Calgary: University of Calgary Press.
Heller, Agnes, 1987. *Beyond Justice*. New York: Basic.
Herzog, Don. 1986. "Some Questions for Republicans." *Political Theory* 14 (August): 473–93.
Hirsch, H. N. 1986. "The Threnody of Liberalism: Constitutional Liberty and the Renewal of Community." *Political Theory* 14 (August): 423–49.
Hochschild, Jennifer. 1988. "Race, Class, Power, and Equal Opportunity." In Norman Bowie, ed., *Equal Opportunity*. Boulder: Westview.
Holmstrom, Nancy. 1977. "Exploitation." *Canadian Journal of Philosophy* 7 (June): 353–69.
Howard, Michael. 1985. "Worker Control, Self-Respect, and Self-Esteem." *Philosophy Research Archives* 10:455–72.
Howe, Irving. 1982. Introduction to Irving Howe, ed., *Beyond the Welfare State*. New York: Schocken.
Husani, Ziyad. 1980. "Marx on Distributive Justice." In Marshall Cohen et al., eds., *Marx, Justice, and History*. Princeton: Princeton University Press.
Irigaray, Luce. 1985. *Speculum of the Other Woman*. Ithaca: Cornell University Press.
Jacobs, Jane. 1961. *The Death and Life of Great American Cities*. New York: Random House.
Jaggar, Alison. 1983. *Feminist Politics and Human Nature*. Totowa, N.J.: Rowman and Allanheld.

Jankowski, Martin Sanchez. 1986. *City Bound: Urban Life and Political Attitudes among Chicano Youth*. Albuquerque: University of New Mexico Press.
Janowitz, Morris. 1976. *Social Control of the Welfare State*. New York: Elsevier.
Karst, Kenneth. 1986. "Paths to Belonging: The Constitution and Cultural Identity." *North Carolina Law Review* 64 (January): 303–77.
Katznelson, Ira. 1980. *City Trenches*. New York: Pantheon.
Keane, John. 1984. *Public Life in Late Capitalism*. Cambridge: Cambridge University Press.
———. 1988. *Democracy and Civil Society*. London: Verso.
Keller, Evelyn Fox. 1986. *Reflections on Gender and Science*. New Haven: Yale University Press.
Kleven, Thomas. 1988. "Cultural Bias and the Issue of Bilingual Education." *Social Policy* 19 (Summer): 9–12.
Kovel, Joel. 1984. *White Racism: A Psychohistory*. 2d ed. New York: Columbia University Press.
Kristeva, Julia. 1977. "Le Sujet en Procès." In *Polylogue*. Paris: Editions du Seuil.
———. 1982. *Powers of Horror: An Essay in Abjection*. New York: Columbia University Press.
Laclau, Ernesto and Chantal Mouffe. 1985. *Hegemony and Socialist Strategy*. London: Verso.
Lader, Laurence. 1979. *Power on the Left*. New York: Norton.
Landes, Joan. 1988. *Women and the Public Sphere in the Age of the French Revolution*. Ithaca: Cornell University Press.
Lange, Lynda. 1979. "Rousseau: Women and the General Will." In Lynda Lange and Lorenne M.G. Clark, eds., *The Sexism of Social and Political Theory*. Toronto: University of Toronto Press.
Lawrence, Charles R. 1987. "The Id, the Ego, and Equal Protection: Reckoning with Unconscious Racism." *Stanford Law Review* 39 (January): 317–88.
Lefort, Claude. 1986. "What Is Bureaucracy?" In *The Political Forms of Modern Society*. London: Polity.
Levinas, Emmanuel. 1969. *Totality and Infinity*. Pittsburgh: Duquesne University Press.
Levontin, R. C., Steven Rose, and Leon Kamin. 1984. *Not in Our Genes: Biology, Ideology and Human Nature*. New York: Pantheon.
Littleton, Christine. 1987. "Reconstructing Sexual Equality." California Law Review 75 (July): 1279–1337.
Livingston, John C. 1979. *Fair Game? Inequality and Affirmative Action*. San Francisco: Freeman.
Lloyd, Genevieve. 1984. *The Man of Reason: "Male" and "Female" in Western Philosophy*. Minneapolis: University of Minnesota Press.
Lofland, Lyn H. 1973. *A World of Strangers: Order and Action in Urban Public Space*. New York: Basic.
Logan, John R. and Harvey L. Molotch. 1987. *Urban Fortunes: The Political Economy of Place*. Berkeley and Los Angeles: University of California Press.
Lowi, Theodore. 1969. *The End of Liberalism*. New York: Norton.

Lugones, Maria C. and Elizabeth V. Spelman. 1983. "Have We Got a Theory for You! Feminist Theory, Cultural Imperialism and the Demand for 'the Woman's Voice.' " *Women's Studies International Forum* 6:573–81.
Luke, Timothy. 1987. "Power and Resistance in Post-Industrial Society." Paper presented at the Third International Social Philosophy Conference, Charlotte, N.C., June.
Lyotard, Jean-François. 1984. *The Postmodern Condition*. Minneapolis: University of Minnesota Press.
———. and Jean-Loup Thébaud. 1985. *Just Gaming*. Minneapolis: University of Minnesota Press.
MacIntyre, Alasdair. 1981. *After Virtue*. Notre Dame: University of Notre Dame Press.
Macpherson, C. B. 1962. *The Political Theory of Possessive Individualism*. Oxford: Oxford University Press.
———. 1973. *Democratic Theory: Essays in Retrieval*. Oxford: Oxford University Press.
Manicas, Peter. 1974. *The Death of the State*. New York: Putnam.
Mansbridge, Jane. 1980. *Beyond Adversarial Democracy*. New York: Basic.
Marable, Manning. 1984. *Race, Reform and Rebellion: The Second Reconstruction in Black America, 1945–82*. Jackson: University Press of Mississippi.
Marcuse, Herbert. 1964. *One-Dimensional Man*. Boston: Beacon.
Markus, Maria. 1986. "Women, Success, and Civil Society: Submission to or Subversion of the Achievement Principle." *Praxis International* 5 (January): 430–42.
Mason, Ronald. 1982. *Participatory and Workplace Democracy*. Carbondale: Southern Illinois University Press.
May, Larry. 1987. *The Morality of Groups: Collective Responsibility, Group-Based Harm, and Corporate Rights*. Notre Dame: Notre Dame University Press.
———. 1990. "Insensitivity and Moral Responsibility." *Journal of Value Inquiry*, in press.
McConohay, John. 1986. "Modern Racism, Ambivalence, and the Modern Racism Scale." In John Davidio and Sam Gaetner, eds., *Prejudice, Discrimination and Racism*. New York: Academic.
McGary, Howard. 1983. "Racial Integration and Racial Separatism: Conceptual Clarifications." In Leonard Harris, ed., *Philosophy Born of Struggle*. Dubuque, Iowa: Hunt.
Merchant, Carolyn. 1978. *The Death of Nature*. New York: Harper and Row.
Michelman, Frank. 1986. "Traces of Self-Government." *Harvard Law Review* 100 (November): 4–77.
Miles, Angela. 1985. "Feminist Radicalism in the 1980's." *Canadian Journal of Political and Social Theory* 9:16–39.
Miller, David. 1976. *Social Justice*. Oxford: Clarendon Press.
Miller, Richard. 1984. *Analyzing Marx*. Princeton: Princeton University Press.
Minow, Martha. 1985. "Learning to Live with the Dilemma of Difference: Bilin-

gual and Special Education." *Law and Contemporary Problems* 48 (Spring): 157–211.
———. 1987. "Justice Engendered." *Harvard Law Review* 101 (November): 11–95.
———. 1990. *Making All the Difference*. Ithaca: Cornell University Press.
Mosse, George. 1985. *Nationalism and Sexuality*. New York: Fertig.
Murphy, Raymond. 1985. "Exploitation or Exclusion?" *Sociology* 19 (May): 225–43.
Nagel, Thomas. 1986. *The View from Nowhere*. Oxford: Oxford University Press.
Nell, Edward and Onora O'Neill. 1980. "Justice under Socialism." In James Sterba, ed., *Justice: Alternative Political Perspectives*. Belmont, Calif.: Wadsworth.
Nicholson, Linda. 1986. *Gender and History*. New York: Columbia University Press.
Nickel, James. 1988. "Equal Opportunity in a Pluralistic Society." In Ellen Frankel Paul, Fred D. Miller, Jeffrey Paul, and John Ahrens, eds., *Equal Opportunity*. Oxford: Blackwell.
Nielsen, Kai. 1978. "Class and Justice." In John Arthur and William Shaw, eds., *Justice and Economic Distribution*. Englewood Cliffs, N.J.: Prentice-Hall.
———. 1979. "Radical Egalitarian Justice: Justice as Equality." *Social Theory and Practice* 5 (Spring): 209–26.
———. 1985. *Liberty and Equality*. Totowa, N.J.: Rowman and Allanheld.
Nisbet, Robert A. 1953. *The Quest for Community*. New York: Oxford University Press.
Noedlinger, 1981. *On the Autonomy of the Democratic State*. Cambridge: Harvard University Press.
Nozick, Robert. 1974. *Anarchy, State, and Utopia*. New York: Basic.
O'Connor, James. 1973. *The Fiscal Crisis of the State*. New York: St. Martin's.
Offe, Claus. 1976. *Industry and Inequality: The Achievement Principle in Work and Social Status*. New York: St. Martin's.
———. 1984. *Contradictions of the Welfare State*. Cambridge: MIT Press.
———. 1985. *Disorganized Capitalism*. Cambridge: MIT Press.
Okin, Susan. 1978. *Women in Western Political Thought*. Princeton: Princeton University Press.
———. 1982. "Women and the Making of the Sentimental Family." *Philosophy and Public Affairs* 11 (Winter): 65–88.
———. 1986. "Are Our Theories of Justice Gender-Neutral?" In Robert Fullinwider and Claudia Mills, eds., *The Moral Foundations of Civil Rights*. Totowa, N.J.: Rowman and Littlefield.
———. 1989. "Reason and Feeling in Thinking about Justice." *Ethics* 99 (January): 229–49.
Omi, Michael and Howard Winant. 1983. "By the Rivers of Babylon: Race in the United States, Part I and II." *Socialist Review* 71 (September–October): 31–66; 72 (November–December): 35–70.
———. 1986. *Racial Formation in the United States*. New York: Routledge and Kegan Paul.

Orr, Eleanor Wilson. 1987. *Twice as Less: Black English and the Performance of Black Students in Mathematics and Science*. New York: Norton.
Ortiz, Roxanne Dunbar. 1984. *Indians of the Americas*. New York: Praeger.
Pateman, Carole, 1970. *Participation and Democratic Theory*. Cambridge: Cambridge University Press.
———. 1979. *Political Obligation*.
———. 1986. "Feminism and Participatory Democracy: Some Reflections on Sexual Difference and Citizenship." Paper presented at the American Philosophical Association Western Division meeting, St. Louis, April.
———. 1988. *The Sexual Contract*. Stanford: Stanford University Press.
Pelczynski, Z. A. 1971. "The Hegelian Conception of the State." In Z. A. Pelczynski, ed., *Hegel's Political Philosophy: Problems and Perspectives*. Cambridge: Cambridge University Press.
Pevar, Stephen L. 1983. *The Rights of Indians and Tribes*. New York: Bantam.
Piper, Adrian. 1988. "Higher-Order Discrimination." Paper presented at the Conference on Moral Character, Radcliffe College, April.
Pitkin, Hannah. 1981. "Justice: On Relating Public and Private." *Political Theory* 9 (August): 327–52.
Piven, Frances Fox and Richard Cloward. 1982. *The New Class War*. New York: Pantheon.
Poulantzas, Nicos. 1978. *Classes in Contemporary Capitalism*. London: Verso.
Rawls, John. 1971. *A Theory of Justice*. Cambridge: Harvard University Press.
Reich, Michael. 1981. *Racial Inequality*. Princeton: Princeton University Press.
Reiman, Jeffrey. 1987. "Exploitation, Force, and the Moral Assessment of Capitalism: Thoughts on Roemer and Cohen." *Philosophy and Public Affairs* 16 (Winter): 3–41.
Reynolds, William Bradford. 1986. "*Stotts*: Equal Opportunity, Not Equal Results." In Robert Fullinwider and Claudia Mills, eds., *The Moral Foundations of Civil Rights*. Totowa, N.J.: Rowman and Littlefield.
Rhode, Deborah L. 1988. "Occupational Inequality." *Duke Law Journal* 1988 (December): 1207–41.
———. 1989. *Justice and Gender*. Cambridge: Harvard University Press.
Roemer, John. 1982. *A General Theory of Exploitation and Class*. Cambridge: Harvard University Press.
Ross, Jeffrey. 1980. Introduction to Jeffrey Ross and Ann Baker Cottrell, eds., *The Mobilization of Collective Identity*. Lanham, Md.: University Press of America.
Rothschild, Joseph. 1981. *Ethnopolitics*. New York: Columbia University Press.
Ruchwarger, Gary. 1987. *People in Power: Forging a Grassroots Democracy in Nicaragua*. South Hadley, Mass.: Bergin and Garvey.
Ruddick, Sara. 1984. "Maternal Thinking." In Joyce Trebilcot, ed., *Mothering: Essays in Feminist Theory*. Totowa, N.J.: Rowman and Allanheld.
Runciman, W. G. 1978. "Processes, End States and Social Justice." *Philosophical Quarterly* 28 (January): 37–45.
Ryan, Michael. 1982. *Marxism and Deconstruction*. Baltimore: Johns Hopkins University Press.
Said, Edward. 1978. *Orientalism*. New York: Pantheon.

Sandel, Michael. 1982. *Liberalism and the Limits of Justice*. Cambridge: Cambridge University Press.

Sartre, Jean-Paul. 1948. *Anti-Semite and Jew*. New York: Schocken.

Sawicki, Jana. 1986. "Foucault and Feminism: Toward a Politics of Difference." *Hypatia: A Journal of Feminist Philosophy* 1 (Summer): 23–36.

Scales, Ann. 1981. "Towards a Feminist Jurisprudence." *Indiana Law Journal* 56 (Spring): 375–444.

Schmitt, Eric. 1989. "As the Suburbs Speak More Spanish, English Becomes a Cause." *New York Times*, 26 February.

Schweickart, David. 1980. *Capitalism or Worker Control?* New York: Praeger.

———. 1984. "Plant Relocations: A Philosophical Reflection." *Review of Radical Political Economics* 16 (Winter): 32–51.

Scott, Joan. 1988. "Deconstructing Equality-versus-Difference: Or the Uses of Post-Structuralist Theory for Feminism." *Feminist Studies* 14 (Spring): 33–50.

Sears, David O. and Leonie Huddy. 1987. "Bilingual Education: Symbolic Meaning and Support among Non-Hispanics." Paper presented at the annual meeting of the American Political Science Association, Chicago, September.

Sennett, Richard, 1974. *The Fall of Public Man*. New York: Random House.

———. and Jonathan Cobb. 1972. *The Hidden Injuries of Class*. New York: Vintage.

Shepard, Orrie. 1982. "Definitions of Bias." In Ronald A. Berk, ed., *Handbook of Methods for Detecting Test Bias*. Baltimore: Johns Hopkins University Press.

Sher, George. 1987a. "Groups and the Constitution." In Gertrude Ezorsky, ed., *Moral Rights in the Workplace*. Albany: State University of New York Press.

———. 1987b. "Predicting Performance." In Ellen Frankel Paul, Fred D. Miller, Jeffrey Paul, and John Ahrens, eds., *Equal Opportunity*. Oxford: Blackwell.

———. 1988. "Qualifications, Fairness, and Desert." In Norman Bowie, ed., *Equal Opportunity*. Boulder: Westview.

Shklar, Judith. 1969. *Men and Citizens*. Cambridge: Cambridge University Press.

Simon, Robert. 1984. "Troubled Waters: Global Justice and Ocean Resources." In Tom Regan, ed., *Earthbound*. New York: Random House.

Simpson, Evan. 1980. "The Subject of Justice." *Ethics* 90 (July): 490–501.

Slaughter, Thomas F. 1982. "Epidermalizing the World: A Basic Mode of Being Black." In Leonard Harris, ed., *Philosophy Born of Struggle*. Dubuque, Iowa: Hunt.

Smart, Barry. 1983. *Foucault, Marxism, and Critique*. London: Routledge and Kegan Paul.

Smith, Michael and Dennis R. Judd. 1984. "American Cities: The Production of Ideology." In Michael P. Smith, ed., *Cities in Transformation*. Berkeley: Sage.

Smith, Paul. 1988. *Discerning the Subject*. Minneapolis: University of Minnesota Press.

Spelman, Elizabeth V. 1989. *The Inessential Woman*. Boston: Beacon.

Spraegens, Thomas. 1981. *The Irony of Liberal Reason*. Chicago: University of Chicago Press.

Stein, Maurice. 1960. *The Eclipse of Community*. Princeton: Princeton University Press.
Sterba, James. 1980. *The Demands of Justice*. Notre Dame: University of Notre Dame Press.
Strenio, Andrew J., Jr. 1981. *The Testing Trap*. New York: Rawson, Wade.
Sumner, L. W. 1987. "Positive Sexism." In Ellen Frankel Paul, Fred D. Miller, Jeffrey Paul, and John Ahrens, eds., *Equal Opportunity*. Oxford: Blackwell.
Sunstein, Cass R. 1988. "Beyond the Republican Revival." *Yale Law Journal* 97 (July): 1539–90.
Symanski, Al. 1985. "The Structure of Race." *Review of Radical Political Economy* 17 (Winter): 106–20.
Takaki, Ronald. 1979. *Iron Cages: Race and Culture in Nineteenth Century America*. New York: Knopf.
Taub, Nadine and Wendy Williams. 1985. "Will Equality Require More than Assimilation, Accommodation or Separation from the Existing Social Structure?" *Rutgers Law Review* 37 (Summer): 825–44.
Taylor, Charles. 1985. "The Nature and Scope of Distributive Justice." In *Philosophy and the Human Sciences*. Cambridge: Cambridge University Press.
Treiman, Donald J. and Heidi I. Hartman. 1981. *Women, Work and Wages*. Washington, D.C.: National Academy Press.
Turner, John C., Michael A. Hogg, Penelope V. Oakes, Stephen D. Rucher, and Margaret S. Wethrell. 1987. *Rediscovering the Social Group: A Self-Categorization Theory*. Oxford: Blackwell.
Unger, Roberto. 1974. *Knowledge and Politics*. New York: Free Press.
———. 1987a. *Social Theory: Its Situation and Its Task*. Cambridge: Cambridge University Press.
———. 1987b. *False Necessity: Anti-Necessitarian Social Theory in the Service of Radical Democracy*. Cambridge: Cambridge University Press.
Vesperi, Maria D. 1985. *City of Green Benches: Growing Old in a New Downtown*. Ithaca: Cornell University Press.
Vogel, Lisa. 1990. "Debating Difference: The Problem of Special Treatment of Pregnancy in the Workplace." *Feminist Studies*, in press.
Wagman, Bainat and Nancy Folbre. 1988. "The Feminization of Inequality: Some New Patterns." *Challenge* 31 (November/December): 56–59.
Walton, Anthony. 1983. "Public and Private Interests: Hegel on Civil Society and the State." In S. Benn and G. Gause, eds., *Public and Private in Social Life*. New York: St. Martin's.
Walzer, Michael. 1982. "Politics in the Welfare State: Concerning the Role of American Radicals." In Irving Howe, ed., *Beyond the Welfare State*. New York: Schocken.
———. 1983. *Spheres of Justice*. New York: Basic.
———. 1987. *Interpretation and Social Criticism*. Cambridge: Harvard University Press.
Wartenburg, Thomas E. 1989. *The Forms of Power: An Essay in Social Ontology*. Philadelphia: Temple University Press.

Wasserstrom, Richard. 1980a. "On Racism and Sexism." In *Philosophy and Social Issues*. Notre Dame: Notre Dame University Press.
———. 1980b. "On Preferential Treatment." In *Philosophy and Social Issues*. Notre Dame: Notre Dame University Press.
West, Cornel. 1982. *Prophesy Deliverance! An Afro-American Revolutionary Christianity*. Philadelphia: Westminster.
White, Kirby et al. 1982. *The Community Land Trust Handbook*. Emmaus, Pa.: Doale.
Whyte, William. 1988. *City: Rediscovering the Center*. New York: Doubleday.
Wigdor, Alexandra. 1982. "Psychological Testing and the Law of Employment Discrimination." In Alexandra Wigdor and Wendell Garner, eds., *Ability Testing: Uses, Consequences, and Controversies, Part II*. Washington, D.C.: National Academy Press.
——— and Wendell Garner, eds. 1982. *Ability Testing: Uses, Consequences, and Controversies, Part I*. Washington, D.C.: National Academy Press.
Williams, Bernard. 1985. *Ethics and the Limits of Philosophy*. Cambridge: Harvard University Press.
Williams, Robert A. 1986. "The Algebra of Federal Indian Law: The Hard Trail of Decolonizing and Americanizing the White Man's Indian Jurisprudence." *Wisconsin Law Review*, pp. 219–99.
Williams, Wendy. 1983. "Equality's Riddle: Pregnancy and the Equal Treatment/Special Treatment Debate." *New York University Review of Law and Social Change* 13:325–80.
Wilson, William J. 1978. *The Declining Significance of Race*. Chicago: University of Chicago Press.
Withorn, Ann. 1984. *Serving the People: Social Services and Social Change*. New York: Columbia University Press.
Wolfe, Alan. 1977. *The Limits of Legitimacy: Political Contradictions of Contemporary Capitalism*. New York: Free Press.
Wolff, Robert Paul. 1968. *The Poverty of Liberalism*. Boston: Beacon.
———. 1977. *Understanding Rawls*. Princeton: Princeton University Press.
———. 1984. *Understanding Marx*. Princeton: Princeton University Press.
Wolgast, Elizabeth. 1980. *Equality and the Rights of Women*. Ithaca: Cornell University Press.
Wood, Allen. 1972. "The Marxian Critique of Justice." *Philosophy and Public Affairs* 1 (Spring): 244–82.
Young, Iris. 1979. "Self-Determination as a Principle of Justice." *Philosophical Forum* 11 (Fall): 172–82.
———. 1981. "Toward a Critical Theory of Justice." *Social Theory and Practice* 7 (Fall): 279–302.
———. 1983. "Justice and Hazardous Waste." In Michael Bradie, ed., *The Applied Turn in Contemporary Philosophy*. Bowling Green, Ohio: Applied Philosophy Program, Bowling Green State University.
———. 1985. "Humanism, Gynocentrism and Feminist Politics." *Women's Studies International Forum* 8:173–83.
———. 1987. "Impartiality and the Civic Public: Some Implications of Feminist

Critiques of Moral and Political Theory." In Seyla Benhabib and Drucilla Cornell, eds., *Feminism as Critique*. Oxford/Minneapolis: Polity/University of Minnesota Press.

———. 1989. "Polity and Group Difference: A Critique of the Ideal of Universal Citizenship." *Ethics* 99 (January): 250–74.

ola, Irving Kenneth. 1987. "The Politicization of the Self-Help Movement." *Social Policy* 18 (Fall): 32–33.

國家圖書館出版品預行編目資料

正義與差異政治／艾莉斯・楊（Iris Marion Young）著；陳雅馨譯. -- 初版. --
臺北市：商周，城邦文化出版：家庭傳媒城邦分公司發行，2017.09
面；　公分
譯自：JUSTICE AND THE POLITICS OF DIFFERENCE
ISBN 978-986-477-297-1(平裝)
1. 政治社會學　2. 社會正義　3. 政治參與

570.15　　106012972

正義與差異政治

原著書名／JUSTICE AND THE POLITICS OF DIFFERENCE
作　　者／艾莉斯・楊｜Iris Marion Young
譯　　者／陳雅馨
企畫選書／林宏濤
責任編輯／洪偉傑

版　　權／林心紅
行銷業務／李衍逸、黃崇華
總 編 輯／楊如玉
總 經 理／彭之琬
發 行 人／何飛鵬
法律顧問／元禾法律事務所　王子文律師
出　　版／商周出版
臺北市中山區民生東路二段 141 號 9 樓
電話：(02) 25007008　傳真：(02)25007759
E-mail：bwp.service@cite.com.tw
發　　行／英屬蓋曼群島商家庭傳媒股份有限公司城邦分公司
臺北市中山區民生東路二段 141 號 2 樓
書虫客服服務專線：(02)25007718；(02)25007719
服務時間：週一至週五上午 09:30-12:00；下午 13:30-17:00
24 小時傳真專線：(02)25001990；(02)25001991
劃撥帳號：19863813；戶名：書虫股份有限公司
讀者服務信箱：service@readingclub.com.tw
城邦讀書花園　網址：www.cite.com.tw
香港發行所／城邦（香港）出版集團有限公司
香港灣仔駱克道 193 號東超商業中心 1 樓
電話：(852) 25086231　傳真：(852) 25789337　E-mail：hkcite@biznetvigator.com
馬新發行所／城邦（馬新）出版集團　Cite (M) Sdn. Bhd.
41, Jalan Radin Anum, Bandar Baru Sri Petaling, 57000 Kuala Lumpur, Malaysia.
電話：(603) 90578822　傳真：(603) 90576622　E-mail：cite@cite.com.my

封面設計／莊謹銘
內文排版／菩薩蠻數位文化有限公司
印　　刷／卡樂彩色製版印刷有限公司
經 銷 商／聯合發行股份有限公司
電話：(02)2917-8022　傳真：(02)2911-0053
地址：新北市 231 新店區寶橋路 235 巷 6 弄 6 號 2 樓

2017 年 9 月 5 日初版
2023 年 4 月 11 日初版4.5刷
定價 580 元

Printed in Taiwan

版權所有，翻印必究　ISBN 978-986-477-297-1

廣 告 回 函
北區郵政管理登記證
台北廣字第000791號
郵資已付，免貼郵票

104 台北市民生東路二段141號2樓
英屬蓋曼群島商家庭傳媒股份有限公司　城邦分公司

請沿虛線對摺，謝謝！

書號：BK7078　書名：正義與差異政治　編碼：

請於此處用膠水黏貼

商周出版

讀者回函卡

感謝您購買我們出版的書籍！請費心填寫此回函卡，我們將不定期寄上城邦集團最新的出版訊息。

不定期好禮相贈！
立即加入：商周出版
Facebook 粉絲團

姓名：＿＿＿＿＿＿＿＿ 性別：□男 □女

生日：西元＿＿＿＿年＿＿＿＿月＿＿＿＿日

地址：＿＿＿＿＿＿＿＿

聯絡電話：＿＿＿＿＿＿ 傳真：＿＿＿＿＿＿

E-mail：

學歷：□ 1. 小學 □ 2. 國中 □ 3. 高中 □ 4. 大學 □ 5. 研究所以上

職業：□ 1. 學生 □ 2. 軍公教 □ 3. 服務 □ 4. 金融 □ 5. 製造 □ 6. 資訊
□ 7. 傳播 □ 8. 自由業 □ 9. 農漁牧 □ 10. 家管 □ 11. 退休
□ 12. 其他＿＿＿＿

您從何種方式得知本書消息？

□ 1. 書店 □ 2. 網路 □ 3. 報紙 □ 4. 雜誌 □ 5. 廣播 □ 6. 電視
□ 7. 親友推薦 □ 8. 其他＿＿＿＿

您通常以何種方式購書？

□ 1. 書店 □ 2. 網路 □ 3. 傳真訂購 □ 4. 郵局劃撥 □ 5. 其他＿＿＿＿

您喜歡閱讀那些類別的書籍？

□ 1. 財經商業 □ 2. 自然科學 □ 3. 歷史 □ 4. 法律 □ 5. 文學
□ 6. 休閒旅遊 □ 7. 小說 □ 8. 人物傳記 □ 9. 生活、勵志 □ 10. 其他

對我們的建議：＿＿＿＿＿＿＿＿

請於此處用膠水黏貼